행복과 불행의 갈피에서

행복과 불행의 갈피에서

1판 1쇄 인쇄 2024. 2. 2.
1판 1쇄 발행 2024. 2. 21.

지은이 김일엽
발행인 박강휘
편집 윤정기 디자인 이경희 마케팅 윤준원 홍보 최정은
발행처 김영사
등록 1979년 5월 17일(제406-2003-036호)
주소 경기도 파주시 문발로 197(문발동) 우편번호 10881
전화 마케팅부 031)955-3100, 편집부 031)955-3200 | 팩스 031)955-3111

값은 뒤표지에 있습니다.

ISBN 978-89-349-0791-6 04080 | 978-89-349-4318-1(세트)

홈페이지 www.gimmyoung.com 블로그 blog.naver.com/gybook
인스타그램 instagram.com/gimmyoung 이메일 bestbook@gimmyoung.com

좋은 독자가 좋은 책을 만듭니다.
김영사는 독자 여러분의 의견에 항상 귀 기울이고 있습니다.

행복과 불행의 갈피에서

김일엽 지음

김영사

내가 날 버려두고
남만 따라 헤맸노라
사람과 그 앞 소리
서로 못 봄 같아야서
뵐 모습 없사옵건만
기거 자재하여라

—

일엽스님

차례

생명

본연의 생명은 생명이라고 느끼기 전이다.

생명은 작용하는 것이다.

생명의 작용은 생각이다.

생각은 온갖 엄청난 생각을 일으킨다.

생각이 곧 다양적 생활과 삼라森羅한 만상萬象이다.

생각과 만상의 본체가 생명이니 무릇 생명을 가진 자에게 자기가 생각할 수 있는 것은 남김없이 이루어질 것이 사실이다. 자기가 생각하는 일이 모두 이루어지는 존재에게 불만과 불평이 있을 리 없을 것이 아닌가.

존재의 가치 기준은 우리 인간에게 두지 않는가.

그런데 우리는 왜 내 생각대로 당연히 이루어져야 할 모든 일에 '인력으로 할 수 없는 일을 생각해 보면 무엇해!' 하는 식의 무능한 생활을 하게 되었는가.

더구나 내가 하는 내 생각은 내 것이니, 내 생각이 내 생활을 한다는 생각조차 나지가 않아서 내 생각대로 될 내 현실을 버려 두고 좋은 생활을 딴 곳에서 찾으려고 헤매거나, 한 걸음 나아가 종교 생활을 한다는 인간들까지도 인간 외에 특존特尊이 있는 것으로 알고 같은 존재인 부처님이니 신이니 하는 존재에게 의존하려 들게 되는 것은 무슨 까닭인가. 우리는 인형은 가졌지만 나의 본생명은 상실되고, 생명의 작용인 생각이 천만 갈래의 이런 저런 버릇을 익혀 쌓아놓은 한 가닥 혼[業身]의 파편인 생명에 의존하기 때문이다.

그러므로 인간이 되려면 우선 사전 일 곧 본생명을 회복하는 공부부터 해야 한다. 곧 조각난 파편의 생명을 일편화하는 일이다.

입산수도하는 일은 전공하여 단시일에 속성하려는 것이지만 속세에 인연이 다하지 않은 일반인으로는 입산하는 일이 그리 쉬운 일이 아닌 것이다.

생활하는 생명력은 누구나 다 같이 지니고 있고 입산하여 수도하는 정신이나 속세에서 사업하는 정신이 둘이 아닌 바에, 어떤 곳에서 무슨 생활을 하든지 우선 내 현실인 현재 생활을 오롯한 정신으로 지극히 노력하여 간다면 구경 분열된 생각, 생각이 다 정돈되어 생각의 본고향인 원생명체에 이르게 된다. 그때는 전체적 생명력의 작용으로 다함이 없는 현실 생활에 대자유를 얻어 순역경으로 내 생활이 좌우되지 않게 된다.

아무튼 생명이 영원하니만큼 생명의 작용인 이 현상 곧 이 육체적 생활도 끝나는 날은 없다.

어차피 언제라도 안 살지 못할 바에는 결단코 인간이 되지 않으면 아니 될 것이 아닌가!

희망의 정점은 인간 되는 데 둬야 한다. 인간만 되면 만사는 해결된다.

1964년 9월
환희대에서 김일엽 씀

사랑의 절벽에 부딪친
젊음들에게

사랑이라는 것

핵무기는 물질적인 세상만 상하게 하지만 사랑은 세상과 내적인 혼까지 자지러지게 만드는 것이다.

남자는 가장 강력한 존재로 공인되고 있지만 여자 앞에서는 무릎을 꿇게 된다. 여자에게는 남자의 심장을 녹이는 사랑이라는 마약이 숨겨져 있기 때문이다. 그러나 여자의 사랑이 남자의 심장을 녹이는 반면에 마비된 남자의 신경을 발랄하게 되살리기도 하는 것이다.

그것은 태초보다도 먼저 있었던 부처님이나 하느님이나 또는 일체 생령生靈 즉 생명이라고 느끼기 전의 원천인 우주 전체력이다.

위에서 말한 사랑이란 우주의 전체력이며 생령 본체의 생사가 걸린 인간의 가장 큰 문제다. 그 사랑에 매혹되면 이 몸의 한 생명력을 잃어버리기보다 생명이 근원이 끊어지고 만다.

무정물無情物까지도 지니고 있는 창조성을 이미 나도 가지고 있다는 것을 깨달을 때 나는 우주적 대장부로 자부하게 된다. 대장부를 자부하기 전에 인간은 절대력을 가진 그 창조성을 파악하여 쓰기 위하여 한 정신으로 공부해야 하며, 사랑이라는 장애물, 이겨내지 못할 그 사랑을 유폐시켜야 하는 것이다. 그러나 사랑의 모체인 음양陰陽이란 것은 썩어지는 송장에 이르기까지 다 지니고 있는 것이다.

허공이나 바윗돌까지 정적情的 상태가 있어 서로 응하게 되고 꽃송이도 해(태양)라는 님을 향하여 피고 사랑과 애무의 손을 기다린다는 것이다. 흙이 썩는 것도, 바위가 자라지 못하는 것도 사랑을 기본으로 한 생명력의 핍절乏絶이라 한다.

미친 사람, 백치, 문둥이까지도 사랑을 찾는 정신만은 잃어버리지 않는 것이다. 그러므로 정신력이 흐려진 지금의 인간들은 살고 죽는 제 생명의 일보다 직접적인 사랑의 고민을 제일로 한다.

나는 이제부터 인간의 생활 중에서도 가장 사람을 뇌쇄시키는 그 사랑을 이겨내고 내가 임의로 쓸 수 있는 물건으로 만드는 방법을 알리려는 것이다.

사랑만 극복하면 내가 지니고 있는 일체의 보배가 발견된다. 발명이니 발견이니 개발이니, 얻네 구하네 하는 것은 모두 내가 이미 지니고 있는 것이다. 그러나 부처님도 사랑에 우는 인간에게는 경우에 따라 특별히 돌보아주시는 일도 있는 것이다.

어떤 처녀가 사랑하는 총각이 늘 찾아오다가 소식이 끊어진 지 오래되었다. 기다리고 기다리다 애탐에 넘쳐 이런 시를 지었다.

연기 없는 그 불길에 원앙금침만 탔군.
그대 생각 그 눈물 아니더면 이 몸, 이 혼 다 탔으리!

그 처녀와 총각의 사랑을 끊기 위하여 총각의 아버지가 아들을 감금하였더니 그 총각이 그만 상사병으로 인해 죽어버렸다.
그 소식을 듣고 놀란 처녀는 충천한 정성으로 부처님께 다음과 같은 시를 읊어 기도하였다.

어디나 다 비치는 그 달빛은 하나련만
높은 봉이 제일 먼저 그 빛을 받으오니
절박한 이 사정을 부처님은 살피오리

그 총각이 숨을 돌려 다시 살아났을 때, 그 두 인간은 사랑의 생별, 사별이 무상함을 깨달아 부부 생활을 단념하고 부처님의 정신적 상속 제자가 되었다.

우주의 원칙적인 일 즉 나고, 늙고, 병들고, 죽고, 배고프고, 졸음이 오고, 사랑하는 이 일곱 가지를 중생으로서 어찌 피할 도리가 있을까.

아무튼 우주의 온갖 존재와 생령이 살고 죽고 생활하는 것은 사랑 그것을 총체로 하여 여러 분열체를 만들어, 무어라 무어라 이름 지을 뿐인 것이 사실이다.

그 법을 불가佛家에서는 인연법因緣法이라 하고, 유가儒家에서는 음양이니 오행이니 하고, 세속에서는 사랑이니 인력이니 하는 것이다.

부처님도 십이인연법을 말씀하신 외에 음양법으로도 현실상을 설하신 적이 있는 것이다.

하늘과 땅의 기운이 합하여 온갖 초목이 나는 것이요, 해와 달이 서로 옮기어 사시와 팔절이 분명하게 생기는 것이요, 물과 불이 서로 수순隨順하여 일만 물건이 성숙하는 것이요, 남녀가 화합하여 자손이 번성하는 것이니, 이것이 하늘의 떳떳한 일로 자연 법칙이며 세속의 생활양식이라고 말씀하신 것이다.

의식은 감촉하게 되고, 감촉은 받아들이고, 받아들인 것이 사랑인데, 사랑은 존재를 만들고 존재에게는 생로병사生老病死와 희비고락喜悲苦樂이라는 온갖 분주가 있게 된 것이라 하신 것이다. 존재의 근본인 사랑의 본질은 음양이며 음양으로 온갖 생령이 생기고 그 생활의 구조를 이룬 것이다. 마치 필목을 짤 때 씨를 바탕으로 하여 날을 짜게 되는 것처럼, 음은 씨가 되고 양은 날이 되어 우주가 생기고 존재가 있게 되고 생활이 벌어지게 되는 것이다. 사랑의 근본은 음양이요, 음양의 근본은 공空이나 무無다. 공이나 무는 일체의 창조주이며 너와 나의 본체다. 즉 너나 이것저것이 합쳐진 우주적인 나라고 말씀하셨다.

부처님이 산석産席에서 외친 "천상천하에 오직 내가 높다"라고 하신 그 나다. 나라는 의의는 내 마음대로 하는 데 있다. 우리들이 내 마음대로 할 수 없는 것은 나를 잃어버리고 나의 분신에 의존하기 때문에 내가 내 임의로 살 수 없는 것이다.

그러므로 불법을 모르는 것이 나를 모르는 것인 줄도 모르는 인간들이 된 것이다. 나는 불법의 흥망성쇠가 세상의 흥망성쇠라고 본다. 그렇다면, 불법을 모르는 인간이 사는 때는 인간적 시대가 아니다.

그러므로 근세에는 우선 이 육체적인 생명도 살릴 아무런 방책도 없는 사람들이, 짐승이나 벌레가 배고픈 것만 면하면 암수컷이 찾아 헤매듯 여자와 남자가 이런 절간에 몰려다니는 것이다.

사실 음양은 먹을 것보다 먼저 갖추어져 있는 것이므로 생령이 날 때 생령 자체에 지니고 있게 된 것인데, 사랑을 잃었다고 울고 있다. 마치 어떤 백치가 자기 머리 밑으로만 비치는 거울을 오가며 아무리 비춰봐도 머리가 안 보이니 머리를 잃어버렸다고 머리를 찾으러 뛰어 다녔다는 이야기와 같이 모자라는 인간이 하는 짓이다. 그 까닭은 내가 아닌 존재가 없고 내 대상이 아닌 물건이 없기 때문에 내 생각에 따라 음이 되기도 하고 양이 되기도 하는 것이다.

　아무튼 우주의 삼라만상은 내 생각의 파편이며 나라고 하는 음양의 생각으로 분열되고 점차로 분열이 분열을 만드는 것이다. 사실 너, 나가 하나인 나다.

　다만 음식도 늘 먹어서 입에 익은 음식을 좋아하는 것처럼 사랑을 느끼게 되는 것도 전생에 오래 사귀어온 인간이기 때문에 사랑하게 되는 것이지만, 우리가 살아온 유구한 세월 동안에는 사랑은 고사하고 빈대, 벼룩, 바위, 초록, 흙덩이까지도 우리의 대상이 되었던 것이므로 하필 어떤 한 여자나 남자에게만 생각이 나는 것은 아니다.

　아무튼 내가 먼저 살고 난 후에 할 일인 것이다. 세상일은 다 외곬으로 나가는 것이 아니다. 개차법開遮法이 있으니 그 사람만 생각나거든 생각은 하되 내 생활의 의욕을 더하게 하거나 그렇지 않으면 나의 허전함을 메울 다른 대상을 구하거나 하여 혼자만 생각해도 고민이 되지 않게 되어야 한다.

"살고 보자"는 것은 우선 내 마음의 괴로움은 없어야 한다는 말이다. 내가 말하는 "살고 보자" 하는 이 삶의 생명이라는 것은 이 몸과 혼의 생명을 말하는 것은 물론 아니며, 또한 얼마 전 월남에서 일어난 인간 횃불이 몸 하나 까딱하지 않고 염불만 외다가 입적入寂하여 화장할 때, 그 심장은 세 번이나 불태워도 그대로 타지 않은 그런 생명력도 아니다.

그만한 행동은 외도[外道. 불교에서 다른 종교를 말할 때 일컫는 말]나 신들도 할 수 있는 일이다. 그보다도 더한 힘, 우주가 다 무너지고 생령이 다 없어져도 그래도 멸하지 않는 힘을 가진 그것이 생명력이다.

인간 횃불 속에서 염불은커녕 갖은 노래, 연극, 무용, 연설도 할 수 있으며, 횃불을 얼음 기둥으로 만들어 그 기운으로 온 세계를 겨울철을 만들 수도 있고, 얼음이나 불이 있지도 않았던 그 전 자리에서 조용히 일어나 천연히 그 곳을 떠나갈 수도 있고, 그 밖에도 내 상상대로 어떤 행동이든지 할 수 있는 그런 불가사의한 정신력이 우리 것이다. 그것이 완전한 인간으로서는 예삿일이다. 그것을 신통하다고 느끼는 것도 어린 생각인데, 지금 시대 인간들은 오히려 비현실이라고 믿지조차 못하는 이 약한 정신력을 가진 인간이 태반일 것이다.

그러므로 가르침을 받을 정신 수준이 못 되기 때문에 불보살들이 아직 출세하지 않는 것이다.

그러나 발휘되는 그 생명을 말하는 것도 아니다. 다만 행동 전인 그 요소적 생명을 증득證得해야 하는 것이다.

아무튼 만능적 행동력은 결코 몸이라는 물체에 의존한 것이 아니고, 혼도 생기기 전 느끼기도 전에 아무것도 없는 속에 잠재한 만공滿空인 것이다. 그 생명은 마음의 마음이다. 이 마음은 우주가 꺼지고 꺼지고 또 꺼져도 꺼지지 않는 생명이다. 그렇듯 공고하고 변치 않는 생명이 우리 인간의 것이었다.

그 생명을 다시 찾아 쓰게 돼야 본래의 인간으로 돌아가는 것이다. 그런 인간도 육체를 가진 인간이 되면 그 육체와 혼은 사랑의 분열인 세포 조직으로 이루어지는 것이다.

그런 생사에 끌려 다니지 않는 인간이 되려고 입산하여 지금 수도하고 있는 인간들의 고백을 들어봐도, 다른 것은 아무런 미련도 없지만 오직 애인과 이별하는 일만은 끝까지 말로 나타내지 못하는 일로 남는다는 것이다.

그러나 그 미묘한 사랑의 조각 조각을 완전히 한데 뭉쳐 일체의 것이 꺼지고 또 꺼져도 꺼지지 않는 우주 안에는 다시없는 유일의 보배를 만들어 쓰는 인간, 즉 사랑의 통제력을 가진 인간만 되면, 그 큰 뭉치의 사랑을 풀어 구더기에까지 자비심을 베푸는 대자대비大慈大悲한 인간이 되어 사생[四生. 태胎, 란卵, 습濕, 화化]의 자부慈父요, 삼세의 대도사, 즉 구세주가 되는 것이다.

이런 큰 생명체 즉 시종도 생사도 고락도 임의로 쓸 수 있는 완전한 인간이 되는 그런 굳센 인간에게도 그렇게 되기 직전까지는 사랑의 방해를 받는다니, 중생의 힘으로 이겨 나가기는 과연 힘드는 일이 아닐 수 없다. 그러므로 이미 자격을 지니고 있으면서도 여색에 기울어져 지내다가 인간적인 자격을 아주 상실하여 자신과 가정을 망치고 국가의 장애물이 된 전례가 많은 것이다. 부처님도 사랑이라는 길이 두 길만 되었더라도 도저히 인간이 될 수 없었을 것이라고 한 것이다.

그러나 생존 경쟁이 극심한 이 시대에 있어서 평범한 인간으로 별다르지 않은 생활을 지탱해 나가는데도 사랑에 정신이 치우치면 다른 일은 모두 틀려지는 것이다. 더구나 가장 빈약한 우리나라, 우리 민족으로서 국가적 책임이 무겁고도 큰 한국의 청년 남녀에 있어서는 더욱더 말할 여지도 없는 것이다.

정사에 얽매인 인간은 가장으로도, 주부로도, 남의 부모, 남의 자녀로도 책임을 다하지 못하고 더구나 공적 인간으로의 자격은 가질 수 없는 것이다.

생리적으로나 정신적 육체적으로 가장 효율적인 시기에 있는 청춘 남녀들의 시간은 과연 얼마나 귀한 것인가. 그런데 어찌하여 불합리한 사랑의 유혹에 빠져 그 아까운 시간을 소비한단 말인가. 아무튼 연구력이 가장 강하고 육체의 힘도 제일 왕성한 청년 시절이 아닌가. 개인의 전정前程이나 국가적 봉사에 한창 능률을 낼 그 시절에 사랑이라는 칼끝의 꿀 같은 달콤한 그 매력에 그만 정신이 빠져서 다시 돌아오지 않는 청춘 시절을 소비한다면 얼마나 애달픈 일인가.

사람의 몸을 가진 이 세상에서 인간이 되지 못한다면, 이 세상의 연장인 내세에는 더 바랄 수 없게 되는 것이니 어찌 정신 차리지 않겠느냐 말이다. 물질이 불멸인데 물질의 내적 본질이 어찌 없어질 것인가.

모든 물질과 그 본질이 그대로 있는데 하물며 가장 귀중한 존재인 우리 인간의 물질적인 이 육체와 그 본질인 생명이 반드시 영원불멸일 것은 명확한 일이 아니겠는가. 다만 기억력이 상실되어 억 천만 번 되풀이한 우리의 생활을 모두 다 잊어버렸으므로, 생명의 의복인 이 육체가 사는 동안만, 금생今生만 사는 줄 알거나, 천당이나 극락세계에 가는 것을 마지막으로 알게 되는 것이다. 인간이라면 우선 나의 이 육체만이 바뀔 뿐 정신[魂]을 기준으로 무슨 육체로든지 늘 살게 된다는 것, 사는 대가는 꼭 내가 지불하게 된다는 것, 잘잘못한 일의 비밀이란 것은 절대로 없다는 것 등의 인간적 초보 지식이라도 가져야 할 것이다. 그래야 살아갈 설계도를 세우게도 되고, 극기克己도 하게 되고, 소비되는 시간도 없게 되고, 또는 사랑에 대한 경계도 선택도 하게 될 것이다. 영구한 위안을 위하여는 일시적 사랑은 희생시키지 않을 수 없는 것이다.

그리고 한 어깨에 두 지게는 질 수 없지 않은가. 사랑이라는 가장 무거운 짐을 지고 무슨 여유가 있어서 할 일을 할 것인가. 사업적으로도 외곬으로 한 일에만 힘써야 하지 않는가. 그러므로 나는 인간 문제에 대한 논의를 먼저 하게 되고 사랑에 대한 직접적인 설명보다 사랑의 성질과 사랑을 조절해야 할 이유를 많이 말하는 것이다.

아무튼 사랑이 나요, 나의 대상인 사랑도 나와 함께 늘 있으니 우선 화급한 일은 내 생명력을 회복하는 일 즉 "먼저 살고 보자"라고 하는 것이다.

그러나 일체 생명은 사랑에서 우러나는, 서로 돌보고 유대하는 힘과 섹스로 생산되는 번식력이 없다면 현실인 육체적 생명은 자멸할 것이다. 사랑과 섹스로 살아가는 것이 생명이지만 삶이 있기 전의 생명을 주체로 삼아 사랑과 섹스를 잘 조리하는 데 따라 생명적 생활과 비생명적 생활을 하게 되는 것이다.

있다고 사는 것이 아니요, 움직인다고 생활하는 것이 아니다. 내 생명력으로 내 삶을 살게 되어야 인간이 사는 것이다.

사랑은 아무 곳이나 다 있는 것이다. 천당에도 극락세계에도 없는 기쁜 시간은 선남선녀의 사랑의 눈길이 서로 교차되는 그 순간이라 한다. 지옥에서도 즐거움의 극치적 시간인 사랑이 응감하는 그 시간을 바라는 것 때문에 웃기도 한다는 것이다. 문둥이의 세계에도 사랑 때문에 썩어가는 산송장인 비참한 그 목숨이 그래도 살기를 바라게 된다는 것이다.

그런데 나는 사랑의 상징은 꽃이라고 생각한다. 꽃은 극히 착하고 가장 부드럽다. 또한 너그럽다. 그리하여 꽃의 세계에서는 쏘는 벌이나 썩히는 쇠파리까지 웃으며 맞아들인다. 그보다 더 힘이 세고 너그럽고 아름다운 것은 사랑이다.

문화의 표징도 사람의 참마음의 대표도 사랑이다. 비문화인인 살인강도는 꽃을 미워한다. 그러나 사랑은 할 줄 안다. 그러므로 지옥인들의 가슴에도 사랑은 있지만 그 표징과 꽃은 지옥 세계에서는 피지 못한다 한다. 불 속에 꽃이 없는 것처럼.

그러나 저러나 꽃은 미워할 수는 없는 것이다. 산에 한 송이 백합화가 피어서 웃고 있으면 딱딱한 산과 무정한 초목 냇물까지도 부드러운 미소를 보내게 된다. 남자의 인력도 여자의 매력도, 그 외모의 미와 그 마음의 미 즉 꽃과 같은 그 아름다움에 있는 것이다. 그러니 가장 감수성이 풍부하고 열정이 왕성한 사춘기의 청년 남녀의 일을 누가 시비할 수 있을 것인가.

그러나 우선 보고 느끼는 꽃과 같은 그것으로만 사랑을 하게 되지 않는 것이 짐승의 암수가 서로 따르는 섹스적인 일보다 높게 평가되는 인간적 사랑인 것이다.

나의 애정 역정

이제 나는, 나의 사랑 문제는 어느 정도 해결된 줄 알게 되고, 또 문의하는 사람이 매우 많기 때문에 내 사랑의 경험담을 사랑 때문에 고민하는 이들의 참고로 삼으려고 하는 것이다.

나는 그래도 다생[多生. 여러 번 죽었다 다시 나서 사는 일]에 정신을 모아왔던 것이다.

그런 사람이 정신을 다 모아 바로 쓰지 못하면 치우치게 쓰게 되는데 나도 역시 사랑에 치우쳤기 때문에 내 일생에서 제일 기쁘고 가장 슬펐던 일이 사랑, 그 일 때문이었다.

나도 속인 때에는 참사랑은 알 길도 없었고 소위 본능적인 그 사랑을 생명으로 알았던 것이다. 나는 젖먹이 때부터 예수를 믿었기 때문에 혼인 전에 남자와 성관계를 맺는다거나 남편 있는 여자로 간음姦淫하는 일이 있을 때에는 지옥 갈 것을 각오해야 하는 줄 알았던 것이다.

더구나 어렸을 때부터 구중궁궐 안 같은 기숙사 생활로 이십여 세까지 지냈으니 성에 대하여는 내 몸의 생리조차 헤아리지 못하다가, 동경에 가서 소위 유학할 때 남자 유학생들에게서 연애편지도 받게 되고 나를 극진히 사랑하는 사람도 생겼을 때 나도 다정다감한 여인인지라 자연 응해지지 않을 수 없었다.

그러나 사랑도 변하고 마음도 달라지는 일을 짐작도 못했던 나였다. 그렇다고 돌변한 사건, 무상한 세상일을 당하였다고 그리 낙심한 적도 없고 후회도 별로 하지 않고 내 마음을 돌려서 다른 생활을 할 수도 있었던 것이다.

다만 다 버려서 다 얻을 절대적인 사랑을 찾으려고 헤맸을 뿐이다. 그러다가 내가 이미 느껴 보고 생각하던 그 사람인 듯한 B씨라는 사랑의 대상을 만나게 되었다.

지금 내가 그 때의 생각을 해보아도 너무나 우스운 일이 한두 가지가 아니다.

나 혼자 그 사람이 내 이상에 맞는다, 또는 현재 나를 사랑하고 있다고 생각했다. 그렇다고 그 사람에게만 나는 다른 사귀는 여인이 없으리라는 법이 없는 것도 몰랐고, 그가 나를 어느 정도 만족하게 여기는지 또는 결혼까지 할 생각을 하는지도 도무지 알아볼 생각조차 나지 않았던 것이다. 아무튼 그저 나 혼자 믿어 의심할 여지없이 영원을 예산하고 어디라도 함께 갈 것을 생각하며 망설임이 없었던 것이다.

다(전부)는 다로 되어지는 것이 자연 법칙이다. 다를 비추는 인간의 길에는 그 다의 척도대로 다를 향하여 전진하는 길이 열리게 마련인 것을 오늘 내가 처한 위치가 나에게 알릴 뿐이다.

아무리 나의 대상이지만 대상의 일은 대상의 일일 뿐인 것이다.

누구나 사람을 대할 때, 일에 임할 때 다를 바치면 다가 내게 오는 것이 당연한 보수인 것이다.

그때 나는 그가 나를 잘 볼지 잘못 볼지가 생각날 리도 없었고, 그 앞에 실례되는 일이 있을지 없을지를 염려할 필요조차 느끼지 않았던 것이다. 사랑하는 사람끼리는 사랑의 눈 외에 다른 눈이 또 있는 줄을 생각해 본 적이 없었기 때문이다.

그리고 그를 맞이할 환락의 방과 그에게 안길 행복의 몸을 깨끗이 하고 치장할 줄을 모르고 더구나 그에게 불편하게 하지 않을 일이 무엇인지, 내게는 오직 한 사람인 그 귀한 손님을 어찌 어떻게 대접해야 할지조차 생각해본 일이 없고, 다만 그가 나에게 사랑을 맡겨 버렸으니까 내가 그의 사랑의 대상으로 언제나 되어 있을 것은 정한 일이요, 또 내게 맡긴 사랑은 내가 굳게 지키고 있는 이상 누가 뺏아갈 리도 없고 그가 내게 맡긴 사랑을 딴 데로 옮기게 되는 일은 없을 것을 믿어 의심하지 않았을 뿐, 믿지 못할 일도 있다는 생각은 꿈에도 해보지를 못하였던 것이다.

또한 다른 데 사랑을 나누게 되는 일도, 사랑하는 사람을 마음 한구석에 밀어 두고 잊어버리는 일도, 또는 마음 밖에 버려 두는 그런 인간이 있는 줄도 몰랐던 것이다. 그저 다요 영원을 믿어 안심하고 다의 기쁨에 만취한 치녀癡女였던 것이다. 그러나 그때에도 서로 헤어져서는 살아가지 못하겠다던 애인 동지가 하염없는 눈물로 헤어져버리는 도무지 헤아릴 수 없는 일을 가끔 보게 되었던 것이다.

그런 일을 볼 때, 내 자성에서는 무슨 켕기는 일이 있었던지 우리도 혹시나 하는 가느다란 의심의 한가닥 바람이 슬쩍 지나가기도 했던 것이다. 그런 때는 "…그와 아주 남이 되는 날이야 설마 있을라고!" 하는 그런 차마 못 당할 날은 내게는 있지 않을 줄로 애닯게도 바라고 있었던 것이다.

그때 나의 유일한 소망은 그저 그와 이별하는 날이 오지 않기를 바라는 것뿐이었다. 그가 내게 절연장을 보내는 그런 날이 내게 있다는 것을 상상하면서 살아갈 수는 도저히 없는 나였던 것이다.

정말로 나에게 와서는 안 될 그 날이건만, 그래도 그 날은 기어이 닥치고야 말았던 것이다.

행복과 불행의 갈피에서

그는 내게 "…인연이 다하여서 다시 뵈옵지 못하겠기에…" 하는 절연장을 정말 보냈던 것이다. 자기가 떠나는 곳을 알리지조차 않았던 것이다.

인간에게 더 슬플 수 없는 그때 일이건만 너무나 돌변한 내 현실은 얼결에 베인 상처같아 비애도 절망도 느껴질 새가 없었던 것이다. 느껴지지조차 않는 그동안의 여유로 눈물만 쏟아질 뿐이었다. 눈물이 쏟아질 수 있는 그 여유가 기절하기에는 이르지 않게 하였던 것이다. 기절에 이르지 않게 되는 그 여유가 깊은 슬픔만을 주었던 것이다.

원망이고 절망이고 아무 분별이 없이 그저 서럽기만 하였던 것이다. 울다가 느끼다가 느끼다가 울다가 사설인지 푸념인지를 적은 노트만 쌓였을 뿐이었다.

그에게서 온 마지막 편지는 아무래도 절연장이 분명하건만 그 편지를 밤이나 낮이나 몇 번씩이나 읽고 또 읽었던지 잉크가 날아가서 글자는 희미해지고 접었던 자국 때문에 미친 여인의 치맛자락같이 갈기갈기 찢어졌던 것이 아직도 기억에 남아 있는 것이다. 그렇듯 손에서 떼지 못했던 헐어빠진 그 편지가 어떻게 되었는지는 잊어버렸다.

누구의 일이고 아는 척할 필요를 느끼지 않고 다만 자기 책임만 수행하는 세월은 흐르고 또 흘러 그와 만나던 봄, 즐거움을 누리던 그 봄은 해마다 와서 먼 산에는 아지랑이가 가물거

사랑의 절벽에 부딪친 젊음들에게

리는 것이다. 그때마다 좀 서러움을 느끼지 않는 것은 아니었지만, 나는 그와의 일이 그저 멋쩍을 뿐 원심은 가져본 기억이 없으며, 나는 누구를 그저 원망하지 않는 성미라는 것을 스스로도 알았을 뿐이다.

그때는 정말 허전하였다. 기다리는 사람도 없었다. 기다려지는 사람도 없었다. 그저 울고 울 뿐이었다. 그때 나는 그의 설법을 듣고 불법을 믿게는 되었으나 사랑으로만 몰린 정신을 돌릴 길이 없는 만큼 일러 주어도 효과가 없다는 것을 깨달은 그는 말없이 입산수도의 길을 떠나지 않을 수 없었던 것이다.

그때 그의 형편으로는 금전을 변통할 길이 없었음에도 불구하고 비교적 많은 돈을 우편으로 부치고 떠났던 것이다. 그가 떠난 일이 그렇게도 서럽던 중에도 돈을 보내준 그 심정을 고마워할 여유가 있었던 것이다. 우는 시간도 드물어지고 좀 가셔진 때까지도 정신이 채 돌려지지 못했기 때문에, 입산수도의 의의를 그에게서 많이 들었건만, 그래도 나는 그에게서 버려진 여인이라는 창피스러운 느낌이 겸연쩍기만 하여 멍하니 지내면서 누구에게나 그와 지내던 이야기와 그를 여읜 서러운 사정을 위하여 입을 열기가 싫었을 뿐이었다.

그런 날이 지나는 동안에 나도 입산수도를 해볼까 하는 생각도 났으나 사랑의 미련이 가득 차 있던 그때는 실행할 가망은 없었던 것이다. 사랑! 사랑의 의존인 나의 마음이었을 뿐이었다.

내가 그를 사랑하는 데 빠져서 그의 마음이 얼마나 매몰되었던지는 몰라도 사랑이 나의 전체였던 것은 사실인가 한다.

그러나 나는 한 생각에 몰려서 영원이라고 생각하며 따르다가도 틈이 생기면, 끝까지 믿어서 다에 이를 것이냐, 그렇지 않으면 청산해버릴 것이냐의 양단 간 태도를 선명하게 가져야 한다는 게 나의 생각이었던 것이다. 그래야 마음이 놓이게 되고, 마음이 놓이는 생활을 해보자 하는 것이 나의 주관인 까닭이다.

그때 나는 그를 아주 단념해버리고 다른 '그'를 따르기로 했다. 예수교를 믿던 나는 그때까지 불교도 세속 생활을 하면서도 이루어지는 일로 알았을 뿐 세상사에 책임을 이행하지 않고 입산수도하는 일은 편집偏執한 불교도의 일인 줄 알았던 것이다. 그러므로 그의 입산한 일을 알고도 그의 뜻을 이해하지 못하였던 것이다.

그리고 생적 절대 평등권을 이야기하고, 균등한 생활권을 이야기하고, 균등한 생활권을 말로는 주장하면서도 그 의의는 몰랐던 것이다. 그 뜻이 무엇인지 알려고도 하지 않았던 것이다.

벌레도 초목도 생이므로 권리가 같으며 그러므로 자격도 다르지 않아야 할 것인데, 벌레와 인간이 어찌 자격이 같을 수 있느냐 하는 의문이 우선 생기게 될 것인데, 말만으로 주장하던 기계적 인간인 나였다. 더구나 인간이 가장 귀한 위치를 가졌다면서 왜 그리 불안하고 왜 또 그리 의심과 걱정이 많은지, 그것

사랑의 절벽에 부딪친 젊음들에게

이 무슨 까닭인지 알아볼 생각조차 못 했던 것이다.

생적 절대 평등권을 가졌다면 무엇이나 다 같이 균등한 생활권을 가진다는 것은 당연한 일이지만 우선 인간부터가 부처와 중생 간에 평등하지 못한 것이 있는 것이다. 본래 자격과 능력은 다 같이 가졌건만 우선 중생이 부처님과 같이 누리지 못하게 된 것은, 중생은 본래 자격과 능력의 근본 나를 잃어버리고 파편의 나에 의존하고 있기 때문이다.

그러므로 본체에서 떨어진 낙엽과 같아서 불안과 걱정과 의심에 싸인 인간으로 살게 된 것이다. 즉 인간적 정신을 상실한 탓으로 마음대로 못 사는 것을 몰랐던 것이다. 그러므로 그 일을 알아볼 생각조차 날 리 없게 된 것이다.

한 그릇에 두 물건은 담을 수 없는 것같이 그이가 아무리 일러 주어도 정만 가득 찬 나라는 그릇에는 담겨질 리가 없었던 것이다. 그러나 오늘의 나는 그가 가르쳐준 덕으로 살아날 오직 외길인 이 길로 오게 되었다는 것을 증명적으로 알게 되었기 때문에 "살고 보자!" 하는 것을 외치고 싶은 것이다. 사랑에 눈이 어두워졌다 하더라도 나를 살릴 길의 앞잡이에게 매달리게 되면 죽지 않게 된다는 것을 느끼는 것이다. 그러므로 청년 남녀에게도 나의 사랑의 경험담을 늘어놓고 삶의 길을 찾게 되었다는 것을 알리는 동시에 사랑에도 무조건으로 따르지 말 것을 충고하는 것이다.

아무튼 지금은 너와 나와 똑같이 된 정신이요, 또한 다르지 않은 인간들이기 때문에 인간은 다 그러한 것이거니 믿으나 인간으로 만족하지는 못하기 때문에 인간 문제는 영원히 풀 수 없는 과제로 남게 되었던 것이다.

아직 불법이 어떤 것이며 어떻게 알 것인지도 모를 그때에 나는 불법과 사랑을 함께 가지기로 하였던 것이다. 그러므로 그이와 같은 불교 신자이며 그이와 같이 나를 사랑할 사람이라고 믿는 한 사람을 사귀어 지내게 되었다. 두 가지를 함께 가지게 되었다는 만족과 함께 귀의한 환희심이 절정에 이르게 되었다. 나는 별 자비심은 없어도 좋은 말을 남에게 전하려는 생각만은 철저하였던 것이다. 그때는 불법이 무엇인지 알지도 못하였건만 만나는 사람마다 말로 전하고 붓대를 들면 불법을 알리고 싶은 그것이 구상의 핵심이 되었던 것이다.

그러나 뜻대로 표현할 수는 없었다. 나는 그 까닭은 학문이 부족한 탓인 줄만 알고 큰 문호가 되어 불법 즉 유일의 살길인 이 법을 세계에 알리려고 하였다.

그때 나와 사귀던 그이는 어렸을 때는 승려였다고 하지만 속세의 학문만 열중하여 지내던 이라 신심信心이 조금 있을 뿐 아주 속인이나 다름없었으므로 불법에 대하여 참고할 말 한마디 내게 해주지 못했던 것이다. 다만 나를 지극히 사랑할 뿐 정신적 도움은 없는 인간이었다.

나를 버리고 입산한 그이에게 들었던 말씀이 차차 되살아나게 되고 또 다른 스님네들의 말씀을 듣고, 불법은 먼저 믿어야 하지만 믿음으로 종宗을 삼는 교가 아니요, 불완전한 인간을 완전화시키는 법이므로 완전한 인간이 되려면 소인간인 이 몸과 혼을 다 살라버려야 하는데 다 살라 버리려면 우선 인정과 욕심과 책임과 미련을 다 버리고 사전 일을 위하여 입산수도하는 것이 제일 첩경이라는 것을 알았다.

인간 생활을 하려면 인간적 정신을 먼저 회복하여 쓰게 되어야 하기 때문이라는 것이다.

나는 한때라도 내 생활은 만족하고 편하게 되어야 했다.

새로 사귄 그와는 사랑의 사귐보다 생활의 방편이었다. 나는 여남은 살 때부터 행불행이 내 마음에 달렸고 좋다 언짢다 하는 느낌이 내 정신 작용이라는 것을 짐작하게 되어 "우선 편하고 보자!" 하는 생활 모토를 세웠던 것이다.

내게 깊은 고민과 가장 슬픔을 주던 그 사랑! 다시없는 만족과 즐거움을 주던 그 사랑도 아무런 여념이 없어진 듯하였던 것이다.

그러나 입산하여 여러 해 지난 뒤에도 세속에서 더 기쁠 수 없는 그것이 무엇이었던가 생각하면 누구라고 지적은 못 하지만 사랑하는 이와 시간 맞추어 만나던 그 일이었던 것이다.

그러므로 정말 의외로 그의 연락을 받자 다시 열정이 일어났던 것이다. 나를 버린 그이의 대신인 새로운 상대와도 몇 해 동안 사귀어봤지만 억지로 만든 사랑은 권태가 느껴지는 것이다.

그때는 남도 변하고 나도 달라지는 것이 인간의 생활임을 알게 되었다. 더구나 사랑, 인간적 내적 생활에 만족을 주는 오직 하나의 것으로 알던 그 사랑도 믿을 것은 못 되었다.

조건부의 사랑, 상대적인 행복, 자유, 평화, 희망 등으로 만족을 얻을 수는 없다는 것을 알게 되었다. 세상사 모두 신기할 것이 없었다. 외로워하던 심정도 도리어 아무도 없이 지내는 것이 편할 듯한 느낌으로 변하였다.

나는 내게 있는 것은 다 쏟아 놓고 지내는 여인이다. 곧 사랑도 못 믿을 것으로 느낀 그 심정을 동아일보에 발표하였더니, 그때 그 신문에 편집자인 설의식薛義植 씨가 가십난에 "눈 가리고 아웅!"이라고 "그대가 사랑을 버리고 살아!" 하고 비웃는 말을 했다.

그 이튿날 내가 시비할 마음으로 간 것은 아닌 것 같은데 왜 갔던지 그 편집실에 갔더니 설 씨는 얼굴빛이 핼쑥하게 변하고, 국장인 이광수李光洙 씨는 "공인이기 때문에 시고 비고 간에 공언을 듣게 되는 것이니 어찌 생각하지 말라" 하고 위로인지 사과인지 부드러운 말로 일러주던 기억이 떠올라 지금도 나의 미소가 내 눈가를 가늘게 주름 잡히게 한다.

그때 곧 입산하려는 생각이 났던 것이다.

사랑의 절벽에 부딪친 젊음들에게

새로 사귀던 그는 여왕의 부군처럼 내게 절대적으로 복종하는이라 불가항력의 고민을 지긋이 참는 듯한 못 견디는 표정으로 묵묵히 나에게 입산을 허락했던 것이다.

세상에 별로 쓰일 데도 없는 외로운 여자 하나가 그 많은 인구인 그 총중叢中에서 슬그머니 빠져 나와 산중으로 들어오는 그 일이 뭐가 그리 큰일인 것인가?

그래도 나는 무엇이든지 마음대로 취할 수도 있는 지식을 가진 건강하고 잘생긴 여인이 전인미답의 어려운 길을 아주 세상을 잊어버리고 빈 마음으로 발심출가發心出家하여 인천의 스승이 될 공부를 하게 된 것은 석가불이 유성출가踰城出家하는 일같이 생각되어 스스로는 크게 장쾌한 일로 알게 되고 또 큰 자부심도 가졌던 것이다.

더구나 남자 금단의 세계로 들어왔던 나는 생리적으로 무정물이 된 초인정적인 인간이 되어진 줄로 아주 믿었던 것이다.

내가 귀의歸依한 만공스님을 처음 뵈었을 때 다음과 같이 말씀하셨다.

"세상을 버리고 산에 들어와서 하는 공부는 '먼저 살고 보자!'는 것이다. 즉 끝없는 생명이 살아나는 일인 것이다. 먼저 살고 나서야 살 차비인 먹을 것, 입을 것, 사회, 국가, 세계가 필요할 것이 아니냐? 살기야 벌레로라도 지옥 인간으로라도 아니 살 수는 없는 것이지만 다니고 먹는다고 사는 것이 아니며, 다만 누구나 자기의 전체적 정신으로 만들어 전능적인 행동력으로 내 마음대로 사는 것이 사는 것이다. 지금 우리 인간은 생명의 가장 작은 파편의 의존이니 그 파편을 다 모아 한 큰 조각의 정신 즉 전체적 정신으로 만들어 전체력으로 살게 되는 것이 사람답게 사는 것이요, 또 삶의 보람이 있는 것이다. 그리고 물건도 자기 물건을 못 찾아 쓰는 인간이라면 백치라고 하지 않느냐. 그런데 직접적인 자기 생명이요, 자기 정신을 자기 마음대로 쓰지 못하는 인간이 어찌 인간이냐? 아무튼 지금 우리는 내 마음에 달렸지, 내 마음먹기에 있지 하는 허세 부리는 말은 하면서 왜 마음대로 쓸 수는 없느냐? 그것을 해결하는 일이 인생에게 가장 긴급한 문제인 것이 사실이 아니냐. 그 문제를 긴급히 해결하는 것이 우선 인간적으로 사는 것이 아니겠느냐. 우선 내 생명을 찾아 산 사람이 되어 가지고 살아갈 세상살이에 노력해야 하는 것이 삶의 순서이며 살아나려면 토막난 지렁이의 몸을 이어놓는 것같이 따로따로 움직이던 이 마음을 한데 모으는 공부를 해야 하는 것이다. 우선 천 갈래 만 갈래로 분열되어 돌아다니는 그 마음들을 일심불란하게 모아 뭉쳐진 큰 힘으로 살게 하여야 한다. 이 몸의 행동은 저해하는 이도 지장되는 일도 많지만 내 마음을 내가 모으는 데는 한량없는 자유가 있고 더구나 우주적인 내 마음을 쓸 때에 자유를 미리 느껴본다면 얼마나 상쾌하겠느냐. 모아놓는 방법은 지금 우리 인간들은 우선 자기 몸을 움직이게 하는 것이 무엇인지도 모르고 기계적으로 움직이고 있는 것이다. 이 몸은 송장이므로 움직이게 하는 그 무엇이 없어지기만 하면 그만 송장이 되어 장차 썩어버리지 않겠느냐. 송장을 끌고 다니는 것이 무엇인가? 또는 생각이란 것은 생각하게 하는 시발점 즉 생각나기 전이 있을 것이니 생각하게 하는 그것이 무엇일까? 하는 의심을 일념으로 하여 한 생각도 없는 자리에 얼마든지 머무르게 되어 다시 흩어지는 생각이 없게 되면, 그때가 생각이 통일된 때인데 거기서 한 걸음 더 나가 전광 같은 한 큰 생각이 일어나면[覺] 모를 것도 못 할 것도 없는 인간, 즉 내 마음대로 행동하는 산 인간이 되는 것이다. 산 인간이 되는 길에는 사랑이라는 안타깝이가 제일 장애물이므로 부처님은 성인成人이 되는 데 사랑이라는 장애가 두 길만 되어도 결코 인간이 될 수 없다고 말씀하셨다. 산 인간은 우주가 자체화한 인간이기 때문에 우주적 생리도 내 생리이므로 내 마음대로 처리되는 것이다. 그리고 시공과 한가지로 미래세未來世가 다함이 없는 생명을 가지고 현실 생활에 자유 자재함을 얻어 어떤 때나 어느 곳에서나 안신입명安身立命 즉 열반涅槃을 하게 되는 것이다. 그때는 나 한 사람에게만 바치던 사랑을 네 사랑, 내 사랑을 합쳐서 평등하게 사랑할 일체애[一切愛, 平等愛] 즉 자비심을 얻어서 쓰게 되는 것이다. 본래 그러한 무한대의 인간인 우리였는데 이제 이렇듯 아주 보잘것없는 소아적 인간으로 퇴폐되었

행복과 불행의 갈피에서

으니 얼마나 통분할 일이냐?"

그리고 특히 "그러나 누구나 각자적인 내 마음으로 곧 회복할 수 있나니 그에게서 더 반가운 일이 없는 것이라"는 말씀을 더욱 힘주어 말씀하셨던 것이다.

그때에 나의 환희용약歡喜勇躍한 마음이 과연 어떠하였을 것인가? 더 좋을 수 없는 이런 데를 오게 한 입산한 나의 '그'에게 감사한 마음이 없지 않았던 것이다.

전에도 다른 스님의 법문을 안 들었던 것은 아니지만 감격적 인간에게 듣는 그 말의 효율이 특별히 더하였기 때문에 나도 입산하게 된 것이다. 사랑 때문에 내 일을 잊어버리고 지내는 인간들은 이런 말에 정신을 차릴 것으로 믿는다.

그러나 나는 그때까지도 그는 나를 버린 사람이라는 생각이 앞서서 원심은 없으면서도 그의 덕이 깊이 느껴지지는 않았던 것이다. 아무튼 내 딴에는 애써 수도하는 동안에 정신의 정화는 이미 이룬 줄로 믿어, 온 지 십삼 년이나 지났을 때에 너무나 의외로 그에게서 두세 번 필수품 몇 가지가 나에게 도착해서 그가 아직도 나를 생각하고 있다는 표징이 내게 전해졌던 것이다.

처음에 보낸 것은 불경들이었으므로 포교를 하기 위하여 다른 데도 보내던 차에 보내진 것이겠지 하고 평범하게 생각이 되면서도 어쩐지 의미를 모를 웃음을 혼자 웃고 웃었던 것이다. 그다음에 나의 필수품이 또 오게 되었을 그때는 아무래도 가볍지 않은 어떤 감격을 일으키게 되었다.

스스로의 고약 망측한 그 감정에 혼자서 너무나 어이없어 처음에는 "내가 상상도 못 하던 느낌이라 내 느낌 같지도 않았으나 큰 불의 입김인 듯 이상한 이 느낌은 극적인 것이겠지만…" 하는 식의 편지를 그에게 보냈다.

세 번째 또 내게 필요한 무엇인가를 그가 보내어 왔다. 대단한 것은 아니었으나 그가 보낸 것에 크게 감격하게 되어 억제할 수 없는 어떤 감정에 얽매이게 되어 왜인지도 모를 한숨이 저절로 쉬어지고 눈물조차 흘렸던 것이다.

처음에는 남에게 대한 감정처럼 느껴져서 미친 사람 붙잡는 듯한 놀라운 심정이었으나 아주 돌아버린 그 격정에서는 오히려 정당화되기도 했던 것이다. 비구니도 인간이다, 인간의 자연적 느낌이다, 하였던 것이다.

그러나 지금 생각하면 비구니의 입장으로 더구나 내 마음으로는 버림을 받았다던 그에게 자존심도 염치도 없이 그런 편지를 어떻게 쓸 수 있었던지 내가 한 일 같지 않게 생각되지만 그때 두 번째 일어난 늦바람은 더 걷잡을 수 없었던 듯 나는 내 정열을 억제할 수 없어 기어이 다시 그를 못 잊게 되었다는 편지를 썼다.

그래도 나는 이십여 년 만에 다시 연락이 된 그를 얼굴 한 번 대할 길 없이 또 이별한다는 것은 차마 할 수 없다는 생각으로 다시 편시를 쓰지 않을 수 없었다.

"… 이 몸은 아직 중생심을 여의치 못한 탓인 줄은 모르지 않사오나 이십여 년이란 짧지 않은 세월을 두고 오매간寤寐間에 그리어 못 견디던 당신, 허공의 응함이었던지 어쩌다가 한 번이라도 만날 듯하던 그 아쉬운 기회를 차마 그저 놓치고 말 수는 없습니다. 아쉬운 대로 중생적인 사랑의 마지막 이별주 한 잔, 단 한 잔만이라도 나누고 위의 삼십여 년 사랑의 역사를 그만 종막終幕을 내려 버림이 어떠하옵니까?

사실 나는 삼십 년 가까운 세월을 공방 살이한 여인입니다. 그 외로움을 겪게 한 책임자가 누구입니까?

그러나! 그저 살피시기만…."

사실 그때 나는 아라한[阿羅漢. 일체 욕구가 끊어진 성자]의 화장장의 남은 재 속에도 사랑의 씨만은 남아 멸하지 못한다는 말을 다시 느꼈던 것이다.

그에게는 다시,

"… 이별주 한 잔이 결연주結緣酒 한 잔이 될지 어찌 압니까! 더욱이 이별주석에서는 육체가 좋아하는 어떤 일이라도 생길지 모르는 일입니다. 그러면 불붙는 데 기름을 더하는 것 같아서 몸과 혼을 함께 태워버리게 됩니다. 부처님은, 수행자는 여자 ××에 ×을 넣느니 차라리 독사의 아가리에 ×을 넣으라 했습니다. 독사는 육체적 목숨을 상하게 하지만 정신은 못 죽인다고 하였습니다…."

말하자면 나는 두 번째 실연의 괴로운 잔을 마시게 된 셈인
것이다. 그러나 속인의 경지와는 아주 다른 심정으로 이런 일을
당하게 되었던 것이다. 그때는 좀 시무룩한 기분이었다.

그의 수행적 정신력을 알게 되어 감격하였고 지금은 마음의
통쾌를 느낄 뿐이다. 수행 과정에는 반드시 그러해야 하기 때문
이다. 그러나 이 말은 마치 내가 속인을 초월이나 한 것처럼 들
려 좀 어폐가 있는 것 같다. 속인이고 승려고 간에 다만 자기 생
명이 완전히 살고 난 다음 올바른 정신을 가진 사람의 심경을
말하는 것이다.

사랑 즉 애착심은 나이가 많아질수록 짙어지는 것이다. 그러
므로 속가에서도 부부의 정은 젊어서는 색정이요, 늙어서는 정
작 깊은 정으로 살아가게 되는 것이 정상적이라는 것이다.

자녀에 대한 애정이나 친구 간의 우의도 깊어지고 이해가 짙
어진다는 것이다. 그리고 입산수도한다는 것은 정신력을 길러
가는 것인데 정신력은 즉 정력이요, 양기陽氣다. 색정도 왕성해
지는 것이다. 그러므로 중이 탈선하면 호색한으로 걷잡지 못할
신세가 되는 사실이 있는 것이다. 더구나 소아적 인간성은 금단
의 법을 넘으려는 힘의 강력자인 것이다.

그러나 중이란 정말 바르고 참된 인간이 되려고 공부하는 사
람이므로 입산수도란 초발족初發足부터 인간적 정신으로 걸어

가지 않으면 인간이 이루어질 가망이 없는 것이다. 먼저 인간의 요소인 생명력을 다 얻어 가져야 바르고 참되게 살아가게 되는 것이다.

사람 인人 자의 왼쪽으로 뻗친 것은 바르다는 뜻이요, 오른쪽으로 뻗친 것은 참되다는 뜻이다. 바르고 참되게 된다는 것은 균형적 정신으로 진실한 행동을 말하는 것이다.

인간적 정신의 한 조각의 의존인 중생[小我]적 정신은 바람에 나부끼는 갈대 같아서, 바람 부는 대로 물결치는 대로 이리 쏠리고 저리 기울어져 균형을 잃어버린 생활을 하기 때문에, 기쁠 때는 기쁨에 쏠려서 이 기쁨이 사라지지 말아 달라고 붙잡고 웃어대다가 슬픔을 당하면 슬픔만이 길이길이 있을 줄 알고 울부짖기를 마지않는 것이다.

생사와 고락은 상대적인 하나로 되어 항상 반복되어 다하는 날이 없는 것이다. 마치 주야가 붙어 하나로 돌아가고 돌아오는 것 같은 일이다. 그런데 우리 인간들은 생사와 고락인 그 경지에서 울고 웃고 만생 만사의 고생을 겪으며 날마다 밤마다의 희비에 놀아나는 것이다.

그런 일은 마치 낮은 밝아 자유롭고 행복스러운 때라고 웃고 날뛰고 밤은 어두워 부자유하고 답답하다고 울부짖는 미치광이의 일 같은 것이다.

사실 생명이 산다는 것은 모든 것이 한자리에 둘러앉을 수 없고 나 살기 위하여는 남을 희생하지 않을 수 없는 것이다. 중은 살생하지 않는다 하지만 채소라도 먹어야만 되지 않는가? 채소도 아픈 줄을 알고 죽기 싫어하고 생의 의욕이 풍부하기 때문에 잎이 무성하고 호화로운 꽃이 피는 것이다. 그러므로 세상은 길이길이 생존 경쟁이 그치지 않게 된 것이다.

다만 전체적 생명력인 우주적, 종합적인 판단력을 가지면 잘 알아 처리하게 되는 것이다.

즉 치우치지 않는 균형적인, 바르고 참된 정신력으로 남에게 지나친 해로움을 주지 않게 되고 내게만 이를 취하지 않게 할 뿐인 것이다.

그리고 어린 때에 어른들의 자유로운 행동을 퍽 부럽게 여기지만 정작 어른이 되면 만족을 느끼지 못하는 것처럼 만능적인 생명력을 얻은 때라 해도 인간적인 예사 행동에 그리 행복할 것은 없고 다만 구할 것이 없는 자족의 생활로 배고프면 밥을 먹고 졸음이 오면 자고 기쁠 때 웃고 괴로울 때 찡그리는 생활 즉 평범하게 살아갈 뿐인 것이다.

아무튼 지금 이 세상은 어떤 것이 인간인지 무엇이 인간적 정신인지조차 모르게 된 것이다.

더구나 근본이 너와 나는 하나이며 한 생명의 줄기와 잎으로 같은데 몸만이 개체로 되어 있다는 것을 알 리 없는 것이다. 따라서 내가 살 것도 남을 살린 것도 알 길이 없는 것이다. 그러므로 남을 살리면 남의 생까지 내 것이 되는 줄을 모르고 도리어 남을 해치고 내 몸의 손해만 보는 그 악한 마음으로 골육이 상 잔하게 된 이 시대인 것이다.

일전에 어떤 천주교의 여인이 와서 하는 말이,

"천주교에서는 남의 소실에게는 영세領洗를 주지 않는데 불교 에서는 남의 소실이라도 입교를 환영한다니 죄라는 것이 없다 는 말이냐?"라고 물었다. 나는 이런 말을 해주었다.

"인연 따라 살게 되는 것이므로 소실을 죄인이라고 하는 일은 잘못이요, 그러나 다만 그 가정의 평화를 깨뜨리지 않는 한도에 서 말입니다. 잘하고 잘못하는 것을 눈멀고 귀먹은 우리 인간들 은 눈앞에 물적 증명이 없으면 모르지만, 우주는 아지 못함이 없어 인간의 잘잘못을 허공이 다 증명하는 것이오. 우주의 원리 원칙은 박하다면 몹시 박하고 공평하다면 극히 공평한 것이오." 하고 말했더니,

"그렇다면 세상에는 몰래라는 것은 없겠군요?"라고 하였다. 나는,

"몰래라는 것이 없고말고요. 각자가 잘한 것, 잘못한 것을 추 호도 숨길 수 없게 된 것이 자연 법칙이오." 하였더니 그 여인은

"몰래가 없다. 몰래가 없다는 그 말이 더 무서운 소리로군요!" 하고 되풀이하는 것이었다.

산 생명을 회복하여 사는 인간이라야 잘못하면 잘못한 자신

이 어찌 될지를 잘 인식하게 되고, 각자가 자기 생적 대가가 지불되지 못한다면 자기 전정이 어찌 될지를 바르게 판단하게 되는 것이다.

그것이 生命力의 힘인 것이다. 생명력은 우주적인 다의 생명력과 일체 생명이 다 같이 살아갈 수 있는 일이 자연 행동으로 되는 것이다.

근대 지도자, 학자, 종교인들까지도 인간은 어떤 것인지, 생명은 무엇인지도 모르고 또는 직접적인 내 현실인 이 몸의 존재의 전후 일조차 알아볼 시간도 없이 "한 번 낳았다 한 번 죽는 인간"이니 "하느님이나 부처님의 뜻을 따라…" 등등의 근시안적이거나 의존적 정신으로 지내는 것이다. 그러면서도 부처님이나 하느님이나 우주나 각자 자신인 나의 근본을 알아 얻어 운용하는 자신들의 선생인 부처님의 말씀은 들을 생각은 없는 것이다.

선생이 있음도 모르는 만큼 자신의 생명의 한 부분을 자기 전체로 알고 있으니 자신을 믿게 되어 무슨 말이고 글이고 어엿하게 하고 있는 것이다.

좀 석연한 현실을 가져야 할 것이다. 천千 부처님 만萬 하느님 앞에서도 현실적이며 과학적인 증명을 보일 수 있는 말과 글을 쓸 생각을 해야 할 것이다.

그러면 필자인 너는 과연 지금 쓰는 그 글, 지금 하는 그 말에 그만한 자신이 있느냐고 할 것이다.

사실 양심적으로 말해서 오십 보로 백 보를 웃는 나인 것이다. 그러나 소경이 소경 아니라고 말하는 것을 보았는가? 눈뜬 남이 다 증명하고 내가 자증하기 때문이다.

나도 부처님이 "너는 소경이 아니다" 하고 말씀해주신다 해도 곧이듣지 않게 되어 아직 소경인 줄 알게 되었을 뿐이다. 증명적인 소경인 내가 같은 소경들에게 우리는 이러이러한 이유로 소경인 것을 나는 명확하게 알았으니 어서 바삐 눈뜰 생각을 하자는 것이다.

그러므로 신부나 목사나 수도하지 않는 스님을 만나면,

"당신들도 직함에 대한 책임감이라도 좀 가지시오. 먼저 당신들 자신이 소경인 줄이나 알아야 남에게 알리게 될 것이 아니오?"

하고 제법 경고하는 말을 하게 된다.

"나는 소경인 줄을 알기 때문에 눈뜰 가능성이 있지만 당신들은 소경인 줄도 모르니 눈뜰 가능성도 없지 않소?" 하면 그들은 나와 공감을 가진 분들이라 싱글싱글 웃고 듣는 것이다.

나는 입산할 때 만공스님이 백지화하기 위하여 먼저 다른 모든 생각을 모두 소멸시킬 뿐 아니라, 그대가 지금 귀하다고 가진 무엇이라도 다 버려야 하고, 더구나 책을 읽고 보는 일이나 글 쓰고 구상하는 일은 아주 단념해야 한다고 가르치는 그 말씀을 따르다가, 삼십 년 만에 다시 세계적 명작이니 선각자의 저

서니 하는 책들을 더러 읽어 보았는데, 그렇듯 현명한 그들도 의식한다는 의식까지 끊어진 자리, 즉 우주 창시 전 부처님이니 하느님이니 하는 이름조차 생기기 전인 나의 본체로 돌아가야 한다는 소식을 듣지 못하여 겨우 신이니 영이니 혼이니 하는 영역 안에서만 헤맸던 것이다.

그들은 부처님의 정신이 내 정신이라 부처님의 정신을 모르는 것이 내 정신을 모르는 것인 줄을 모르고, 또 마음이나 생각이나 꿈이나 느낌이 다 내가 하는 것이니 내 것이며, 내 것을 내가 파악하여 운용하게 되는 줄도 모르고, 마음이라 혼이라 하는 것은 생각이라는 것이며 습관의 집적이 혼인 줄도 모르는 것이다.

그리고 정신, 생각, 마음, 느낌, 관념, 개념, 공상, 상상, 꿈이 모두 하나인 것도 모르는 것이다. 인간의 분별심이라는 것도 정신의 분열일 뿐 본래는 하나이므로 이 우주나 만상은 내 생각이나 꿈혼의 파편인 줄을 모르는 것이다.

그러므로 인간의 근원을 모르게 되고 인간의 근원을 모르게 되기 때문에 인간 문제를 해결짓지 못한 그들 밑에 있는 이 시대의 청년 남녀가 가장 괴로워하는 사랑 문제를 풀어주기는커녕 불붙는 데 석유를 뿌리는 것 같은 글만 내놓은 것이다.

총기 있는 그들에게는 잠깐 힌트만 주면 알아차릴 것인데 하고 매우 딱하게 생각될 때 인간으로도 모자라는 존재이며 더구나 여인인 내가 이런 희귀한 소식을 어쩌다가 듣게 되었으므로 누구에게나 이 소식만이라도 알려주고 싶은 것이다.

이 말씀은 사슴이 물 냄새를 맡은 격으로 길이길이 살아서 죽지 않는 소식의 목탁 소리가 되기 때문이다.

그러므로 이 소식을 알려주는 목탁 소리라고 믿어지기만 하면 "살고 보자!" 하는 뜻도 이해될 것이요, 오래지 않아 효달曉達될 것이다. 그러나 무슨 특별히 황홀한 세계 즉 천당이나 극락세계를 말하는 것이 아니다. 말할 수 있는 세계는 다 현실 세계로 실존한 것은 사실이다. 그러나 생각할 수 있는 것은 다 상대적으로 되었기 때문에 천당이라는 황홀한 세계의 반면에는 세상과 지옥이 있는 것이다.

길몽吉夢인 천당살이라는 한바탕 좋은 꿈을 꾸고 나면 흉몽凶夢인 사바세계와 지옥세계가 벌어지는 것이다.

어차피 살고 또 살아 죽을 수는 없는 현실 생활은 한 막 한 막씩 바뀌는 연극이요, 한바탕씩 넘어가는 꿈일 따름인데, 꿈인 줄을 모르고 인간들은 고통에는 울부짖고 즐거움은 놓칠세라 애착하다 이별에는 울고 우는 것이다. 다만 연극이요, 꿈인 줄을 확인할 수 있는 통철한 정신으로 참된 삶을 살게 되어야 사랑에도 즐거움에도 집착심을 가지지 않게 되고, 개체의 좁은 국토를 봉쇄해놓고 그 안에서 배 주고 속 빌어먹는 어리석은 생활에서 벗어나게 되는 것이다. 생사고락에서 생사고락의 수고스러움을 면하고 대자유로 살게 되는 것이다.

사랑의 절벽에 부딪친 젊음들에게

모든 존재와 온갖 생의 움직임은 삶의 표징이다. 그러나 개체나 가족, 국가의 현실적 생에만 국한되는 표징인 것이다. 이 삶은 인간이 상상으로는 헤아릴 수도 알 수도 없는 영원한 삶이라 공空이나 설명해줄 삶인 것이다.

그러나 이러한 산 인간이 되어 인간다운 삶을 살게 될 길을 걸어가는 과정인 중생계에서는 인형을 잃어버리지 않고 자신이 지향하는 정신을 가진 인간으로의 현상 유지를 해가기도 어려운 것이다.

사랑의 바다에서 나를 건져준 '그'

생존 경쟁이 극심한 현세에 세 가지 조건이 맞으면 용렬한 중생일지라도 살아날 향상의 길로 걸어가게 될 것이다. 본래 인간적 바탕이 좋고 현재 위치를 잘 보존할 수양과 노력을 하는 두 가지 조건이 구비하게만 되면 셋째 조건인 인연 즉 부모, 형제, 친구, 부부 그 밖의 다른 반연들을 잘 만나야 인간 구성이 여의한 데 이르게 되는 것이다.

아무튼 바탕이나 수양의 힘이 썩 수승殊勝하면 몰라도 애인 동지나 부부 간에 상대자를 잘못 만난다면 그 인간의 전정은 깨어지는 것이다.

그러므로 인연이란 것을 가장 신중히 알고 선연善緣을 짓게 되어야 할 것이다. 생령의 씨는 본래 하나인데 만드는 데 따라 인간, 짐승, 벌레로의 구별이 생기는 것이다.

아무튼 인간은 전에 된 것, 지금 행하는 것, 인연에 따라 되는 일, 이 세 가지 조건만 잘 구비하면 인생 행로를 안심하고 걸을 수 있는 것이다. 그러므로 남녀 간에 덮어 놓고 "어쩐지 마음에 들어" 하는 식으로 정신이 쏠려 사귀지 말고, 이지적으로 잘 살피게 되어야 하는 것이다.

천성이니 본능이니 하는 것이 혼인데 다만 습관의 모임이라 습관은 아니할 수 없게 되어 업[業, 魂]이라 한다. 생명은 날 때부터 죽을 때까지 성(섹스)의 행동으로 말미암음이니 그저 그것만 익혀가는 셈이다. 자연 애착이 거기에 있게 되어 아주 본능이 되었으니 어찌 이성이 좋게 느껴지지 않을 것인가? 그러므로 살펴주는 일이 결혼에만은 큰 도움이 될지도 모르는 일인 것이다.

그리고 크게 넓게 살핀다면 사랑, 결혼, 실연 등의 일에 그리 고민할 것은 없는 것이다. 남녀 관계에 있어서 육체적 정조는 잃었어도 정신적 정조는 잃지 않을 수도 있고, 육체적 정조는 보전해도 정신적 정조는 잃을 수도 있지만, 정조라는 것은 결국 정신 작용이니 둘 다 내 정신으로 청산되는 것이다.

사랑은 내 마음에 있고 내 마음은 어디에나 붙이기에 달려 있는 것이다. 물건에고 동물에고 사람에게나 또는 사업, 국가 그 어디에나 내 마음을 붙여 사랑할 수 있는 것이다.

아무튼 사랑은 끝없는 옛날부터 이 시간까지 가장 큰 문제가 되기 때문에 일반 생명인 초목까지 제일 관심거리가 사랑 그것인 것이다.

나는 한 삼십 년 산중에 들어앉아서 일체 문제를 해결하려고 참구參究하고 있는 동안 무릎을 탁 치게 통쾌한 맛은 아직 못 보았지만 결코 거짓말을 하지 않게는 된 것이다. 아직은 나의 일이 지극히 바쁜 것이다.

그런데 지장보살地藏菩薩같이 "모든 중생이 나머지 없이 인간이 된 후에라야 내가 인간이 되겠다"는 원력原力을 세웠던지, 나의 일이 더 바쁘면서도 누구에게나 제일 긴급한 이 소식을 모든 인간에게 알리지 않고 늘 견디지 못하도록 항상 가슴이 벅차게 되어 자원해서 말로 글로 할 수 있는 대로 선포하게 되었다.

육체적인 이 목숨, 생명이 의복 한 벌인 이 한 목숨의 생사 문제도 적지 않은 일인데 더구나 한도 끝도 없는 영원의 그 목숨이 살게 될지 죽게 될지 모르는 일이 과연 얼마나 큰 일인가? 그 크나큰 일을 알고도 아니 알릴 수야 있나 하는 나의 안타까운 심정인 것이다.

지난해에 포교문으로 된 책 한 권을 세상에 내어놓았던 것이다. 그 책에도 소아적 사랑의 얽매임은 내 생명을 해치는 그 원리임을 해명하였지만, 그 글에도 내 사랑의 경험 즉 사랑의 실패와 고민으로부터 아주 헤어나게 된 그 경로와, 사랑의 대상을 잘 선택해야만 영원한 생명에 미치는 영향이 크다는 것을 해설했던 것이다.

내가 생각하는 '그', 나를 돕는 그는 내가 아는 사람 중에는 오직 하나의 나와 인연이 깊고 깊은 인간이요, 나의 영원한 반야[般若, 지혜] 동무 중의 선배다. 그는 인간의 삶을 직접 살고 있는 인간이다.

인간은 두 가지 일에 다 책임을 지지 않으면 인간적 생활을 해 나갈 수 없는 것이다. 마치 농부는 농토가 장만되어야 하고 농토가 장만되면 농사를 지어야 현물이 생기는 것같이, 정신적 수입을 위하여 정진하는 것은 농토를 장만하는 사전 일이요, 세상 사업을 하는 것은 농사짓는 일인 것이다.

농토만 장만하여 놓고 농사짓지 않으면 농토를 묵혀버리는 것처럼, 인간이 내 생명을 살려놓은 후에 세상 사업을 아니 하면 우선 내 육체 보전을 할 수 없으니 살아난 후에는 살아가기 위하여 육체적 노력이 있어야 하는 것이다.

그 전에는 석가 부처님 같은 여러 인간들이 한 시대에 나서 또는 다른 시대와 세계에 나서 수도와 사업을 함께 하는 일이 많았지만, 지금은 수도만 하거나 사업만 하거나 한 가지 일만 한다는데 '그'만은 일에 성실하고 겸하여 정진을 지극하게 한다는 소문을 늘 듣는 것이다.

그리고 입산수도하는 승려들 중에서도 여자에 대한 계행戒行

을 온전히 지켜 나가기 어렵다는데 '그'는 세속에 살면서 더구나 부귀와 훌륭한 자격까지 겸비한 인물로 크나큰 사업을 하면서도 정적으로는 여자와의 연락을 아주 끊어버리고 오로지 정진에만 힘을 쓰고 있다는 것이다.

고위高位에 있는 몸으로 속옷 양말까지 몸소 세탁하고 해진 양말, 속옷을 손수 꿰매 입고 물질을 아껴 남을 도와준다는 것이다. 그리고 언행의 책임을 지는 인간으로 수행자로서의 냉철을 잃지 않고 질서와 규칙을 세워 엄정하게 행동하여 간다는 것이다.

그러나 그도 인간이라 인간적인 정이 왜 없을 것인가? 나의 편지를 가지고 갔던 상좌上座의 말이 그의 엄숙하고 자애로운데는 저절로 머리가 숙여지지 않을 수 없었고, 법설에 제일 감명이 깊어서 좀 오래 들었으면 싶었다고 했다. 그리고 나의 편지를 신중하게 뜯어서 읽으면서 손은 떨고 눈가에는 자주색 선이 빙그르르 둘러지며 눈에 넘칠 듯한 눈물을 얼결에 바라본 내 상좌는 어쩐지 잠시도 다시 쳐다보지 못하게 되었다는 것이다.

대하는 인간에게마다 친절하게 할 수 있는 그 성격의 주인공인 그는 나보다 더한 정감이 있지나 않았었나 생각되었던 것이다.

그러나 한 번 정해놓은 일의 결정적인 책임을 지고 언행을 같이 하는 인간인 그에게서는 이십여 년 동안 연락이 끊어졌던 것

사랑의 절벽에 부딪친 젊음들에게

이다. 그러나 그의 소리는 늘 들려오는 것이다.

자기 심정으로 그를 헤아리는 세상 사람들은 그가 어떤 여자와 사무적으로나 또는 다른 일로 연락만 있게 되든지 여자의 친절을 좀 받아들이는 경우에는 반드시 염문이 자자하게 되어 여기저기 여자를 두고 연락하면서 수행하는 체하는 가면적 생활을 한다는 것이다.

그러나 나는 그가 거짓으로 수행하는 체할 인간이 아님을 확신할 뿐이다. 여자를 접촉하지 않는 것은 공부를 완전하게 하는 방편으로 수도 과정의 일인 것이다.

원효스님 정도로는 파계가 아닌데도 영화에 나타난 그 장면은 속인들이 만들어낸 것이다.

애증을 임의로 조절할 수 있는 것은 정신 즉 평등애를 가진 자율적 인간에게는 남녀의 사랑도 자유로 할 수 있는 것이다.

물을 소가 먹으면 젖이 되고 뱀이 마시면 독이 되는 것같이 성인에게는 서로 환희를 나누고 뜻을 교환하는 일이 되고 범인에게는 해독이 되는 것이다. 살길로 끌어올릴 만한 대상을 사랑하면 살게 되고, 죽을 길로 잡아 내릴 인간을 만나면 꼼짝 없이 죽게 되는 것이다.

사랑에는 조건이 붙지 않는다는 것은 사랑의 매혹에 취한 무지인의 말이다. 조건 없이 좋아하게 되는 것은 인연이 깊은 관계인데 인연을 피하기 어렵지만 거기서 정말 정신을 차려 해어

나지 못하면 영원한 죽음을 부를지도 모르는 것이다. 친구를 사귀는 일도 삼가야 하는데 하물며 몸과 마음이 하나화할 사랑의 대상이랴!

나는 제비가 계집 잘못 만나서 일가가 일조에 멸해버리는 것을 입산 초에 구경하였다. 법당 아래채에 제비가 집을 짓고 새끼 다섯 마리를 낳아서 기르는데 제비 내외가 날마다 벌레를 잡아다 먹이며 새끼는 먹이는 대로 날마다 자라고 자라는 대로 재롱이 늘어가는 것을 취미로 쳐다보고 있었다.

하루는 난데없는 암제비가 와서 처자 있는 숫제비와 줄에서 쩩쩩거리며 획획 날아 돌아가며 노닥거리는데 제비의 본 아내인 어미 제비는 제집에서 가만히 앉아 노려보고 있다가 새로 나타난 암제비가 줄에 앉자 쏜살같이 날아가서 그 등을 날카로운 주둥이로 콱 찍으니 그 제비는 쩩 하는 비명과 함께 땅에 떨어져서 대굴대굴 구르는 것이었다.

애조愛鳥가 받은 박해에 기가 막혀서 아비 제비는 소리 소리 지르며 죽어가는 애처로운 애조 위로 휘돌고 도는데 애조는 그만 시체로 쓰러져버렸다. 아비 제비는 애조의 시체는 버려둔 채할 수 없이 그대로 날아가버린다.

가련하게도 시체로 늘어져 있는 제비는 고양이가 물어갔다. 어미 제비도 세상만사 허망해서인지 그만 날아가버리고 돌아오지 않았다. 어디 가서 자살했는지도 모를 일이었다. 아무튼 새끼 제비의 엄마, 아빠는 다시 오지 않았다. 새끼 다섯 마리는 엄마, 아빠 기다리기에 지치고 주려서 모두 죽어버리고 말았다. 일곱 식구의 전 가족은 그만 몰살되고 말았다.

요새도 인간 부부 간의 질투 싸움으로 죽고 망해버렸다는 신문 기사와 소식을 가끔 듣게 되는 것이다. 독부, 악처가 만나는 것은 고사하고라도 부부나 애인 동지가 이별하게 되는 때나, 같이 살더라도 여러 가지 여의치 못한 사건으로 비극이 얼마든지 일어나는 것이다.

악하고 독한 인간을 만나기가 불찰이지 살자니 견디기 어렵고 버리자니 그 독심으로 인하여 해가 많을 것이므로 아무래도 청산되지 않는 것이다. 그러므로 먼저 잘 살피라는 것이다.

그 밖의 일은 되도록 대상의 희생을 고려하여 처리하여야 할 것이다. 그러나 내가 사랑하면 사랑을 여의지 않을 수 있는 일에 실연의 고민을 하지는 말아야 하는 것이다.

내 생각은 내 것이다. 내 생각을 내 것으로 인정한다면 내 생각 안에 있는 내 애인이 어찌 내 것이 아닐 것인가? 어디를 가게 하고, 있게 하는 것이 내 생각에 달렸는데 애인이 가버렸다고 슬퍼하는 것은 내 생각을 부인하는 것이다. 내 생각을 무시하고 기어이 상대방의 육체와 정을 못 잊어 애타거든 내 마음을 내가 돌려 다른 생각을 하게 하다가 동시에 두 생각은 할 수 없는 것이기 때문에 생각만 확 돌리면 애인의 일은 그만 다 청산되어버리는 것이다.

아무튼 사랑은 내 마음에 달렸고 사랑하는 대상은 내 마음 붙이기에 있는 것이다. 사업, 예술, 문예, 연극, 정치, 국가 등등 어디나 심지어 화초와 동물에까지 마음만 기울어진다면 생의 의욕과 삶의 보람을 느끼게 되는 것이다.

그리고 정절이라는 것도 순일한 정신으로 대상을 대하는 데 있는 것이다. 다 바치면 다 바치는 그 척도대로 내게 다 돌아오게 되는 것은 개체로는 교체되더라도 정신은 하나로 되어 있기 때문이다.

장삼이사張三李四로 남편이나 아내가 달라지고 애인 동지가 갈리더라도 근본 순정적 그 마음은 하나이므로 다의 대상이긴 마찬가지인 것이다. 내가 우주 자체화의 하나이며 따로 있을 때는 천만 겁의 되풀이로 만나던 온갖 존재인 그 대상들이 하나가 되어 내 대상이 되어주기 때문이다.

아무튼 순정에는 누구나 감동하게 되어 있는 것이다. 순정이란 것은 우주 전체의 응함이 있는 일련으로 된 우주의 정기이기 때문이다. 순정의 극치는 신성이다. 신성이란 느낌까지 끊어진 정화된 자리 즉 공계空界에서는 일체애一切愛를 얻어서 쓰게[覺] 된다.

사랑의 신성은 우주가 하나 된 자리라 사랑의 통일로라도 우주와 인간의 본체로 돌아갈 수 있는 것이다. 그러므로 관세음보살觀世音菩薩은 자체가 절세의 미인으로 나타나 미인계로써 구원겁내久遠劫來로 인간을 수없이 많이 구원하였고 지금도 구원하는 중인 것이다.

나는 살길의 시발점으로 시발점인 이 나에서부터 순일하고 진실하게 진행해 나가야 하는데, 나는 인간으로는 몹시 둔탁하지만 정신만은 그런 정신으로 걸어오기 때문에 이런 다시없는 좋은 법, 즉 유일의 활로로 들어오게 된 것이다.

이 삶은 끝없는 생명이 원천인 공空을 얻는 것이다. 공은 한계가 없어 극히 자유롭고 한가하지만 현실인 유有는 한계가 있어 부자유하고 마지막이 있는 것이다. 마지막은 시작이 있고 시작은 마지막으로 또 돌아가게 되어 윤회의 수레바퀴 위에서 돌고 돌아 고생을 면하는 날은 없는 것이다.

위에서도 말했지만 인간의 생활은 세 가지 조건이 맞아야 인간이 되어 인간 생활답게 살게 되는 것이다.

첫째 내가 전세前世부터 지어놓은 바탕, 둘째는 내가 금생에서 짓는 일, 셋째 인연인데 세 가지 중에 제일 중요한 것은 인연이다.

인간은 만드는 대로 선인善人, 악인惡人으로 갈라지는데 인연이 주는 힘이 가장 위대하기 때문이다. 이 세 가지가 맞게 되면 인간이 될 수 있고 인간이 되면 인간적 생활인 평등애적 생업을 영위하게 되는 것이다.

아무튼 사랑이 삶의 주체가 되는 것은 사실이다. 이 사랑은 평등애를 말함이다. 평등애로는 부모, 부부, 붕우, 자녀, 동족, 전 인류가 서로서로 사랑이라는 유대와 사랑에서 우러나는 서로의 부조로 자유와 평화의 삶을 살아가게 되는 것이다. 그리고 선생의 선배도 또한 같은 태도로 나가게 되어야 하므로 나는 잘 알아보아 이 시대적인 큰 인간 한 분, 만공스님을 모시게 된 것이다.

내가 입산할 때는 출세하신 도인이 다섯 분이 계셨는데, 세속에서도 대가大家를 선생으로 삼아야만 자기의 천분을 충분히 발휘하게 된다는 상식을 가졌지만 영원한 삶의 길을 지시해줄 선생을 선택할 때 얼마나 신중히 하여야 할 것인가?

그때 만공스님은 여인에게 시봉을 받는다고 비난하는 사람이 있었지만 나는 여러 사람의 말을 들어 만공스님이 대가인 줄을 알게 되어 금강산으로 갈 봇짐까지 싸놓았다가 결국 큰스님이 계신 이 덕숭산 수덕사로 오게 되었던 것이다. 여기로 온 이 일은 참으로 내가 나를 믿을 만한 지혜로운 생각이었던 것이다.

최고법에 귀의한 정신이 아니었더라면 불법에 귀의했더라도 우주가 그대로 불법이므로 천만 갈래로 파생된 교리, 철리, 진리 어느 갈래를 따를지 몰라 방황하였을 것이다.

그러므로 금생에서는 인간 행로의 시발점이 청년 시대이므로 청년 시대에 먼저 지도자를 잘 만나고, 다음에는 감화력이 풍부하여 생명적으로 도움을 줄 짝을 만나야 하는 것이다.

그런데 나는 한 사람의 선배 즉 속인 때 애인이요, 출사하고는 반야 동무인, 죽으나 사나 그의 생활을 알거나 모르거나 만나거나 못 만나거나 여의게 되지 않는 인간을 가지게 된 것이다.

생각은 현실이다. 현실은 나라고 생각하는 나다. 현실은 나라고 생각하는 중생적인 나에게는 사랑이 있으면 질투라는 미움의 씨가 숨어 있고 만남과 떠남이 붙어 다니고 삶의 뒤에는 죽음이 기다리고 있는 것이다.

그러나 생각하기 전인 하나로 돌아가서 같이 있게 되면 여의지 않게 되고 여의지 않는 인간끼리는 애인이나, 동무나, 부부나, 부모 자녀 간 무엇이 되거나 사랑을 조리할 줄 알게 되는 것이다. 그리하여 정신이나 행동이 사랑에 휘둘리지는 않게 되는 것이다.

사랑을 조리할 줄 모르기 때문에 사랑의 해를 받는 것이다.

내가 생기면 사랑의 대상인 남이 있게 된다. 남은 나의 대상이 된다. 그러니 서로 사랑하지 않을 수는 없다. 그러나 내가 생명력을 가진 산 사람이 되어야 생사와 고락을 임의로 할 수 있고 불가항력의 그 강력적인 사랑을 통제할 수 있는 것이다. 사랑을 통제할 수 있는 인간과 인간끼리가 참으로 사랑의 대상이 되는 것이다.

나는 이 물질적 나로 현실적 사랑으로 나의 내적 생활의 만족을 얻어 거기서 우러나는 생활의 의욕으로 또는 행동력으로 나도 가정도 국가도 같이 살릴 수 있다고 주장하다가 그 사랑 자체는 사랑 자체의 역할을 할 뿐 사랑의 무상함을 느낀 것이다.

그러나 그 후에도 사랑하기 전에 먼저 사랑의 통제력을 얻어야 하는 줄을 미처 몰랐기 때문에 입산 후 십 년이나 넘은 그때도 다시 사랑의 불길이 일어나 혼자는 끌 도리가 없는 것을 그이가 슬그머니 꺼지게 해주었던 것이다. 나도 실연의 고민은커녕 이겨 넘긴 쾌감을 느꼈다.

그 후로 그가 정진과 사업에 열중하고 있다는 소식 외에는 연락이 끊어진 것이다.

나는 기다리지 않는다. 기다려지지도 않는다. 한꺼번에 두 가지 생각을 하지 않게 되는 그 공부에 마음을 두기 때문이다.

다만 나의 동창생으로 한 기숙사에서 자라는 동무가 그의 제자로 그의 사생활을 잘 알기 때문에 그가 수행하는 일, 사업에 충실한 일, 머리가 통철한 일, 권력, 재산, 자격을 가진 매력적인 남성으로 따르는 여러 여자들에게 친절하면서도 비구比丘의 계를 절대 범하지 않는 일을 들었을 뿐이다.

이미 알고 있던 일이지만 다시 들어 좀 더 그를 믿게 되는 것이다. 지난달에도 나의 친지인 어떤 단과대학 학장이 이 절에 탐방 왔다가 그의 인격과 요즘 지나는 정황을 알려주었다.

그이는 어떤 큰 사업을 하고 있었는데, 어느 부문에나 머리가 미치지 못하는 데가 없고, 범인은 따를 수 없는 비상하고 명철한 두뇌로 언행이 일치하여 심신을 다하게 되어 그 사업은 비약적 발전이 있었으니 시대도 시대지만 악세계에는 악인이 많기 때문에 의인은 밀려나게 되어, 지금은 실각失脚의 신세로 지내지만 인물로는 국내에서는 아쉬운 대로 하나밖에 없다고 할 만하건만, 성인이라야 성인을 알아보는 것이므로 그런 인물은 도리어 빈척擯斥당한다고.

그러나 그 개인으로는 오로지 정진에만 힘을 쓰게 되었으니 잘된 일이라고. 그런데 연전年前에 영국에서 시찰왔던 신사가 그와 환담 끝에 "세계적 지도자의 지도자"라고 말하였다는 것이다.

물질적 영역 안에 소식 외에는 듣지 못하는 세계 인류인데 겁외[劫外, 宇宙] 밖 소식을 처음 듣고 놀랐던 것이다. 지금은 정계에서 학계에서 사업계에서 특청으로 나와 달라 해도 면회조차 아니하고 정진만 한다는 것이다.

나는 그 학장이 가고 난 뒤 혼자 앉아서 만족한 미소를 띠우면서 그가 아직 나를 사랑에 대한 어린 여인으로 알고 있을 것인가 하고 생각하였다.

그러나 수치감도 불만도 느껴지지 않고 그가 내게 범연하게 하던 일이 도리어 감사하고 기꺼울 뿐이다. 지금 나는 가령 그가 나를 찾아오다가 교통사고로 무참하게 피투성이가 되어 죽었다 하더라도 남다른 특별한 충격을 받지 않을 것이다. 죽어서 못 만나는 것은 오다가 일이 생겨서 이 다음에 오겠다는 일 같은 것이요, 죽음도 우리의 감식鑑識으로 끔찍스러운 것이며, 또한 그는 생사 중에서 생사고를 피할 수 있기 때문이다.

사실 생사고를 면하지 못한 중생들이 비단 이부자리 속에서 곱게 죽는 그 죽음에도 그만한 고통이 있는 것이다.

또 그가 큰 죄를 범했거나, 큰 허물을 저질렀다고 나를 시비의 대상으로 삼더라도 나는 다만 신의를 지킬 뿐이다. 그래도 현재 의식으로는 늘 잊어버리고 지내지만 일부러 느껴본다면 내가 아는 남녀, 그 많은 인총 중에서 오직 그와는 은근히 끊어지지 않을 무슨 연락의 줄이 연결되어 있는 것을 느낄 수 있는 것이다.

그가 내 살길의 앞잡이가 되었지만, 그가 없이 이 길에 들어서게 되었다면 다시는 사랑을 느끼지 않게 되어 좀 더 빨리 인간이 되었을지도 모른다. 아무튼 그는 나를 사랑으로 줄을 이어 이 길에 들어오게 했고 도리어 사랑의 바다에서 건져준 은인임에 틀림없는 것이다.

지금은 사랑이라는 얕은 감정보다는 폭이 넓고 깊어서 그와의 정의 원소를 바탕으로 하여 분량을 많이 만들어 일체의 인류에게 고루고루 나누어 줄 자비 즉 정의 정화淨化, 사랑의 순화醇化가 만들어지는 중인 것이다.

먼저 살고 보자!

요새도 중이 된다고 찾아오는 청년 남녀와 중이 되겠다고 거기에 대한 의논의 편지가 그칠 사이가 없는데, 중이란 "인간 되는 공부를 하는 인간"인데 공부할 만한 자격으로 우선 자기와 자기 현실을 몽땅 버려야 전체적 현실인 완전한 인간이 될 것이라는 것을 알고 오는 이가 드물고 대개가 자기 사정이 딱하게 된 사람들이다.

사랑의 실패와 어떤 일에 대한 실망과 생에 대한 의심, 권태 등의 이유로 중이 되려는 사람이 많기 때문에 이 글을 쓰게 된 것이다.

나는 사랑에 대하여 순정적이었고 또 철저하였던 여인 중에서도 제일일 것 같은 생각을 가지게 된다. 나는 순정적이고 철저하면서도 나의 주체적 정신은 잃어버리지 않았기 때문에 속았다는 생각도 없었으며 따라서 원한을 가져 보지도 않았고, 순정적이면서도 한 사람에게만 국집하지 않았기 때문에 오래 고통스럽지를 않았던 것이다.

위에서도 말했지만 수도한다는 것은 정신을 집결시켜서 그 정신을 쓰는[覺] 공부인데 정신이 합해진다는 것은 실이나 끈이 뭉쳐지면 강해지는 것과 마찬가지로 정신의 힘도 세어지는 것이다. 정신의 힘이 세어짐에 따라 물질적 정신 즉 양기와 정의 힘도 세어지는 것이다.

본래 정에는 늙음이란 것이 없는 것이다. 속세의 여인이라면 늙을수록 영감 마누라의 아들딸 손자를 귀여워하는 정이 깊어 가는 것이다. 더구나 늙으면 몸과 마음이 쇠약해짐에 따라 남에게 의지하는 정이 정을 더하게 된다.

인간이 다른 동물보다 나은 점이 정에 있는지도 모른다. 인간이 정신력을 익히면 강렬한 정도 생기는 것이다. 정신력이 강한 수도하는 중이 이성을 사랑하게 되면 속인이 짐작조차 못할 만큼 더 철저하고 강력적으로 되는 것이다.

그러나 "먼저 살고 보자!" 하는 그 정신을 차리기 때문에 생명을 살린 후에 사랑은 이차적이라는 것을 알고 억제해가는 것이다. 그러나 두 정신을 함께 쓰지 못하기 때문에 정진에만 정신이 기울어지게 되면 오로지 정진만 하게 되는 것이다.

생명이 본체는 하나 전의 것이며, 하나는 나요, 하나 다음은 사랑이다. 나의 전인 전지전능한 생명력에 의존하여 내가 살고 나서야 나의 다음인 사랑을 취하게 될 것이 아닌가?

그런데 나는 나의 살 것을 얻기 전에 사랑에 휘둘리게 되었던 것이다. 나의 '그'는 자기와 내가 생명을 기반으로 하여 균형적인 정신으로 사랑을 쓸 그때를 만드는 공부를 하게 한 것이다. 내가 "살고 보자!"는 이 말은 온 우주와 모든 생령이 생명이 영원하다는 것을 의미한 것이다.

그러나 세속 살림살이에도 개인의 생명으로서도 먼저 살고 보아야 영원한 생명을 얻을 것을 향하게 되는 것이다. 영원히 살 생명이 수명이나 살림살이의 차비, 살아가는 질서와 양식은 물질적인 현실의 나나 현실의 정신으로는 헤아릴 수도 없고 다만 현실 전인 나의 창조성 즉 공을 파악하여 쓰게 되어야만 알 수 있는 것이다.

어제 저녁 때에는 어떤 남자 대학생이 와서 친한 친구의 사정 이야기를 하는 것이다.

아주 개성이 강하고 머리가 좋고 남자다운 청년으로 대학을 졸업하게 되었는데 어떤 여대생과 사귀어 떨어지지 못할 사이가 되었다가 그 여자의 부모가 다른 데로 시집을 가란다고 그 여자는 그만 그 친구를 버리고 시집을 갔다고 한다. 그 친구는 그만 절망하여 자살할 기회만 기다리고 있으니 어찌하면 좋으냐고 하는 것이었다. 나는 대뜸 속이 빈 감정적 인간이로군요 하였다.

설사 남이 나를 버렸더라도 나까지 나를 버린다면 나에게는 또다시 무엇이 있단 말인가?

물건도 귀한 것이 땅에 떨어졌으면 소중하게 주워서 간수하게 되는데 가장 존귀한 나를 버리는 인간이라면 정말 속 못 차린 인간이 아닌가?

더구나 자기 현실인 학업에 열중해야 할 학생이…. 우리나라에서는 빈약한 실생활을 힘써 할 생각은 없고 실연 자살 비관 정사 등만이 흔한 것은 참으로 수치스러운 일인 것이다.

서양 사람들은 천만금을 가진 부자라 할지라도 자식들이 경제적으로나 정신적으로 성인이 된 후에라야 이성의 대상이 되어 부부 생활을 하게하며, 자식들도 그런 각오로 다 같이 인간으로서의 생명 있는 존재를 이으려고 노력을 하는 것이며 그러는 동안만은 사랑의 장애를 받지 않는 편이라는 것이다. 그런 나라에서는 이성의 사랑 때문에 재학생의 신분으로 자멸적 정신을 가지게 되거나 생의 의욕까지 잃어버리는 못난 인간은 없다는 것이다.

우리나라의 그런 학생은 학생으로서의 심혼이 벌써 다 빠졌으니 인간의 몸이나마 다시 받을 가능성이 없게 된 것이다. 더구나 모든 실패를 몰아친 마지막 실패자는 자살자다. 그런 인간을 내어놓은 조물주가 있다면 그 조물주의 가장 큰 실수가 자살자를 낸 그 일일 것이다.

아무튼 열등적 생일수록 색에만 빠져버리는 것이다. 지금은 말세 중생들이 사는 세상이기 때문에, 배만 부르면 암컷, 수컷이 사랑 때문에 으르렁거리는 개나 말 같은 동물적 생을 사는 인간들이 많은 세상이 된 것이다.

동시에 두 생각을 할 수 없는 것이므로 인간적 정신으로 인간으로서 살아갈 사전의 일을 생각한다면 정에 쏠 생각은 없어지는 것이다. 그런데 요새는 어린 남녀 학생들까지 몰려다니며 색에 매몰되어 부모에게 염려를 끼치는 일은 말할 것도 없고 사회의 질서를 여지없이 어지럽혀 놓으니 장차 한걸음 더 떨어져 불량 소년 소녀가 되어버리기 쉬운 것을 느끼게 되는 것이다. 그런 일이 드물지도 않은 이 사회는 과연 한심한 것이다.

지금 인간들은 자기의 참 생명이 무엇인 줄은 모르고 이 육체를 전 생명으로 알고 이 육체를 가장 소중히 여기는 것이 아닌가? 그러므로 이 육체적인 한 목숨만 나선다고 하더라도 나서는 그로서는 최고의 정신력으로 덤비는 일이므로 무슨 일이고 성취하고야 말게 될 것이 아닌가?

아무튼 이 육체적 목숨의 대가도 그리 싼 것은 아닌데 남자 대장부로 태어나서 그 흔한 사랑 때문에 죽을까 살까 한다니 그런 못난 남자는 존재 중에서도 잉여물剩餘物이요, 잉여물 중에서도 찌꺼기 잉여물인 것이다.

부처님은 할애割愛하여 몸으로는 부모와 이웃과 조상과 국가와 사회를 살리고 정신으로는 나 즉 우주를 살리는 공부를 하라고 하셨다.

책임과 부모와 사랑을 다 여의고 수도 생활을 못 하더라도 예전에 전쟁에 나가는 길에 큰 장애가 된다고 처자를 한 칼로 베어버린 사람도 있었으니 그런 정신이라도 좀 생각해보아야 할 것이다.

아무튼 애인을 여읜 것이 그리 절망할 것은 없는 일이다. 정신적으로 깊은 사귐이 있었다면 육체적으로 다른 이성과 접촉이 있는 것쯤 그리 큰 문제는 되지 않는 것이다.

생명은 언제부터라고 말로 할 수 없는 동안을 살아올 때 무엇이고 모두 다 나와 사랑의 대상이 되었던 만큼 인연 따라 육체로는 다른 대상이 되어지기 쉬운 것이다.

정신의 생명은 길고 길어 다하는 날이 없고 생명은 정신이 기반이 되어 늘 살아 있지만, 육체는 생명의 껍데기 즉 의복이므로 늘 갈아 가지게 되는 것이다.

이 한 육체가 갈아지는 때를 기껏 백 년이라 하더라도 정신적 생명에 비하면 가장 짧은 한 토막 시간인 것이다. 그러므로 금생 백 년의 이별이라 하더라도 대문 밖에 나갔다가 되돌아와 만

사랑의 절벽에 부딪친 젊음들에게

나는 폭도 못 되는 것이다.

그리고 정도 서로 품앗이로 되었기 때문에 주었으면 받고 받았으면 주어야 하는 것이다.

나는 생각하고 있는데 상대편에서 받아주지 않는다면 그것은 받았던 빚을 갚는 중이거나 그렇지 않으면 시간이 어긋났을 뿐이므로 지긋이 기다리고 섰으면 마주치는 시간이 있는 것이다. 성급하게 돌아선다면 도리어 내가 배반자가 되는 것이다.

생령은 살고 살고 또 살아 그침이 없이 사는 동안에 물, 불, 산하, 대지까지 나의 짝이 되고 개미나 빈대까지 사랑의 대상이 되었던 것이다.

마주 서면 인연이요 돌아서면 절연인 것이다. 널리 높이 본다면 네 사내 내 계집할 것도 없고 간음이니 상피相避니 할 것조차 없는 것이다.

못 보는 것도, 모르는 것도 없는 정말 인간 즉 도인이 말을 타고 장가가는 신랑을 보고 의미 있게 빙긋이 웃는 것을 보고 곁에 있던 사람이 왜 웃느냐고 물으니, "글쎄 아비를 타고 에미한테 장가를 가지 않나! 그래 웃는 것이오" 하였다고 한다. 그 신랑의 부모가 그 신랑을 갓 낳아놓고 부모가 같이 다 죽게 되었는데 어린 자식을 두고 죽는 것이 안타깝기 그지없던 그 부모의 혼이라, 아버지의 혼은 자기의 본집에 돌아와서 말 새끼로 태어나고, 어머니는 뉘 집 딸이 되었던지 잠재의식으로 전생 아들을 차마 못 잊고 있는 그 인연으로 그 아들의 아내가 되게 되는 것이라고 하였다.

그러나 그 시대, 그 국가, 그 모임에 따라 윤리와 도덕과 법률이 일정하지 않고 서로 다르게 쓰게 되는 것이다. 그때 그 모임의 윤리와 도덕을 지키지 않는다면 너와 나의 생활 질서가 서지 않는 데 따라 불안과 불평이 있기 때문에 지금 이 사회에 맞는 말은 아니다. 질투와 소유욕으로 된 우리 이 사회는 법률적 제재와 도덕과 윤리적으로 정리되어야 하는 것이다.

나는 젊었을 때, 딸이 간통죄를 범했다고 죽여버렸다는 말을 듣고 악한 부모라고 통탄하였지만 이제는 당연한 일이라고 생각되는 것이다.

임의로 할 수 있는 사사한 사랑 때문에 부모 친척이 행세를 할 수 없게 되고 역대 조상에게 또는 가문에 수치를 끼치는 딸은 죽어 마땅한 것이다.

아무튼 개인의 사랑과 자유와 향락과 부귀를 위하여 남을 모함하고 사회적으로 해로움을 끼치는 인간은 자기의 영원한 생명부터 죽여버리는 일인 줄 아는 세상이 되고, 나의 잘잘못은 허공이 증명하는 줄을 알게 되고, 내가 입고 쓰고 살고 소비하는 것은 누가 털끝만큼도 거저 주지는 않는 것이요, 내 생활은 내 반영으로 행불행이 오직 내 정신 작용인 것을 확인하게 되어야 하고, 나의 정신은 너, 나가 하나로 되어 있으니 남에게 강제하지 않고 나 혼자 사랑하고 싶으면 그저 사랑하여 혼자 누릴 생각을 하고, 또 아내가 남편을 구하는 데는 금생 살이에서 영원한 내 살림에 직접적으로 흥망이 되고 내 생명이 생사가 좌우되는 일을 알게 되어야 할 것이다.

그리 되어야 우선 이 현실 생활부터 무궁한 내세 생활의 안정을 보증하게 되는 것이다.

아무튼 가장 먼저 "살고 보자!" 그 구호의 요의要義를 체달하여야 영원한 생명을 보전할 것을 알게 될 것이다. 내가 살아갈 차비도 못 한 인간 즉 정신력이 없는 인간의 사랑은 죽음의 바다로 빠지게 되는 줄을 알아야 하는 것이다. 물에 빠지면 육체적 생명 하나가 죽으면 그만이지만, 사랑이라는 독한 물에 빠지면 억천만 년 살게 될 본생명이 멸망해버리는 어마어마하고 무서운 일인 것이다.

그리고 정사情死하는 일은 두 목숨을 사랑의 바다에 영원한 생명을 던지는 것이다. 사랑이란 삶이 바탕인 동시에 죽음의 본질로 되는 것이다. 사랑이 가장 달기도 하지만 그보다 더 쓴 것도 없는 것이다. 쓰기만 한 것이 아니요, 쓰리고 아프고 비틀리는 괴로움을 주는 것이다.

같이 살지를 못하기 때문에 같이 살려고 같이 죽는 것이지만 자신을 배반하고 우주를 반역하고 삶을 거스르고 은혜 입은 인간들에게 배은한 그 큰 죄보罪報와 애착의 안타까운 그 심정의 그 결과는 고苦의 결정結晶으로 사랑의 바다가 액귀굴厄鬼窟이 되어 그 속에서 울고 부르짖는 삶을 언제까지나 계속하게 되는 것이다. 그러므로 서로의 사랑이 서로의 원심으로 변모되는 미움의 지옥을 이루는 것이다.

기쁨으로 사선死線을 넘으면 기쁨의 내세상을 살게 되고 슬픔으로 죽음의 고개를 넘으면 슬픔의 연장으로 슬픔만 닥치는 것이다.

아무쪼록 편하고 즐거운 마음으로 사선을 넘어야 할 터이니 미리 죽음의 대비가 있어야 할 것이다. 금시라도 닥칠지 모르는 죽음이다. 시계추의 오가는 소리는 우리 인생이 이미 사형 선고를 받은 몸이므로 사형장으로 끌려가서 한걸음 한걸음 걸어가는 발짝 소리인 것이다.

한 십여 년 전에 내가 홍성 어떤 아는 부인에게 들은 이야기다.

군산 수리조합 이사로 있는 그의 동생 집에 가서 자는데, 자다가 새벽에 남녀의 울음소리가 어찌도 처량한지 가슴에 깊은 충격을 받아 눈물을 머금고 들으며 잠을 이루지 못했는데, 아침에 일어나 보니 그 너머 저수지에서 남녀의 정사 시체를 건져냈다고 한다. 언제나 새벽에 울음소리가 들리면 그 저수지에서 사람이 빠져 죽은 줄을 알게 된다는데 여자가 빠져 죽었으면 여자의 울음소리가 나고, 남자가 빠져 죽었으면 남자의 울음소리가 들리고, 혼자 죽었으면 혼자의 울음소리가 들린다는 것이다. 그

부인이 들은 정사한 그 남녀의 합창적 울음소리는 슬픔의 극치인 애곡성哀哭聲이었다고 한다.

사선을 넘어서의 삶이 이 세상에서 느끼던 그 슬픔이나 기쁨의 연장이라는 것은 이런 일로 중좌가 되는 것이 아닌가? 살았을 때 죽음의 대비를 하지 않으면 어차피 아니 살지 못하는 무궁한 삶의 일이 어찌될지 짐작되는 것이다.

아무튼 사랑에만 치우치면 고생의 근본이 되는 것은 사실이다. 하필 남녀의 사랑뿐 아니라 내 사람 내 자식만이라는 생각이나 또는 모든 다른 여러 일에 대한 극심한 욕구도 다 애착심인 것이다. 중생의 애착심이란 한도 끝도 없기 때문에 사랑에 눈이 어두워 그 사랑을 이루기 위하여는 수단 방법을 가리지 않다가 의외로 큰 죄를 저지르기도 한다.

나도 애착심이 엷어졌을 뿐 아직 중생심을 아주 다 여의지 못한 것이라고 스스로 느끼게 된다.

나는 세속에 있을 때는 남녀가 사랑하면 그 남녀만의 사랑이 영원이요 다라고 생각하여 극렬한 사랑에 빠졌으며 그 대가로 현금적으로 꼭 받아야 하였던 것이다. 그러나 입산한 지금은 그가 나를 생각하거나 말거나, 연락이 있거나 없거나, 잘 있거나 못 있거나, 죽거나 살거나 거의 무심해지는데 그것을 사랑이라 할까? 또는 못 잊는다고 할 것인가?

우리 인간은 시작도 끝도 없는 여행자다. 다니는 길에는 고생도 기쁨도 있게 되고, 친한 사람도 원수도 만나고, 높은 산 깊은 물도, 순탄한 길 험악한 길도 다녀야 하는 것이니 이런 저런 일에 그리 크게 생각을 쓸 필요가 없는 것이다.

그러나 '그이'를 위하는 데 내가 필요하다면 아낄 것이 없고 그가 살인을 했다거나 강도질을 했다거나 간통을 했다거나 나는 그에게 대한 신망이 떨어지지 않을 만큼 되었다는 것은 '그이'를 지극히 생각하는 까닭이라고 볼 수도 있을 것이다.

다만 누구든지 사랑하는 사이라면 그저 그가 누구를 사귀거나 어떤 여인과 관계나 있거나 간에 아무 질투심 없이 깊이 믿고 너그럽게 생각하면 편안한 것이다. 그것을 신의라 한다.

사랑보다도 인격과 사상적 공명과 지기로써 오직 신의를 가지고 남녀 간에도 사귀게 되어야 인간적 교제라고 할 수 있는 것이다.

나로서는 그이에게만 국한하는 것이 아니다. 누구라도 내 대상이면 혼의 자장가가 되어 나의 정신이 고요히 쉬게 되는 것을 느껴 보는 것이다.

혼은 쉬고 육체는 노력하는 것이 인간적 삶이다. 몸이 쉬면 육체적 행동력이 생기고 혼의 휴식인 근본적 생명의 힘을 기르게 되는 것이다.

한 이백오십 년 전 일이라고 한다. 어느 재상네 집에 어떤 아름다운 청나라 여인이 슬그머니 들어와서 그 재상의 아내로 살

왔다. 그 여자는 이인異人이라 남의 마음을 다 알고 있기 때문에 남편이 조정에서 돌아올 때는 그가 어떤 음식을 원하고 있는지를 알아서 무엇이나 준비해두는 것이었다. 하루는 그 재상이 닭곰(탕)이 먹고 싶어 집에 돌아와 보니 딱 준비해놓았는지라, 군침이 도는 것을 참고, 조복을 벗고 있는데 고양이란 놈이 그 닭곰을 물고 달아나기에 화가 나서 칼을 휙 던졌더니 고양이는 허리가 잘려서 즉사하고 말았다.

그날로 그 여인은 행방을 감추었다. 그 재상의 비통은 말할 것도 없었다. 삼 년 후에 그 재상이 사신으로 청국에 가게 되었는데 황제에게 진알進謁할 때 뒤의 주렴珠簾이 스스로 걷히더니 황후가 나타나며 그 재상에게 나를 좀 쳐다보라는 것이었다.

그 황후는 언젠가 고양이가 죽던 날 떠난 그 여인이었다. 나를 못 잊고 있는 것을 알고 있기 때문에 그 보답으로 선물 하나를 준다고 하면서 조그마하고 묘한 함 하나를 주었다. 황후는 그 재상을 그때 만날 것을 알고 준비해두었던 것이다.

그 함 속에는 버선 한 켤레가 들어 있었는데 발에 아주 꼭 맞고 매우 발맵씨가 나는 버선인데 매일 갈아 신어도 여전히 한 켤레씩 들어 있었다는 것이다.

황제와 여러 대신, 비빈 앞에서 황후의 체면도 돌아보지 않고 전일의 애인을 공표할 만한 인격자인 황후의 그 인격을 믿을 뿐, 과거의 일인 이성 관계쯤 관심을 가질 까닭이 없는 황제였던 것이다. 그 황후는 다만 고양이를 죽여버리는 남자의 얕은 소가지에 정이 떨어졌던 것이다.

미국의 어떤 남자는 사랑하는 여인이 다른 먼 도시로 시집을 갔는데 그 여자의 모습이 보고 싶어서 자기 기업체를 그 여자가 사는 도시로 옮기되 그 여자가 동부인해서 오가는 그 골목으로 정하고, 그 동부인끼리 누리는 즐거움을 홀로 즐기며, 그 집에 아쉬운 일이 있으면 몰래몰래 도와주고, 또 그 집 아이들에게는 온갖 선사를 다하다가 외로운 몸으로 그 가정을 축복하며 일찍 죽어갔다는 사실도 있는 것이다.

또 영국에서는 이런 일이 있었다고 한다. 어떤 남녀가 깊은 관계로 지내다가 여인이 다른 데로 시집가서 사는데, 그들의 생활이 곤란하므로 그것을 보아주다가 가산을 탕진하여 마침내는 매한 마리로 혼자의 생계를 삼게 되어 그만 연락이 끊어졌다. 어느날은 매가 꿩을 놓쳤다. 꿩을 찾으러 들어간 그 집이 바로 사랑하던 여인이 과부로 남매 되는 어린이를 데리고 사는 집이었다. 그것을 보자, 그는 매마저 팔아서 그 집에 주고 말았다.

그리고 삼십여 년 전 일본에 유명한 작가가 있었다. 이름은 잊었으나 다만 그 이름에 두 이ㄷ 자가 들어갔던 것만은 기억한다.

그는 그 아내와 십여 년을 동거했는데 그 집에 자주 드나들던 그의 친구와 그 아내가 결혼하게 되었다. 그 아내가 데리고 왔던 딸에게 많은 저금을 다 주었으며, 그 친구는 가난하다고 해서 그 아내에게 지참금까지 다 주고도 결혼식 준비까지 다해준 일도 있다는 것은 아는 사람이 많을 것이다.

그들은 양편이 다 같이 그것으로 즐거운 사귐을 누리며 신의와 정이 좀 더 짙게 살다가 죽어간다면 내세상에서는 다시 바뀌어진 내외로 서로 축복하며 두 집이 다 같이 그 아내와 그 남편은 서로 단란하게 살게 될 것이다.

더구나 과거 현재의 모든 여자가 사랑을 위하여 또는 남편을 위한 정조 때문에 희생된 여자가 얼마인지 모르며 현재 한국의 가정에서도 남편의 애인과 동거하는 일이 있지 않은가?

남의 행복을 위하면 현재 내 행복을 위함보다 그 이자가 붙어서 더 길고 많은 행복을 누리게 된다.

젊음을 헛되이 불사르지 말자

또 요새 신여성들은 "사랑해서는 안 될 사람을 사랑하기 때문에 고민이 된다"고 나에게 해결법을 묻는 이가 많은 것이다. 그들의 사정은 아내 있는 사람을 사랑하게 되었거나, 부모가 반대하는 사람이거나 또는 약혼한 남자가 여자들을 사랑하게 되었다는 것이다.

또 어느 여자는 비밀이 있는데도 남자는 믿기만 하고 더구나 사랑하면서도 불가침의 깨끗한 처녀성을 아끼는 마음으로 감히 몸에 손도 못 대는 데 양심의 가책을 느껴 고민이 된다는 것이었다.

나는 다음과 같은 말로 일일이 대답해 주었다. 아내 있는 그 사람밖에 없다고 생각되거든 그 사람을 안심하고 결정해서 길이 사랑하라. 그리고 정신적 연락만으로 만족하라. 가령 학업 도중에 있는 사람이라든가 멀리 떨어져 있어야만 될 사람, 또는 결혼할 기회도 없이 아주 바쁜 사람들끼리는 정신적 연락만으로도 같이 살 수 있지 않은가?

그와 마찬가지로 이미 아내와 자녀가 있는 가정을 가진 남자일지라도 기껏해야 백 년만 참고 신의와 사랑을 변치 않는다면, 금세에서 변하기 쉬운 육체적인 총각과 결혼하는 것보다는 다른 사람과 결혼하여 떨어져 살더라도 더 깊고 깊은 정의로 믿고 살다가 내세에는 결혼하여 잘 살게 되는 것이다. 끝도 시작도 없는 우리가 살고 있는 그 시간에 비교한다면 천 년이고 만 년이고 하는 것은 가장 짧은 순간에 지나지 않는다.

약혼한 남자와의 경우에도 아내 있는 남자와 마찬가지로 처리할 것을 일러준다. 이렇게 하는 것이 내 상대자와 상대자의 불행을 면하게 하는 일이며 나 자신도 실연의 피해를 면하게 되는 것이다.

부모가 반대하더라도 부모를 거스르지 말고 부모의 마음이 완화되기를 기다리는 것이 좋은 일이다.

내가 작년에 내 친구인 허영숙 씨, 즉 이광수 선생의 부인을 만났는데 오래간만에 만나 정다운 이야기가 오가는 동안에 그 따님이 인도인과 결혼한 이야기가 나오게 되었다.

처음 미국에서 그 딸로부터 결혼을 허가해 달라는 편지가 왔을 때는 외국인과 혼인하는 것은 민족적인 큰 수치라고 온 민족이 절대 반대하던 때라 그 편지를 받고 어찌나 비통하였던지 신장병에 걸려서, 지금도 치료 중이지만 그때 곧 혈서로 반대의 편지를 했더니, "… 외로운 어머니에게 위로는 드리지 못하고 도리어 고통까지 드리게 되었으니 깊이 후회하고 있습니다. 그러므로 이 결혼은 아주 단념하겠습니다"라는 답장이 온 후 삼 년 동안은 그 일에 대하여 일체 말이 없었는데, 삼 년이 지난 후 어느 날 의외로 그 딸에게서는 아래와 같은 애절한 사연의 편지가 왔다는 것이다.

"어머니, 어머니, 어쩌면 좋겠습니까? 삼 년을, 기나긴 삼 년 동안을 두고 어머니의 마음을 상하게 하지 않으려고 무척 애를 썼지만 그래도 잊을 수 없는 그이오니…. 제 마음도 제 마음대로 안 되는 안타까운 이 일을….

삼 년을 두고 갖은 고민으로 잠 못 자는 밤, 밥 못 먹는 낮이 계속되다가 다시 이래서는 안 되겠다는 생각으로 억지로 제 정신을 달래서 공부를 애써 했으나 학교 성적이 전보다 퍽 많이 떨어질 뿐 아니라 저의 체중도 많이 줄고 혈색도 나빠져서 몸이 어디가 불편하냐, 마음에 괴로움이 있느냐고 교수나 동창생들이 물을 때는 쓸쓸한 웃음을 웃으며 눈물을 삼키옵니다.

그도 이미 양해하고 있으면서도 늘 풀이 죽어 지내며 그와 만나는 것도 의식적으로 피하지만 혹시 눈길이 마주칠 때는 서로 이슬 맺힌 눈에 안타까운 미소로 슬쩍 지나쳐버립니다.

깊은 불효감의 고통보다 그를 못 잊는 그 고민이 더하오니 죄송하온 일이오나 임의로 안 되는 이 감정을 어찌합니까?

어머니! 어머니!

연민憐憫의 정을 내리소서.

강보에 싸인 저를 안고 아버님이 지으신 자장가로 저를 잠재울 때의 그 자애로 돌려 제 심정을 살펴주시기를 바라옵니다.

만일 결혼만 허락하여 주신다면, 그리고 자녀가 생긴다면, 아버님! 아버님의 위대하신 친손자로 대를 이을 만큼 지성인으로 길러내고, 생명적으로 교육해낼 자신이 있습니다…. 죄송하고 슬픔의 착잡한 이 느낌을 어찌 표현하겠습니까?

그러나 아버님이 계시면 이 애타는 마음을 어머니보다 좀 더 살펴주시련만!

이런 말씀 드리는 것이 어머니의 마음을 더 상하게 하지나 않을까 두려우면서도 너무나 안타까운 심정에 그만 이런 말씀을 드리게 되었습니다.

사람이란 눈물 짜는 기계인지요…. 울고 우는 울음뿐입니다.”

말로 옮기니 그렇듯 간절한 정의 그 맛이 나지 않지만 그 편지를 볼 때 눈물이 핑 돌며 그렇게 돌같이 굳었던 마음이 스르르 풀려 삼 년씩이나 에미 마음을 상하지 않게 하려고 혼자 고민하는 그 정에 그만 감동이 되었으며 후줄근한 그 애 영상이 환영같이 나타나며 그 애가 어찌 불쌍한지 에미된 자신이 몹쓸 마음이나 먹었던 것 같아서 곧 허락하는 편지를 보내었다고 하였다.

부모의 마음은 오직 자녀를 위할 뿐이므로 부모의 뜻을 받드는 편이 오히려 좋을 때가 많은 것이다. 아무래도 사랑에 눈이 어두워진 그대들보다 객관적으로 보는 부모의 눈이 바를 것이므로 부모가 반대를 하면 결혼하지 않는 것이 도리어 잘 되게 될는지도 모른다고 말하였다.

사랑의 대상에게 알리지도 못하고 혼자만 생각하며 잠을 못 자고 고생한다는 남녀도 있다.

그러면 혼자 고민하지를 말고 대담하게 행동하여 틀리거나 맞거나 간에 편지나 말로 하여보고 맞으면 좋고 틀리면 다른 대상을 구하든지, 혼자만 마음을 푹 눅이고 얼마간 기다려보든지, 그렇잖으면 원망 없이 단념하든지 하라는 것이다.

정도 준 것은 받게 되는 것이고 또 정을 주고받을 대상은 얼마든지 있는 것이다. 그러나 내 편에서는 무조건 순정을 바쳐라. 순정을 바치면 그 대가가 반드시 내게 오는 것이다.

그리고 처 덕을 보려 드는 비루한 남자, 여자로 인하여 얻은 발판에서 지위를 얻으려고 하는 약자 노릇은 하지 않는 것이 대장부라고 나는 말한다. 밥데기의 어엿한 남편이 되는 것이 여왕의 부군이 되는 것보다 낫다고 이르는 바이다.

지금 세상에서는 여자도 남자에게 의존하지 말고 경제적으로 정신적으로 독립적 생활을 할 것을 시집가기 전에 준비해야 하고, 여자일수록 생각을 좀 고상하게 가지고 나를 향상의 길로 지도할 남편을 구해야 하고 될 수 있는 대로 육체적으로도 남자와 접촉이 없는 것이 여자의 자격을 높이는 일이다. 여자는 전통적으로 육체적인 정조를 정신의 비중보다 높게 여기게 되어 육체적으로 처녀성을 잃으면 스스로도 자기 자격이 흠진 것으로 여기게 되는 것이다.

다만 이미 부부로 살게 되고 난 후에는 서로 인격적으로 대할 뿐 과거의 육체적 정조를 문제 삼는 것은 천박한 일이라고 생각되지만, 남자의 일반적 관념도 육체적 처녀를 존중히 알고 있으며 그 선입관념이 있기 때문에 여자의 정조를 빼앗은 후는 그 내용이 다 알려진 길거리에 핀 꽃같이 여겨져서 소중한 맛을 잃는다는 것이다.

더구나 남자들은 대개가 다 처녀, 비처녀로 책임감의 비중을 헤아린다는 것이다. 육체적으로도 처녀성을 잃고 안 잃는 데 따라 정신력이 약한 여자로는 전정에 장애가 있게 되고 따라 그 위치에도 영향이 크게 미치는 것이다.

그리고 자만심을 가지지 않게 되면 여자의 행복이 길이 열리게 되는 것이다. 허영심이 없어야 착실하게 살아갈 수 있으며 대상을 선택할 때도 정신적 가치 표준을 가지고 하여야만 하는 것이다.

아무튼 인간으로는 사사로운 사랑이나 정을 희생하여 공적일에 이바지할 기회를 바라게 되어야 하는 것이다. 아무리 사랑의 혜택으로 행복이 온다 해도 개인의 사랑은 인간을 작게 만들게 되고 개인의 사랑을 희생하여 공적으로 인정을 쓰는 인간은 커지는 것이다.

여자 중에도 남편의 목숨보다 나라나 민족을 귀히 여겨 여자의 한 몸으로 한 정신으로 국권을 회복하게 한 여자들도 많고, 사랑만에 의존한 기녀妓女들까지도 사랑과 목숨을 희생하여 국가를 도운 일이 가끔 있는 것이다.

더구나 오늘의 사회상은 여자나 남자가 가정을 가지는 일이 예삿일이 아니게 되어 웬만하면 남녀 간 독신으로 생활하며 일에나 독서에 허전함을 채우고 살거나, 사업의 성공을 위하여 혼신을 바치고 그 사업을 애인으로 삼고 지내는 것이 슬기 있는 일일 것이다. 하물며 대장부로 태어난 인간일진대 하는 것이 나의 주장이다.

작년(1963년) 6월 11일에 월남 사이공에서 스스로 자기 몸에 불을 질러 인간 횃불이 된 사람 중에서도 표정 하나 변하지 않고 단정하게 합장하고 염불만 외운 '틱광득釋廣德'이라는 스님 같은 분도 있는 것이다. 그리하여 만인을 충동시키고 천하를 움직이는 순교적 행동을 한 것이다.

인간의 정신력은 무한대이기 때문에 살이 지글지글 타고 연기가 나는데도 몸을 조금도 움직이지 않을 수 있는 것이다. 더구나 그 심장은 무쇠라도 녹을 만한 열도로 세 번씩 태워도 그대로 타지 않았던 것이다. 이런 인간이야말로 자기 정신을 다 수습해서 단일화한 것이다.

이미 삶에 이른 인간이다. 인간의 육체는 물질이며 물질의 본질은 본래 하나이건만 교체적 모순성으로 서로의 희생을 교체하게 되어 불은 물을 말리고 물은 불을 끄는 것같이 우리 몸도 불에는 타고 물에는 빠지는 것이 당연하다. 그러나 산 인간이라면 인간 자신의 피조물인 칼에 찔리고 물에 빠지고 불에 타기만 하는 것이 아니다. 비상시에는 비상조치로 내 마음대로 물을 불로 하늘을 땅으로 만들 수도 있는 것이다.

산 사람은 필수품인 물질도 자연스럽게 쉽게 모이는 것이다. 내가 있으면 내 대상인 존재는 저절로 따라오는 것이다. 한가닥 바람에도, 한 점 구름에도, 한 마리 벌레에도 다 응해주는 대상이 있는 것이다. 그 바람, 그 구름, 그 벌레가 양이라면 그 대상은 음일 것이요, 그 바람, 그 구름, 그 벌레가 음이라면 그 대상은 양인 것이다.

일체 생은 존재이며 존재에는 반드시 그 대상이 붙어 있는 것이 자연의 법칙인 것이다. 하물며 인간이랴! 인간이 자신의 생명력을 전부 상실하고 한 가닥 생명의 의존에 지나지 않는 인간이라도 인간인 바에는 판단과 선택을 할 수 있으므로 인연이 한두 사람이 아닌 중에서 누구나의 현재 생활의 동반자이며 또는 영원한 삶의 동행자가 될는지 정도는 살펴야 된다는 것이다.

생활의 삼 분의 일이 인연을 잘 만나고 못 만나는 데 달렸다고 위에서도 말했으며 또 다짐하는 것이다.

지금 사는 그 시발점에서부터 영원으로 연장되는 것이다. 그러므로 내가 부르짖는 "먼저 살고 보자!" 즉 "정신을 차려가자!" 하는 이 구호에 따라가게 된 후에는 인연을 선택하자는 것이다.

우리는 다생루겁多生累劫에 살아가는 동안에 누구하고는 부모형제가 아니 되겠으며 무엇하고는 부부나 애인 동지가 아니 될 것인가. 구하지 않고 가만히 있어도 어떤 것이나 다 내 대상이되어 줄 존재요, 무엇이나 다 내 님 아닌 것이 없는 것이다.

그러나 질투와 소유욕이 많은 이 사바세계의 인간인 우리는 나의 안도를 위하여 남의 불안을 덜기 위하여 신중하고 엄밀하게 살펴서 한 사람을 선택하여 이 삶을 기반으로 하여 영원을 기필하도록 생명력을 기르는 노력에 도움이 되고 서로 여읨 없는 동반자로 오고 오고, 또 오는 무궁한 생을 이어가야 할 것이다.

그리하여 이때부터는 사상적으로 방향이 정해지고 사업적으로 방안이 선 것이다.

인간이라면 어차피 살아야 하고 살 힘이 없으면 나도 너도 죽을 텐데 살 차비도 없이 본능에만 눈이 어두운 정신이 매몰되면 어찌할 것이냐 하는 생각으로 극기克己를 해가야 할 것이다. 그리고 내 생명력을 다 얻어 쓸 수 있는 완전한 인간이 되는 길로 우선 지향하는 정신을 굳게 가지고 몸으로 한껏 노력해야 할 것이다.

그리고 이 시대같이 생존 경쟁이 절정에 이른 때에는 어떤 면에나 어떤 부문에서라도 한 가지 책임을 감당할 만한 능력을 가져야 우선 사적 생활이라도 넉넉히 유지해갈 것이다. 그런데 먹고 나서는 사랑에나 정신이 쏠려 지낸다면 식색만의 생활을 하는 벌레나 짐승 같은 인간이 될 것을 알 것이라면 생각이 좀 돌려질 것이다.

만일 남녀 간에 몸이나 혼이 방일放逸하게 지낸다면, 남자의 경우에는 저돌적인 색심의 충격이 일어나면 암컷 짐승에게라도 달려들게 되고, 여자도 정신과 몸을 쓰는 데 없이 한가하게 놓아두어 본능적인 어떤 돌발적 정감이 일어난다면 수컷 짐승의 품에라도 안길는지도 모르는 일이다.

세속에서는 내 혼의 일은 지극히 심각한 관심을 가지는 것이다. 그러나 혼의 생활이 따로 있는 것이 아니요, 때마다 날마다 사는 이 현실 그대로가 혼의 생활이다. 이 혼이 즉 이 마음, 이 생각, 이 느낌, 이 일이다.

인간의 마음이 다 다르기 때문에 각각 다른 세계를 이루고 또 다른 생활을 하는 것이다.

그러므로 인간은 만들어 인간이 되는 것이다. 좋은 생각 옳은 마음을 익혀야 좋고 옳은 인간이 되는 것이다.

그런 인간이 되려면 생각과 마음의 근본인 나의 자성自性을 파악하여 운용하게 되어야 하는 것이다. 만들어지는 인간에게는 인연이란 중대 조건, 그것의 잘잘못으로 잘된 인간 못된 인간이 되는 것이다.

나도 그이로 말미암아 불법에 아주 귀의하지 않았더라면 물론 세속에서 인정하는 여류 시인이나 문인으로서의 위치를 가질 수는 있었겠지만 세속에서 나는 그저 외로워만 하였을 것이다. 그리고 어리석은 여인의 그 부르짖음이 어떤 인간들을 불러들이게 되었을지도 모르는 것이다.

더구나 내 마음만 편하고 보자라는 식의 약지 못하면서도 대담하기만 한 약한 여인인 나는 과연 어떤 생활을 하였을는지···. 그와 나와는 태초라는 이름도 생기기 전에는 둘 아닌 한 생명체였고, 지금은 영원의 동지며 만나고 떠나고 알고 모르고 정이 있고 없고 밉고 곱고 간에 다만 신의의 줄이 튼튼할 뿐이다.

다만 그도 나도 실길을 조심조심 정성껏 걸어가서 완전한 인간이 되어 자유자재로 살게 된 그때는 우주가 다 내 마음 즉 내 집이므로 우주의 어디서든지 우주적 사업을 같이하면서 심신이 함께 여의지 않는 일체가 되는 것이다. 그때야 부모, 형제, 붕우, 부부, 군신, 동지, 원수, 애인, 정적政敵, 연적戀敵 등 무엇이 되거나 닥치는 대로 유유하게 살게 되는 것이다.

그러나 만일 상대편에서 누가 살길을 잊어버리게 된다면 시간, 노력, 생명 등 모든 것을 희생하고서라도 서로 제도濟度하게 되는 것이다.

그런데 조금 전에도 어떤 신자가 젊은 여인과 함께, 나를 찾아왔는데 두 사람이 앉아서 땀이 겨우 마를까 말까 하는데 조촐하게 보이는 여인이 느닷없이 방으로 들어와 그 신사를 쥐어 뜯으며 살기에 찬 기운으로 그 남자를 끌고 나간다. 큰 범죄자를 추격해온 것인가 하였더니 알고 보니 그 신사는 그 여인의 남편인데 그 남편이 자녀를 칠 남매나 두고 자녀 교육이나 가정 살림은 돌보지도 않고 정부에게만 미쳐 지내는지 삼 년이나 되어도 직접 발견이 안 되다가 어찌 알았던지 그 날은 뒤를 따라온 것이라는 것이다.

옆산 골목에서 남자는 여자를 두들기고 여자는 물어뜯고 할퀴는 유혈극이 벌어진 것이다. 그 아래 여관에서도 그런 혈극이 가끔 벌어진다는 이야기를 듣는다. 그리고 각 신문에 날마다 보도되는 일도 그런 일인 것이다.

지금 시대는 생산력은 식생활을 해결할 수 없는데 인총만 늘어가고, 자기 한 몸이나 자기에게 딸린 부모처자의 식생활조차 책임지지 못하는 주제에 섹스적인 사랑에만 팔리게 되어, 인간성 가운데서도 제일 악질적인 소유욕과 투쟁심과 질투심만 가진 인간들이 많으므로 지금 이 세상의 현실상은 아수라나 지옥을 연상하게 하는 것이다.

더구나 머리가 좀 좋다는 인간들 가운데는 인간의 삶이 무슨 의미냐고 하는 식의 권태에 붙들린 인간들이 많게 된 것이 또한 큰 문제인 듯하다.

그러니 이 절박한 문제를 어떻게 타개하느냐의 해답으로 위에 여러 말을 늘어놓은 것이다.

위에서 거듭 말했지만 오직 한 길의 해결법이 있는 것이다. 그 길은 먼저 내 생명이 어떤 것인지 알아볼 생각이 나야 하는 것이다. 내 생명은 무한대의 힘을 가졌으므로 생사와 고락에 따라 결코 헤매게 되지 않는 것이다.

그런데 이 사바세계 인간인 우리는 우리의 생명체의 분체인 한 조각 생명체의 힘으로 억센 세파의 용솟음을 치게 되어 있으니 그 고통이 어떠할 것인가?

나는 다행히도 생명력을 회복시키는 공부의 길에 들어서게 된 것이다. 내 전체적 생명을 찾아 살고 나서야 볼 일인 것을 알 리 없던 속인 때에 사랑 때문에 내 삶을 돌보지 않게 되었던 그 대강이나마 적나라하게 적어서 우선 사랑에 우는 모든 남녀에게 참고로 삼게 하고자 하는 것이다.

나는 입산하기 전에 벌써 세상사는 다 버려진 줄 아는 데 따라 외로워 못 견디던 그 일이 가장 어리석고 우스웠던 것이다. 입산한 후에도 중이 되어 외로우니 심난하니 하는 것은 가장 지저분한 생각이라 느꼈다.

지금 나의 느낌은 어느 새 자족의 생활에 들어선 듯한 것은 지나친 생각이지만 그래도 가끔 행복함이 생기는 것이다. 더구나 이성이 그리워 고독하다는 것은 자신을 너무 모르는 까닭이다.

내가 우주 자체이므로 내게는 없는 것 없이 꽉 찬 것이다.

산의 재료는 티끌이라 티끌 모아 태산이 되고 바다의 바탕은 물방울이라 억천만 물방울이 흘러 흘러 한데 합쳐 바다를 이루는 것이다.

흩어져 있는 티끌, 벌려 있는 빗물들은 한데로, 한 곳로 모이려는 지향이 없으면 영원한 생명체로 항구하게 사는 산과 바다를 이루지 못하고 약소적 존재로 살다가 결국 낡고 말라 끝나고 마는 것이다.

인간을 이루는 데도 한 생각 사이에 올라서 인간이 되느냐 떨어져 미물이 되느냐의 분기점에서 좌우간 갈라지는 것이다. 이리 보나 저리 살피나 우리는 모자라는 인간이 분명하지만 그래도 생각의 파편이 조금은 큰 것의 의존이기 때문에 인간의 몸이라도 받은 것이다. 인간의 몸이나마 다시 놓치지 않게 되어야 할 것이 아닌가?

그리고 인간의 몸을 가졌기 때문에 인간 될 생각이라도 난 것인데 이 기회를 놓치는 일이 얼마나 아까운 일인지 모르는 일이다. 인간 될 가능성이 있다면 우선 부족한 이 인총 중에서도 인간적 긍정은 받게 되어야 하는 것이니 과연 정신 차릴 일인 것이다.

인간의 재료는 한 가닥의 생각이므로 한 생각을 모으고 또 모아서 생각의 원천 즉 생각의 시발점을 생각하게 하는 그 생각을 파악하면 생각하게 하는 생각 즉 전체적 생명력을 찾은 인간이 되는 것이다.

나도 사랑, 문학, 자유 등의 갈래 길을 걸으면서도 현재 의식으로는 희미했지만 잠재의식으로는 생명체에 체달하려는 마음은 곧 "살고 보자!" 하는 생각과 다름이 없었다는 것을 오늘에 와서야 증명하는 바이다.

입산하여 비로소 우주의 원리가 지극히 공평하다면 공평하고 강박하다면 강박한 것을 알게 되었다. 잘못한 일에 용서도 없고 잘한 일에 몰라주지도 않고 대가 외에 덜하고 더함이 없는데 얼마 간 누구를 믿었다고 엉터리없는 소원을 가지는 것이다.

인간이 되는 동안도 과연 오래고 오랜 세월이 걸리는 것이다. 나도 세속에서는 무질서한 생활을 해왔지만 사상만이라도 최고로 가지게 된 것은 입산 삼십 년 동안에 된 것이 아니다.

몇몇 겁 전부터 길러온 것이다. 지금은 모든 인간들의 사상 수준도 짐작하게 된 때문이다.

나의 전생의 전생부터 해온 일은 아직 기억력이 회복되지 못하여 모르지만 금생 중 과거에 걸어온 파란 많은 그 길은 오늘의 이 날을 맞이할 그 과정이었던 것이다,

나는 조각의 생명체 즉 개체적 사랑의 합치인 평등적 사랑이 이루어졌다는 확인은 할 수 없으나 적어도 그 길에서 타락하지 않을 자신은 가지고 있다,

우선 인생은 자신의 현실을 타개해야 할 것인데 자신의 현실은 생활이다. 생활은 두 가지 수입으로 해결된다. 첫째 잃어버린 생명체를 거두는 공부로 살고 보아야 하고 둘째는 이 정신과 육체로 살 차비를 하는 것이다.

살아서는 먹고 입고 쓰고 또 나의 남에게 대한 책임을 이행하여야 하기 때문이다. 아무튼 인간적 정신이라면 가장 험악한 인간들의 생존 경쟁이 극한에 이른 이때에 개인의 사랑인 그런 사치물쯤 미처 돌아볼 새가 없다는 생각쯤은 날 것이다.

더구나 사랑이 문제가 되어 생의 의욕을 잃어버렸다느니 자살을 한다느니 하는 인간인 그런 잉여물적 인간들은 인간으로 날 자격을 미리 상실하였던 존재들이다.

생령의 근본인 음양 그것은 생령이 살 것을 이루게 하고 서로 사랑하게 하는 작용을 한다.

사랑으로 나서 사랑에서 살다가 사랑에서 죽게 되는데 그렇다고 사랑은 근본 생명이 아니므로 삶의 전체도 되지 못한다. 다만 가루(생령의 근원)를 반죽하는 물의 작용과 맛을 조절하는 역할이 있을 뿐인데 물의 다소와 조절량을 잘 맞추고 못 맞추는 데 따라 요리는 망쳐지거나 잘 되어지거나로 판단 나는 것이다.

생령의 본성은 일체의 혼합성으로 되어 있으므로 다만 만들어지는 대로 되어질 뿐인 것이다. 공부로 되기도 하고 습관으로 되기도 하는데, 공부라는 것은 의식적으로 만드는 것이요, 습관이라는 것은 저절로 되는 것이다. 결국은 마찬가지로 습관으로 무엇이나 이루어지는 것이다.

공부라는 것은 습관이 되지 않아 익숙해지지 않는 것을 익숙해지도록 노력하고 정진하여 습관화하게 되면 저절로 하게 되는 것을 말하는 것이다.

위에서도 거듭 말한 바이지만 전에 만들어진 참된 바탕, 지금 만드는 바른 수행, 좋은 대상을 만드는 것, 이 세 가지 조건만 잘 맞아지면 우선 그 인간은 이미 이루어졌다고 볼 수 있는 것이다.

그 정도대로의 인간으로 향상만 하면 이루어질 것을 확보할 수 있는 때문인 것이다. 전의 바탕도 그 세 가지 조건으로 선악 간에 이루어졌던 것이고, 지금도 그렇고, 내생인 전도前途 또한 마찬가지인 것이다.

이미 가진 고정적인 본질이 있지 않은 것은 곤충이 교미로 달라지는 것이나, 수목이 땅이나 접목으로 딴 종류로 변하는 것을 보거나, 사람이 부부를 잘못 만나 선한 인간이 악해지고 악한 인간이 친구의 감화로 선인이 되는 그 증명적인 현실을 우리는 언제나 보고 있는 것이 아닌가?

그러므로 먼저 선악을 분별할 수 있는 생명력을 확립시켜 놓고 다음에 사랑을 선택하기에 소홀히 하지 않는 그 정신을 가지게 되어야 사랑의 대상을 잘 선택하게 되고, 따라서 삶의 질서가 생기고 생의 의욕과 용기가 나서 올바른 생활을 하는 완전한 인간이 된다고 말하는 것이다. 그러므로 사람의 가치 기준은 정신력에 두게 되는 것이다. 정신력으로, 사랑으로 내 생활에 빛을 낼 수도 있고 사랑 때문에 암흑에 빠지기도 하는 것이다.

사랑의 정신이 조금이라도 남았다면 가장 매혹되기 쉬운 사랑이지만 얼결에 정신이 매몰되었더라도 희미하게나마 이래서는 안 되겠다는 생각이 들 때가 없지 않을 것이다.

사랑의 고개에는 떨어지느냐, 오르느냐는 두 갈래 길이 있는 것이다. 그때에 이를 악물고 벌떡 일어나 어쨌든 살고 보아야 할 것이 아니냐 하는 정신으로 큰 용기를 내게 되어야 할 것이다.

인간의 의복인 이 육체만이라도 가진 우리는 내가 가진 이 한 생각으로 천하를 번복할 큰 힘도 일으킬 수 있는 것이다. 더구나 사랑 때문에 죽네 사네 하는 그 미몽의 반발력을 일으키는 때는 그 큰 힘으로 무슨 힘으로 무슨 일이라도 다 성취될 것은 사실이다.

아무튼 사랑을 잘 조리하고 못 하는 데 인간의 사활 문제가 생기고 사업의 성패가 있는 것이다. 따라서 역사의 흥망이 달린 것이다.

인간이라면 그래도 먼저 살고 보자라는 판단력이 있을 것이다. 그런 정신을 차리고 보면 살아갈 아무 준비 없는 인간으로 사랑에 매몰되지는 않게 되는 것이다. 인간이 되고 인간 생활을 하려면 쌍수雙修를 하게 되어야 한다는 말을 또 다짐하는 것이다.

사상적 방향이 서고 사업적 방안이 서게 되어야 한다. 사상적 방향은 정신력을 확립시키는 공부를 하는 것인데, 먼저 정신적 수도는 세속에서도 할 수 있으니 염불이라도 지성껏 하여야 하고 사업적 방안도 무슨 일에나 노력의 모임이 있어야 되는 것이다. 정신으로 몸으로 하는 두 가지 노력이 쌍수적인 노력이다.

사상은 생명이요, 사업은 생명을 기르는 에너지 즉 생산이다. 사상만 기르고 사업을 아니 한다면, 농부가 농토만 장만해놓고 농사를 짓지 않아 현물이 생기지 않는 일과 같은 것이다.

현실의 내적 본질 즉 모습이 보이지 않는 불출구의 사상은 공空이다. 그 사상은 사상이 생기기 전 즉 공이기 때문이다. 공은 사업 때문에 효과를 나타내고 가치를 알게 된다.

마치 금덩어리가 귀하지만 아로새겨 장식품을 만들게 된 때라야 금의 생리가 드러나는 것과 같은 일이다.

사상은 꿈, 꿈은 현실. 사상, 꿈, 현실의 삼위일체로 인간이 되고 세상이 이루어진다.

생활은 영원이요, 영원한 생활은 이 세상인 현실 생활뿐이다. 멀리 바라보지 말고 지금 내가 위치한 이 지점에서 나를 얻으라.

부귀영화, 부귀빈천 즉 천당, 지옥살이가 똑같은 이 지점뿐이므로 다만 이곳에서 기나긴 생의 에너지를 내가 다 얻어 내 살이에 제공해야 긴 여행에 지치지 않을 것을 잊지 말아야 할 뿐이다.

생활이 길기 때문에 노력도 긴 것이다. 노력의 원동력이 공이다. 공이 나다. 빈손에 쥐어진다. 세속에서는 손에 쥐어진 것을 다 버리는 그 법을 몰라서 늘 아쉬워한다.

사랑을 하고 있는 청년 남녀들은 긴 노력의 에너지를 사랑에 소비하지 말고 그 에너지를 돕는 사랑, 우선 믿음의 대상인 부처님을 사랑하는 그 사랑을 구해야 하는 것이다.

젊은이의 마음은 정열뿐이며 몸은 정욕이 가장 왕성한 불덩어리이므로, 그대로 타게 두면 불나비가 파드득거리듯 하게 된다.

용감한 무사가 되어 이겨 넘어야 한다. 아무튼 사랑이란 가장 험하고 높은 그 고개에서 사랑 너머로 오르느냐, 사랑에 눌려 떨어지느냐에 따라 영원한 내 생명이 사느냐 죽느냐의 분기점이 생기고 다하는 날이 없는 내 생활과 함께 나의 국가와 사회의 흥망까지도 따르게 되는 아슬아슬한 최극의 고개인 것쯤은 알아야 할 것이다.

아무튼 청년의 시간처럼 다시없는 귀한 시간은 없는 것이다.

인간적으로 제일 좋은 조건을 생리적으로도 다 구비하였기 때문에 어느 면으로나 효율을 낼 시기인 것이다.

정신적으로 연구력, 육체적으로 노동력도 청년 시기만이 한없는 능률을 낼 수 있는 것이 아닌가! 인간이 되고 못 되는 그 출발점이 바로 청년기인 것이다.

살고 못 사는 분기점에 서 있는 때임을 다시 확인하라. 그래도 다른 동물보다는 좀 나은 머리를 가졌기 때문에 인형이라도 가지게 된 것이다. 천재千載에 한 번 만나게 된 인간의 몸, 더욱이 그 시발점인 청년이 아닌가? 이때에 성취하지 못하면 이미 때는 다하는 것이다.

내 생명력으로 얻어진 위치가 확보되기 전에 가장 매혹적인 애정 그것에 붙들리게 되면 위치의 요소가 다 스러지게 된다. 만일 무조건 켕기는 사랑의 줄에 얽힐 염려가 있거든 사랑을 달래어 마음 한구석에 앉혀서 일에는 방해 없는 생각의 애인으로 있게 해두라. 변함없는 마음으로 출입 한 번 없이 고요하게 있어 나를 지켜줄 것이다.

청년은 한없는 꿈의 세계에 산다. 꿈은 즉 현실이다. 꿈과 현실은 이신 동체인데 왜 실현은 잘 되지 않느냐?

꿈은 혼(생각)이 꾼다. 이 혼은 일체 혼 즉 본혼의 분신이다.

혼의 혼 즉 전체 혼[空]을 잃어버린 까닭이다. 전체 혼은 이 육체와 이 혼의 창조주다. 물질적 혼도 내 혼인 바에야 창조주인 혼도 내 것이건만 창조주인 내 혼 즉 나를 버리고 외계에서 헤매는 꿈이기 때문에 실현되지 않는 것이다.

아무튼 꿈은 내가 꾸는 내 꿈이 분명하지 않은가! 내 꿈을 내가 실현시키지 못하는 것은 내가 나를 잃어버린 증좌다. 그러므로 자신이 지금 어느 위치에 서 있는지 자신이 무엇인지도 모르는 것이다. 따라서 자신의 살길이 어떤 것인지 알 길이 없는 것이다.

우선 자신이 생각하고 말하는 것은 자신의 것이 분명하건만 무명無明이 가려서 자신의 것을 버리는 것이다. 즉 자신이 자신을 배반하고 자신의 말을 직접적으로 듣지 않고 자신과 거리를 멀리 하고 분열을 일으키기 때문에 스스로 이율배반의 생활을 하는 것이다. 그러므로 과거의 추억과 현재의 망설임과 미래의 회의에 헤매게 되어 편할 날이 없게 된 것이다.

혹 행복을 누리고 사랑에 즐기는 인간이 있더라도 때때로 저 가슴 깊이에서는 왜인지 모르게 저절로 아쉬움이 스스로 휘감겨질 때가 있는 것은 내 본 고향인 공계空界로 들어가지 못한 때문이다. 이 세상 것은 모두 상대성으로 되어 반쪽만의 것이기 때문이다.

그러면 도대체 나는 무엇일까? 나라고 느끼기 전인 공이 나다. 나라고 느끼는 이 나의 육체는 나의 의복이요, 생활하는 것은 습관의 모임인 혼의 행동이다. 이 나는 나의 분신이다.

생각하기 전은 법신法身으로 몸뚱이는 없건만 온갖 형상과 작용의 창조주이며, 생각한 후는 이 육신이란 형상을 가지고 나의 분신인 혼이란 기계의 동작으로 내 집인 우주의 한 귀퉁이에서 생활하는 일분자적 인간으로 존재하는 것이다.

지금 위 인간의 생활은 이 혼의 꿈이요, 꿈은 상상, 생각, 마음, 상념, 관념, 이념, 공상, 망상, 감각, 느낌이다. 이 혼의 혼이 본 나다. 즉 꿈꾸게 하는 생명의 원천이다.

그런데 육체만 아는 동물적인 인간을 빼놓고 그래도 인간을 자처하는 인간들은 내 영혼의 삶이니 내 혼의 울림이니 하는 등의 말을 한다. 그렇게 말하는 그 말은 물질적인 이 혼이 무엇인지도 모르고, 혼의 혼인 나의 본체는 더구나 알 길이 없는 아득하고 막연하고 다만 스스로도 모르는 향수적인 느낌으로 느껴 말하게 되는 것이다.

나의 근본이 공이라 하지만 아주 빈 공이 아니요, 빈틈없이 꽉 차 있는 만공滿空이다. 이 현실을 다 버리고 공에 들어가나, 이 현실을 다 모아서 공을 채우나 만공만 되면 나는 이루어진 것이다.

과거의 모든 인간들이 해결 짓지 못하고 지상의 과제로 내려오게 된 것은 이 육체와 혼이 하나이며 혼이 변모되는 데 따라 육체도 달라지며 이 현실 생활이 반복된다는 아주 쉬운 이치조차도 모르니, 하물며 혼의 혼 즉 태초 전의 부처님이니 하느님이니 하는 이름도 생기기 전에 이미 온갖 요소가 다 갖추어진 우주의 본체이며 각자적인 나의 내가 있었다는 소식을 알 리가 없었던 탓이다.

아무튼 그대들은 일체 요소가 다 갖추어져 있는 것이 인간인 줄 알았고 더구나 하면 이룰 수 있는 생리적 조건까지 구비하고 있는 청년 남녀들이 아닌가?

확고한 자신 하나만 가지고 용기 있게 나가면 못 할 일이 없는 가장 유망한 시기를 만났으니 다시 언제 또 이런 기회를 만나게 될 것인가?

이때에 하나쯤의 소원을 가지고 생명적으로 해보아야 할 것이 아닌가? 데모대의 플래카드가 아니라도 인간 행렬의 앞장에 세운 깃발은 모두 "살고 보자!"뿐이 아닌가! 소원을 세운다는 것은 살길 하나를 찾자는 말이다.

살길 하나를 찾아 굳세게 나가는 정신력은 오직 청춘의 용기뿐이다. 청춘은 연령 관계가 아니며 오직 정신 문제이다. 다만 시기와 나이를 초월한 영원의 청춘의 정신을 길러가야 하는 것이다. 영원의 청춘은 환경에 휘둘리지 않고 생사고락의 지배를 면하게 된 인간을 말하는 것이다. 그런 인간이 되려면 소인간적인 이 청춘은 불살라버려야 하는 것이다.

안전지대를 지향하여 나가는 길은 외곬으로만 전진한다면 어느 갈래 길이라도 매한가지인 길이다. 만사가 일리一理요, 일능一能이 만능이요, 일념이 만념이기 때문이다.

그러므로 사랑의 길로도 이루지 못하는 것은 아니지만, 중생심으로 어울리는 사랑은 상대적인 사랑이기 때문에 서로 대가를 바라는 그 심정이 미움과 질투와 불평을 낳는다. 내 사랑만 여겨지는 편벽심偏僻心이 나를 작고 좁게 만드는 것이다.

한 쪼가리 사랑 때문에 전체적인 나를 녹여버리게 된다. 중생적인 사랑의 생활은 "살고 보자!"는 생존 경쟁에는 오히려 해로운 것이다.

위에서는 사랑을 너그럽게 쓰면 나의 정신력에 도움이 된다는 말을 많이 했지만 그것은 평등애적 정신력이 얻어졌을 때 쓰게 될 그 사랑을 말함이다.

물질은 불멸이기 때문에 물질의 내적 본질은 시종이 없다. 그러므로 우주는 항존恒存이다. 우주가 항존하는데 우주 안 생령이 없어질 수 있겠는가? 우주 안 생령이 다 사는데 생령의 주재자인 인간이 살지 않을 수 있겠는가.

어차피 죽을 수는 없는 것이다. 아무래도 살아야 할 바에는 살 차비를 해야 할 텐데, 살 차비는커녕 죽음의 길로만 뻗쳐 나가는 것이 이 시대 인간들이다.

위에 여러 말로 벌려놓은 것은 결국 완전한 인간으로 자족을 얻어 편안하게 잘 살아갈 그 논의인 것이다.

자족이라면 청춘 남녀에게는 어감이 좀 산뜻하지 못할 것이다. 그러니 우선 행복이라 해 둘까, 아니다!

지금 우리들이 바라는 행복이라는 것은 상대적인 요구의 자족이요, 조건부의 행복이므로 그 반면에 불행이 붙어 있다는 것을 알고 먼저 가져진 행복은 남김없이 버려야 하는 것이다.

즉 청춘을 불사른다는 말이다. 나이의 청춘이요, 몸의 전성시대는 쇠퇴와 노약이라는 비청춘非靑春이 따르는 것이므로, 이 몸의 청춘과 젊음의 정열이 사라지고 나이를 초월한 정신의 청춘 즉 영원한 청춘을 얻어야 불변적 젊음의 영원한 자족을 얻는 것이다. 행복은 시한적이요, 부분적 만족이요, 자족은 환경의 지배를 받지 않는 영원한 만족인 것이다. 온갖 생령이 희구하고 있는 것은 행복 그 하나다. 온갖 좋은 조건이 구비되어야 행복스러워지는 까닭이다.

그러나 이 행복이 언제까지 계속할 것인가 하는 불안이 늘 붙어 있는 것이다. 그러므로 행복의 영원과 청춘의 영원을 얻어 변하지 않는 편한 생활을 하게 되는 방법을 알린 것이다.

자족이라는 세계에는 온갖 불행과 불평과 불안과 불쾌와 불미와 불선이라는 식구들이 다 같이 살아도 자족이란 정신적 지배자의 통제하에서 자유와 평화를 누리게 되는 것이다. 자족이라고 이름하는 그 존재자가 나다. 너와 나의 합치요, 이것저것이 단일화한 나다. 이 나를 이루는 출발점이 곧 청춘 시대인 것이다.

세계인이 우주라는 테두리 속에서 얻은 온갖 것은 너와 나의 몫으로 나누어 가지게 마련이니 나만의 만족이 있을 수가 없는 것이다. 그러므로 내게 행복이 들어올 때 너에게는 불행이 안겨져 있으며 행복의 시간을 누린 그 정도만큼 불행이 내게로도 돌아올 것이 아닌가! 그러므로 이미 느낌이 있는 자성自性은 행복 속에서 미리 불안스러워지는 것이다.

아무튼 일체 생령의 절대적 욕구는 행복스러워야 하고 행복이 늘 계속되어야 하는 것이 아닌가? 그러나 너, 나가 있는 동안 나 혼자의 행복이 있을 리 없는 것이다.

나는 이제 행복과 행복이 계속될 것과 계속되는 행복을 얻는 방법을 알리는 것이다.

산천이 벽해가 되고 벽해가 산천이 된다는 역사적 증명은 인정하면서 그 주인공인 인간이 어찌 죽으면 그만이겠으며, 생령이 무에서 난 한 존재이지만 나서는 너와 나의 두 존재이므로 내가 살자면 남을 먹어야 하는데, 어찌 죄를 안 지을 수가 있으며 또 죄를 짓고 어찌 천당이나 극락에서만 살 수 있겠는가?

테두리를 넘어 절대적인 행복 즉 행불행의 합치인 자족이라는 것을 얻어 자체화해야 해결되는 것을 몰랐기 때문인 것이다.

자족은 환경을 따르지 않고 생사고락에 휘둘리지 않는 생명력이다. 먼저 이 생명력을 얻어 쓰게 되어야 산 인간이다. 있다고 산 것이 아니요, 움직인다고 생활하는 것이 아니다. 생명적인 존재와 생명력으로 사는 생활을 생활이라 하는 것이다. 이 생명력은 생각하는 그 테두리 밖에서 얻는 절대적인 자족의 생활을 하게 되는 까닭에 사랑이 나를 버리거나 취하거나, 내 주변이 같거나 다르거나, 천당에 살거나 지옥에 있거나, 이 몸이 있을 때나 없을 때나, 우주가 꺼지거나 일어나거나, 변함없이 살아가는 그 생명인 것이다.

물질적 테두리 밖에서 얻은 이 생명력으로 테두리 안의 생활을 하게 되는데, 테두리 안은 생존 경쟁이 극심하지만 환경에 따라 행불행이 좌우되지 않는 생명력이기 때문에 말 탄 사람이 말이 뛰거나 달리거나 내 몸의 중심만 잃지 않으면 안도감을 느끼게 되는 것 같은 한가한 생활을 하게 되는 것이다.

어떠한 경우에서도 끄떡없이 안전하게 지낼 수 있고, 내가 구하면 무엇이나 언제나 내가 쓸 수 있는, 다하고 없어짐이 없는 무량한 보배 그것이 내 생명이다.

이 생명력만 얻으면, 상대적인 행복만을 목적으로 하던 때의 일 즉 애인이 있으므로 행복스러웠다가 애인이 갔으니 불행하다고 울던 약한 나, 더구나 나를 배반한 애인이라고 저주하고 원망하며 내 자신까지 배반하게 되던 그 어리석은 지난날, 억천만 겁을 지낸 그 날들이 아주 청산되어버릴 것이다.

이제 "먼저 살고 보자!"의 정신으로 홱 돌아들 섰는가?

세속 학문을 배우는 데는 만 칠 세라 하지만 이 생명력을 기르는 학령은 만 이십 세부터 만 삼십 세까지라고 한다. 연구력이 가장 깊게 될 때인 삼십 세를 넘어 사십만 되면 이미 인간 될 공부의 시기는 지났다고 마군魔軍들이 마음을 놓는다는 것이다.

가장 얻기 어려운 인간의 몸을 받아 났고 더구나 생리적으로도 순일하고 용기 발랄하게 일어날 제일 좋은 시기인 청춘 남녀가 아닌가! 이렇듯 귀한 시기에 구원겁 내로 해결 지을 수 없다던 그 지상의 과제를 풀 수 있는 반가운 이 법을 들을 기회를 가지게 된 행운과 기쁨을 우선 느낄 줄 알아야만 하는 것이다.

이렇듯 자세하게 설명해주는데도 마음에 충격을 느끼지 않는다면 현상 유지 즉 이 분신적 인간의 몸으로 이 생활도 내 생에도 이어가기는 대단히 어려운 일이니 어찌 정신을 바짝 차리지 않을 것인가! 어차피 아니 살지는 못하는 생령인 나다. 이 정신의 연장이 생생무수래生生無數來의 내 생활이다.

제일 먼저 내 생명을 살려야 한다. 살고 나서는 먹고, 입고, 살 차비를 하여야 한다. 나는 생명력을 얻어야 생명이 살 것을 알렸고 생명력을 얻는 법을 위해 모두 설명하였고 살 차비인 육체적 노력에 대한 법도 다 말했다.

생명력은 우리 생령의 본 행동력이다. 지금 우리가 쓰는 생명은 쪼가리 생명이라도 요소는 다 갖추어져 있는 것이다. 그러므로 아무리 범인이라 해도 인간의 몸은 가지고 있으며 또한 부분적 인간성이라도 정상적 정신만 지녔다면 다른 모든 범속의 존재 즉 식색, 명예에만 정신이 팔려 헤매는 중생보다는 나은 존재인 것이다. 그 인간적 정신으로 전체적인 인간적 정신을 회복할 수 있는 까닭이다.

그러나 범인으로는 애정이라는 데 정신이 쏠리게 되면 인간성이 흐려져서 올바른 생활의 길을 찾지 못하게 되는 것이다. 그러므로 핵무기는 우주를 다 소멸시키더라도 우주의 내적 본질인 본 생명력은 길들일 수 없지만 사랑은 몸과 정신을 함께 해친다는 것이다. 아무튼 가장 얻기 어려운 인간의 몸으로 더구나 인간으로서 제일 좋은 청춘 시절에 사랑에 정신이 팔려 신경이 어찌 되었느니, 생활의 의욕이 아니 생기느니 하는 등의 생각이 든대서야 식색에나 팔려 헤매는 짐승이나 벌레보다 나을 것이 무엇인가?

그리고 인간이 어찌 부처님이나 하느님이 될 수 있는 하는 열등감을 가지게 되는 것은 인간적 정신과 거리가 너무 멀어진 까닭인 것이다.

나를 회복하는 데는 입산수도하는 일이 첩경이지만 청춘을 불살라버릴 대용大勇이 없이는 발심發心이 안 되는 것이다. 사정이 그렇게 되지 못한다면 불교 신자로 세속에서 무슨 생활을 하든지 인간인 부처님을 신앙의 대상으로 삼아 그 인간성, 나의 본정신을 회복하는 법을 신앙의 대상인 부처님께 배워 나도 알아 쓰게 되면 그 제자인 나도 선생이 되는 것이다. 신앙의 대상을 절대력을 가진 신이라고 믿는 이가 많지만 그저 신이라고만 하면 범신凡神 즉 신통력만 수승殊勝할 뿐, 범인인 인간보다도 삿된 존재들인 것이다.

그러므로 막연하게 신을 믿는 사람은 어리석은 사람이요, 신을 부인하는 인간은 무지한 인간이다.

보이고 인증할 신은 중음신中陰神 즉 범신으로 신통력이 많은 존재요, 참신은 벌레 초목도 다 지니고 있는 불성, 창조성, 자성, 생령의 본체로 각자적인 본정신이다. 본정신을 금덩어리로 비긴다면 금덩어리는 값비싼 보배이지만 금싸라기는 조그만 쇠뭉치만큼도 가치가 없는 것이니 부스러기 생명인 하잘것없는 이 생명의 파편적인 이 생각 저 생각을 다 한데 뭉쳐야 전체적 생명이 되어 생명적 전체력을 발휘하여 내 생명 남의 생명을 다 살릴 수 있다고 하겠다. 즉 전체적 생명력을 다 얻어야 하는데 전체적 생명은 유정, 무정의 일체 생명이다. 내 생명이기 때문에 하나하나로 따로 떨어진 조각을 내 생명이라 집착하지 말고 아주 다 방심해버리면 유정, 무정의 생명이 다 내 생명이 되어지는 것이다.

그러므로 생명력은 회복되었다 하더라도 그 생명력은 물질 즉 현실의 재료만 될 뿐이다.

다시 현실적으로 노력을 다 마쳐야 전지전능적 행동력을 발휘하게 되는 것이다.

그때 비로소 나는 산 인간이 된 것이다. 우주의 구세주가 된 것이다.

부처님이나 하느님은 다 그 본정신을 회복한 것이다. 이 정신이 즉 천주교, 예수교에서 말하는 그 초인간적 신인데 그 신이 즉 각자적인 내 본정신인 것이다. 그 신이 내 것 즉 내 정신인 줄을 모르기 때문에 신앙의 대항으로 초인간적 특별한 존재로만 알고 선생님인 대상으로는 삼을 줄 모르는 것이다.

부처님이나 중생의 본체요, 본체인 그 신과 몸의 합치인 완전한 인간이 만물 가운데 영장이 되는 참인간이다.

위에서 말한 바와 같이 누구나 다 같은 본정신을 지녔으니 각자적인 자기 위치에서 사상적 방향만 확정하여 한길로 초지일관하여 가면 결국 우주는 자체화하게 되는 것이다.

이러니저러니 할 것 없이 이 육체라는 의복은 언제나 갈아입게 되지만 이 생명은 무궁하게 살지 않을 수 없고 책임은 똑 떨어지게 내가 져야, 할 일을 생각할 것이 아닌가!

그리고 사람이 모든 존재의 주재자라는 것은 전체적 정신력을 회복한 인간 즉 우주와 자신을 합치화한 생활을 하게 되는 때문인 것이다.

아무튼 소년 소녀의 꿈이 가장 귀하고 희망적인 것은 그때가 제일 망상이 적고 순정적인 시절이기 때문에 가장 자유로운 꿈을 가지게 되는 것이다. 그러나 꿈은 내 것이니 꿈의 작용 즉 현실상을 낮추는 것도 자유인 줄을 미처 모르기 때문에 실현적 노력이 적고 그렇기 때문에 현실화되는 일이 드문 것이다.

소년 소녀여! 청년 남자 청춘 여자여! 용기백배하라.

행복과 불행의 갈피를
헤맨 여인들

영원한 사랑, 춘원春園과 허영숙許英肅

글자께나 읽는 사람은 춘원 이광수李光洙 씨를 모르는 이가 없을 것이다.

춘원을 세상에 모르는 사람이 없도록 크게 만들어서 내놓은 사람은 바로 그 아내 허영숙 씨다.

한국의 구식 여자는 온순하고 인내력이 강하여서 개성을 희생시키는 것을 부덕으로 알아, 그 부덕으로 시부모와 남편에게 바쳐왔고, 요새 신여성들은 남편의 사업이나 출세하는 데 뒷받침이 되도록 가정이나 사회에서 힘껏 노력하고 사교적으로 애를 쓰는 일을 하는 훌륭한 아내들도 있기는 하지만, 영숙 씨 같이 그 남편의 목숨과 식생활과 사회 활동까지 걱정하여 나의

'다'를 바친 아내는, 내가 아는 여인 중에는 없다.

그러나 그들의 비련사悲戀史로부터 결혼 성취까지의 중첩된 사건과 곡절 많은 애로투성이를 그리기는 참으로 어려운 일이다. 그러므로 쓰고 싶으면서도 엄두가 안 나서 망설이던 차인데, 어느 날 어떤 신문에 영숙 씨가 맏딸의 문학박사 학위를 받는 수여식에 참석하려고 도미渡美한다는 기사에 실린 사진을 보았다.

아주 푹 쉬어진 자세로 자비스러운 웃음을 띤 춘원은 신비적인 존재들인 그 아내와 자녀들을 앞에 앉히고 천고의 영고榮枯도, 무수래無數來의 앞일도 알 갈이 없다는 듯 다만 현실인 아름답고 구수한 영원한 안온경安溫境에 머무를 뿐인 그 장면!

병투성이인 춘원의 몸이 언제는 그리 건전하게 안온하게 보일 때가 있었던가. 복잡다단한 그 생활의 어느 때는 그렇게 조용한 때가 있었던가. 대조적인 성격과 성미의 두 부부는 말다툼도 드물진 않았는데, 그래도 그분들이 저렇듯 천하를 잠재우는 듯한 가경이 있었던가. 과연 신비스러웠다.

춘원은 정배定配길로 끌려가는 죄수같이 붙들려 간 지 벌써 십여 성상이나 지난 것이다. 그날의 춘원은 정말 정배길로 끌려가는 극악의 죄수같이 그 나라로, 북쪽인 그 나라로 끌려간 후 산천의 모습까지 변할 만한 오랜 날이 지난 지금까지도 살았는지 죽었는지 소식조차 없지 않는가!

헤프기 짝이 없는 내 눈물이지만 그때의 눈물은 깊은 감동심에서 우러나는 눈물이었다.

스스로 눈썹을 넘어 흐르는 눈물에, 흐려지는 눈을 주먹으로 닦으며 그 사진을 보고 또 보는 나는 그 사진이 이끄는 슬픈 매력에 그 신문을 오랫동안 내려놓을 수가 없었다.

남을 위하기만 하는 일은 심히 어려운 일이었다.

영숙 씨는 춘원을 위하여 바치기만 하였다. 춘원은 민족을 위하여, 인류를 위하여, 위하는 한 가지 생각만 가지고 붓의 총대를 들고 끝까지 싸운 인간 개혁자이다.

있다고 산 것이 아니요, 꿈적인다고 생활하는 것이 아니다.

지금 이 시대 인간들은 개체적인 이 한 몸, 이 한 조각 정신[魂]을, 나의 전체요, 전 생명인 줄 오인하고 그런 대로 살아가는 것이다.

그러므로 자신은 생명을 가졌을 뿐 기계적인 동물적 생활을 하는 것도 알지 못한다.

아무튼 너도 나도 다 똑같은 인간, 그런 인생이 인생이거니 하고, 그런 인생 그런 생활의 테두리 안에서 인생 문제를 해결하려 하니 도저히 해결할 도리는 없는 것이다. 해결할 도리가 없기 때문에 언제부터인지 지상의 과제로만 밀려오는 것이다.

인생이 가장 귀하다고 하는 것은 내 생활과 행불행을 직접적인 내 정신으로 좌우되기 때문이다. 즉 환경에 휘둘리지 않는 정신력을 가지게 된 까닭인 것이다.

요즘의 인간들은 인간이란 이름만, 몸만 가지면 귀해지는 줄 안다.

행불행을 내 정신으로 하게 되는 그 정신은, 만능적 나의 본 생명력인 나의 전체적 정신이다.

지금 우리가 쓰는 이 정신은 전체적인 본정신의 부동체浮動體다. 지금 인생들은 이 부동체의 억만 분의 일인 한 조각의 정신을 전체적 정신인 줄 착각하고, 한 조각 정신의 작용으로만 살게 되기 때문에 어떤 일이고 내 뜻대로 되지 않는 것이다. 물건도 내 것이면 내가 쓰는데 직접적인 '내 것'인 내 정신을 내 임의로 못 쓰게 된 인간이 아닌 줄조차 모르며 인간이 아닌 줄을 모르기 때문에 인간 되려는 노력을 할 생각조차 하지 않는 것이다.

인간의 본정신이요, 전체적 정신은 일체 요소가 다 갖추어져 있으나 불佛 모습이 없이 다만 만능적 작용만 하는 생명력이다.

글이나 말이나 행동으로 표현할 수 없는 불출구의 행동력이다.

즉 인간이 자신의 행동력을 발휘하는 일이다. 신통력神通力이니 기적이니 하는 것이 인간의 예사 행동이나 말로, 글로, 행동으로 가르치는 것은 세속에서도 얼마든지 배울 수 있는데, 기어이 종교에 귀의하는 것은 불출구의 내 생명을 회복해야 하기 때문이다.

인간을 이룬 인간의 대표적 가칭호를 부처라 하는 것이다.

부처라는 인간이, 자기가 이룬 인간되는 법을 온 인류에게 가르치는 교육원을 종교의 종합적인 종교 즉 불교라고 한다. 불교는 인생학의 최고 학부로 불교라는 종교에서만 완전한 인간되는 법을 가르친다. 그야 부동된 산산 조각의 내 정신만 집결시키면 내 생명의 전체를 이룰 수 있고, 전체적인 생명을 깨닫기[覺]만 하면 생명적인 자유로운 생활을 할 수 있는 것이다.

그러나 먼지같이 떠돌아다니는 미세하고 약한 정신은 쓸 수 있고, 느낄 수 있지만, 이 미세한 정신의 합치인 본체는 느끼기 전인 무념으로 돌아가서 다시 부동되지 않도록 다져진 후에 전체적인 생적 작용[覺]을 일으키게 되어야 전체적 정신인 내 마음대로 하는 행동력을 얻게 된 인간이 되는 것이다.

그러므로 정신을 통일시켜 무념의 경지에 이르는 방법을 배우는 불교에 들어오지 않으면 안 된다는 것이다.

내가 혼자서 잃어버린 내 정신을 회복하기에는 가장 어려운 일이기 때문이다.

더구나 느끼는 것은 물질이며 물질이란 테두리 안은 철벽으로 두른 감옥이라 출구가 어디인지 알 수가 없는 것이다. 더구나 눈까지 어두워진 이 인간들이 어찌 볼 수가 있을 것인가!

천 리 길도 한 발 내디디기에 있는 것이다. 시발점에서 우선 방향이 정해져야 하는 것이다.

그런데 이 인간계에서는 상대적인 한계 안에서 현금적인 바람이 있어 어느 정도 정신을 단일화시키다가 그 희망이 이루어지거나 혹은 못 이루어져도 그만 다시 분열적 경지로 되돌아서는 것이다. 그러므로 상대적 물질계란 것은 머리와 꼬리가 붙어서 윤회한 쳇바퀴여서 돌고 돌아 헤어나는 날은 볼 길이 없다.

아무튼 이 세상 인간들은 내 정신을 끝까지 합쳐야 인간적 정신으로 인간적 생활을 할 수 있다는 것, 즉 직접적인 시급한 내 현실을 알려고도 아니 하는 것이다. 그러고도 인간 문제는 해결해보겠다는 것이다.

아무나 다 같이 이미 지닌 만능적인 자기 정신을 자기가 쓸 수 없게 되는 것은 다만 내 정신을 내가 상실함으로 말미암아 금수나 초목까지도 된다는 것을 모르는 까닭이다.

학교에 다니지 않은 인간을 무식하다 하지만 학교가 있는 줄도 모르는 인간이 있다면 그 얼마나 무식하다고 할 것인가?

학교가 있는 줄도 모르는 무식보다 더 무식한 것은 불교가 무엇인지 모르는 무식이다. 불교를 모르는 무식이 직접 나를 모르는 무식이다. 지금 이 세상 인간들은 내가 나를 모르는 무식한 자신들인 줄조차 모르는 무식한 인간들이다.

무지가 죄라는 말들은 할 줄 알면서 각자적인 자신의 무지를 모르는 억만 인류 중에서 뛰어난 인간이 있다. 그 인간이 춘원임을 아는 이는 과연 드물다.

춘원의 가치 기준은 불교를 아는 데 있다는 것을 아는 이가 설마 없기야 할까마는 그런 말을 하거나 그런 글을 쓴 사람을 나는 아직 보지 못하였던 것이다.

얼마 전 어느 신문에 〈춘원의 전집을 읽고 나서〉라는 글을 쓴 일이 있는 모씨도 내가 존경하는 문학자이지만, "…다시 우러러 보이는 춘원!"이라고 춘원의 사상과 실천 즉 춘원의 가진 바의 질, 양을 겉으로만 그려놓았던 것이다.

춘원이 있을 때도 칭송과 비난의 화제와 기삿거리도 누구보다 많았지만 이제 춘원이 간 지 벌써 십 년이 훨씬 넘은 오늘까지도 그의 글, 연구, 평론, 비판, 원작으로 된 영화와 전집 등등이 늘 화젯거리가 되고 있다. 그렇지만 그를 바로 평가한 사람이 있는지 없는지, 적조積阻한 산중에서는 알 길이 없다.

그러나 춘원의 인간적 가치 기준을 말하는 것은 이를테면 춘원이 가지고 있는 금, 은, 동전 중에서 동전 한 푼을 그에게서 꺼내 들고 춘원은 이러한 보배를 가졌다고 선전하는 것과 마찬가지인 것이다.

내 친구인 영숙 씨는 기회 있는 대로 물질적으로 성의껏 내게 주기만 하는 분이다. 춘원의 유고遺稿를 발행한 것을 다 나에게 보내왔다.

춘원이 《원효 대사》를 저작할 때는 불교의 초보 지식을 가진 때였고, 그 후로 춘원의 신념이 과연 돈독하였다는 것을 그의 유작으로 엿볼 수 있었던 것이다.

그중의 《세조 대왕》에는

"…사육신死六臣은 제도濟度를 받지 못하였다. 애국적인 집착심 때문이다."라고 쓰여 있다. 이 한 구절에도 춘원이 일반 인간들보다 한 단계를 높이 디딘 증거가 뚜렷한 것이다. 물론 속세에도 그만한 경지에 있는 인간들이 없지는 않을 것이다.

그러나 불교 선전적 사업으로, 즉 인간적 근본 정신을 기반으로, 현실 생활(인간 생활 즉 과過, 금今, 내생來生이 단지 현실일 뿐임)을 올바르게 아는 법을 춘원만큼 가르치고, 선포할 만한 원력과 글과 능력을 가진 인간이 근세에 있다는 말은 듣지도 보지도 못하였다.

보고 들을 수 없는 모습 없는 불법佛法의 골수를 듣기는 참으로 어렵기 때문에, 춘원보다 현명한 인간들도 못 들은 때문일 것이다. 그러나 춘원에게는 봄동산에 휘몰아치는 비바람처럼, 또 화초를 갉아먹고 썩게 하는 독충처럼 어렵고, 고되고, 슬픈 일도 정말 많았던 것이다. 그러나 그 수난은 봄동산을 더욱 빛나는 호화판을 이루게 했던 것이다. 아무튼 춘원은 즉 봄동산이니 만큼 한량없이 희망적 존재다.

그러나 춘원은 잠깐의 한 토막이긴 하지만 금생이 불행했던 존재임은 사실이다.

특히 6·25 때 납치된 일이다. 영숙 씨의 말에 의하면 그때 춘원의 병이 더하여 오랜 병석에서 겨우 일어나 걸음마를 하며, 한시가 급한 피난의 길을 언제나 걷게 될까 애태우는 중에 비정의 괴뢰들이 그만 달려들더라는 것이다.

귀순한다는 시말서를 쓰라고 강제하는 괴뢰들에게 "나는 이미 죽음이 박두한 환자로, 잠시의 이 목숨을 이으려고 마음에 없는 말을 할 비겁한 인간은 아니다. 날 죽이고 물러나…!" 하고 호통을 치며 만년필까지 꺾어버리는 것을 보고, 염라국 차사 같은 그들은 춘원을 차에 몰아넣었다는 것이다. 울며 달려드는 아내 영숙을 뿌리치고 평온한 기색으로 끌려갔다는 것이다.

그 후로는 일체 소식이 끊어져 아내와 자녀들이 울부짖는 일을 춘원은 아는지 모르는지…? 또 춘원은 죽었는지 살았는지 알 길이 없다 한다. 그러나 춘원은 영원한 생명을 가진 죽지 않은 인간이다.

사람마다 죽기 싫어하는 것은 죽은 후의 일을 알지 못하기 때문이다. 정처 없이 떠나는 길은 슬프기만 하지만 알고 자청해 가는 길은 안심이 되는 것이다.

춘원은 혼의 휴식을 얻어 고락을 조절할 줄을 알고, 따라서 영원한 여행자로서의 각오가 있었다. 즉 죽지 않는다는 것을 잘 알고 있었다.

춘원은 생의 불멸을 알고, 인간이라면 자기 옷은 자기가 좀 갈아입을 줄 아는 것이 인간이라는 것, 즉 자기 생사는 자기 마음대로 하게 되어야 하는 것쯤은 알게 된 인간이다. 그리고 춘원은 혼의 대휴식을 얻어 전지전능한 인간인 자기 정신력을 쓸 공부를 하는 인간이다. 육체가 쉬면 육체의 행동력을 얻게 되고, 혼이 쉬면 정신력의 에너지가 생긴다.

다시 말하자면 병투성이인 춘원의 수명을 늘여 그만한 사업을 하게 한, 어떤 인간이 있는 것이다.

인간 살이에는 세 가지 조건이 맞아야 하는 것이다. 전생에 내가 하였던 일, 금생에 내가 하는 일, 뒷받침해줄 인연인데 인연보다 먼저 인간이 되어야 하는 것이다. 그러나 인간은 백 년, 천 년 동안에 이루어지지는 않는다.

나로 말하더라도 내 인격적 조성이 불교에 입문한 지 삼사십 년 동안에 되어진 것이 아님을 잘 아는 것이다. 그러므로 예수 좀 믿고 아미타불을 입으로 불러 가지고 천국에 가고 극락세계로 간다는, 그런 엉터리의 바람이 있었던 나를 돌아보아 스스로도 실소를 금하지 못하는 것이다.

사람이 어떤 것인지도 모르면서, 먼저 사람이 되어야 한다는 생각이야 아니 하는 이가 없을 것이다. 그러나 된 인간에게도 인연을 잘못 만나서 그르치는 인간, 성공할 수 있는 자격을 갖추고도 뒷받침을 해줄 인연을 만나지 못해서 여지없는 실패와 반대 방향으로 떨어져버린 인간이 많을 것이다.

물론 춘원은 이미 되어 있었던 것이다. 즉 전생에 정신적 수

입이 넉넉하였던 것이다. 그러므로 다각적인 천재로 불법의 골수인 자기 자체적 정신까지 회복하게 된 것이다. 그리하여 남과 나는 둘이 아님을 인식하고 있게 되어, 어떤 못 볼 것도 너그럽게 보고 자기도 누구에게 밉게 보이지 않게 된 것이다.

그러나 영숙 씨처럼 한 인간 전체를 바치는 인간이 없었더라면 춘원의 인간사는 달라졌을 것이다.

그런데 영숙 씨의 말에 의하면 아이들의 재주를 누구나 칭송하지만 아이들의 그까짓 재주를 어찌 아버지의 재주에 비하느냐고…. 아버지는 배우지도 않은 피아니스트였고, 외국어도 통한다는 것이다.

한 글자 어긋나지 않고 토씨 하나 빠짐없는 원고를 주야 계속해서 몇백 매를 신문기사처럼 써내도 사상이나 글의 체계와 조직을 한결같이 정연하게, 더구나 뛰어나게 잘 쓰게 된다는 것이다.

다시 말하지만, 그러한 신기한 존재라도 자기 재주, 재산, 마음, 기술, 직업, 사랑, 명예, 향락을 온통 다 바치는 영숙이라는 한 여인이 없었더라면, 천애의 고아로 일가 집을 찾아다니며 얻어먹고 돌아다니게 되었을 이광수! 더군다나 갖은 병을 몸에 지닌 중병 환자인 춘원은 그만 무명초와 더불어 일찍이 썩어버렸을지도 모르는 일이다.

영숙은 한국 최초의 여의사일 뿐 아니라 겸하여 재산과 재주를 다 갖추었으니 남자 의사들 사이에서도 뛰어난 명의가 되었을지 모른다.

아무튼 영숙 씨는 문재文才로 일가를 이룰 가능성도 있었으나 춘원에게 그저 전부 바쳤을 뿐이다. 그 대가로 춘원의 사랑은 지극하였던 것이다.

예전에는 의학교를 졸업하고도 다시 총독부에서 보는 시험에 합격해야 했던 그 시험 준비를 밤잠 안 자고 열심히 하여 남자를 다 제쳐놓고 최고점으로 합격했다. 그러므로 만록총중萬綠叢中에 일점홍一點紅으로 합격되었다고 신문에 톱기사로 게재되어 화젯거리까지 되었던 것이다.

그때 영숙 씨는 춘원의 반겨주는 얼굴이 보고 싶어 합격증을 들고 뛰어가니 도리어 대뜸 알아주던 전과는 달리 이상한 점이 있었더라는 것이다.

그것은 춘원이 영숙의 존재뿐인 자기 가슴에 공부고, 일이고, 무엇도 할 수 있는 아무런 여유가 없었기 때문에 영숙 씨를 방에 못 들어오게 했던 것이다.

영숙 씨는 자기의 금단으로 방에도 못 들어가고 밖에 서서 그 방문을 바라보고 지키면서 그 집을 맴돌다가 돌아와서는 안타까운 즐거움으로 잠도 못 이루고 있는데, 춘원은, 최고 득점을 받고서 찾아간 자기를 보고도 자기와는 정반대의 심정이었던 듯이 영숙 씨에게는 야속한 감이 들었던 것이다.

왕진 갔다가 저물게 돌아오는 때는 영숙을 맞으러 골목에 지켜 섰다가 번쩍 안아 데려갔다는 그 춘원이….

춘원이 상해에서 영숙 씨에게 보내오는 편지가 재미있어서 그 편지를 보려고 나는 일부러 영숙 씨를 찾아갔던 일이 있었는데, 춘원의 편지에,

"…방에 있으면 영숙의 환영이 이 구석 저 구석에서 나타나서 미칠 것만 같아. 밖으로 뛰쳐나가 들로 가서 영아! 영아! 몸부림쳐 부르면 메아리 소리만이 귀뺨 때리고 싶으리만큼 얄밉게도 사람을 놀려 대더라…." 하는 등등의 편지는 보는 사람의 마음까지도 자릿자릿하게 했던 것이다.

춘원의 애독자일 뿐 춘원의 얼굴도 못 본 나이지만 춘원의 열정에 타는 그 모습이 보이는 듯하였다.

영숙 씨의 사랑도 춘원만 못하지는 않았다.

돈과 정성과 사교와 수단을 다해서 얻으려고 애써도 안 되던 그 어려운 여권을 겨우 얻어 말도 모르는, 더구나 젊은 여인의 여행이란 매우 위험했던 그때, 단신으로 머나먼 상해까지 가서 춘원을 기어이 데려오게 되었지만 상해에서 영숙 씨는 간첩으로 오해를 받게 되었고, 귀국한 춘원은 반민법에 걸리게 되어 갖은 고생을 다 하게 되었다.

춘원을 데리러 상해로 갈 때도 중국말을 모르는 영숙은 곤란한 일이 한두 가지가 아니었지만 그중에서도 제일 어려웠던 일

행복과 불행의 갈피를 헤맨 여인들

은 말을 전연 모르기 때문에 먹을 것을 살 때였다고 한다. 가령 배가 고파도, 목이 말라도, 참다못해 사과를 한 개 살 때도, 손바닥에 금전을 늘어놓고 알아서 가져가라는 뜻을 눈짓, 손짓으로 하면 엉큼한 중국 사람들은 막 집어 가더라는 것이다.

그러나 그리워 애태우던 춘원을 만나는 일에 참척해진 긴장미가, 모든 괴로움을 볕 아래 눈과 같이 사라지게 하더라는 것이다.

상해에서 돌아와서 결혼식을 거행하게 될 때도 영숙 씨의 어머니가 호적 등본을 먼저 봐야 한다고 해서 춘원은 등본을 하러 고향에 돌아가 결혼식 날이 사흘이나 지나도록 오지 못하게 되어, 마침 유월 염천이라 흠씬 차렸던 잔치 음식을 얼음에 쟁이고 쟁였어도 썩은 것을 할 수 없이 수레로 실어내게 될 때, 그 어머니가 마룻바닥을 주먹으로 두들기며 통곡하면서 푸념하는 말이 "궂은 애 날 때도 궂는다더니 이 혼인이 애초부터 내 속을 그리 태우고 말썽도 하두 많길래 잔치나 좀 푸짐히 하려던 것을…" 하였다 한다.

그때 춘원은 남성적 도구 외엔 아무것도 갖지 못한 맨몸으로, 재색을 겸비한 데다 재산과 순정애까지 한데 포개어 바치는 미인 신부를 맞이하는 행운아였던 것이다.

그때 영숙 씨는 홀어머니의 딸만 네 자매인 데서 막내딸로 어머니의 귀염도 제일이었지만 효성도 제일이던, 영숙 씨의 마음은 어머니를 위하여서도 얼마나 마음 상하고 괴로웠던 일이 많았는지 상상할 수 있을 것이다.

그러나 그들은 혼인 초에는 대단히 행복스러웠다. 자기네 행복을 자랑하고 싶은 충동을 못이기는 영숙 씨는 나를 만나면 잠자리의 비밀까지도 이야기하고는 하였다.

춘원이 어디 나가 집에 없으면 손에 일이 잡히지가 않아서, 춘원이 나가기 전에 그날 하루 마치겠다는 결정을 지은 일거리를 미리 장만하여야 했다는 것이다.

아무튼 춘원은, 영숙 씨의 거울에는 극히 좋은 면, 그 한 편만이 비쳤던 것이다.

좋고 좋고 다 좋아서 비단요에 땀자국이 지저분하게 스미는 그 자리까지 입을 맞추어도 나쁘게 느껴지지 않을 만큼 춘원이 좋게만 보이더라는 것이었다.

하루는 춘원이 늦게 들어오게 되었는데 무슨 비밀 편지라도 쓰고 있었던 것처럼 보였고 더구나 안 보이려는 듯이 이리저리 감추다가 나중엔 그만 깔고 앉아버리니, 춘원은 약이 바짝 올라서 그만 영숙 씨를 번쩍 들어 방바닥에 털썩 놓는 바람에, 오랜만에 들은 태아가 그만 떨어졌다는 것이다.

그 뒤에 영숙 씨는 영리하고 어질게만 보이는 옥동자를 낳던 것이다.

내가 그때 찾아갔더니 영숙 씨는 얼마나 기뻐하는지, 아마 그때가 영숙 씨에게는 행복스러운 때였을 것이다.

그 아이를 안고 앉아서, 연사演士가 열에 못 이겨 삿대질을 하듯이 나에게 "…모성애를 일엽 씨는 상상 못 할 거요…" 했던 것이다. 그러던 애아愛兒도 그만 비명에 가까운 죽음을 하게 되었다. 그 아이도 춘원의 선사품이었다. 춘원은 영숙 씨를 애끓게만 하는 존재였다.

춘원은 경제적으로도 아무 예산이 없으면서도 아쉬운 사람의 청을 다 들어주고, 약도 그저 병자에게 주되, 치료비 없는 병자를 길에서 만나서까지도 집으로 끌고 들어와서 약을 줄 뿐 아니라 노비까지 주는 일이 있기 때문에, 원고료가 든 봉투는 미리 빼앗지 않으면 안 되었다는 것이다.

영악하고, 자세하고 규칙적인 영숙 씨와 너그럽고 대범한 춘원은 대조적이었다. 그러므로 성격적 차이로 말다툼도 가끔 없지 않았다 한다. 그러나 그들은 다난한 인간 항로를 끝까지 같이 걸었던 것이다.

아무튼 그들은 부부가 서로 참고, 양보하고, 노력하고, 이해하여 평생을 마친 모범적인 애인이요, 성공적인 부부였다.

그러나 지금 그들의 몸은 애끓는 길인 삼팔선으로 서로 갈려 있는 것이다.

그래도 우주가 내 집이요, 전 인류가 다 내 가족으로 아는 춘원은 애태우지 않을 것이다.

오늘 그들의 심경적 차이는 행복과 불행으로 서로 갈라진 것이다. 연전에 내가 서울 갔을 때 영숙 씨가 돈과 춘원의 전기를 가지고 나를 찾아왔다. 그 전기 하나를 전하기 위하여 생전 그 재료를 모아 오다가 그 일도 마치고, 춘원에게 바치다 바치다 이제 희망만 남고, 아이들은 다 성취하여 제 책임, 제 살이를 하도록 모성애의 의무를 다하였고, 그만 죽어버리려고 결정한 마지막 순간에 "…아이들이나 한 번 보고 나서…" 하는 번개 같은 느낌에 그만 죽는 일을 보류하였다는 영숙 씨의 눈! 젊어서는 정말 매혹적이었던 그 눈은 무봉無縫의 천의天衣를 짓는 처녀의 솜씨로 누벼진 누비줄같이 곱게 종횡으로 된 주름살 속에 애수哀愁의 물결이 넘쳤던 것이다.

영숙 씨는 그저 애절한 그 화신으로 보였다,

춘원은 나를 먼저 살리고 남을 돕는 일, 즉 너와 내가 하나인 그 심경을 이룬 것이다.

춘원은 그 심경을 체달할 날을 기필할 것이다.

춘원은 살거나 죽거나 안도감을 느낄 수 있는 그 심경을 우선 이룬 것이다. 그러므로 생마다 호화판을 또다시 이루는 봄동산으로 언제나 언제나 늘 상속할 영생의 길에 들어선 것이다.

그러나 영숙 씨는 남편에게, 자녀에게 바치기만 하는 그 착심著心의 경지, 즉 그 수난경에서 헤어나지 못하고 아직도 애수에 잠겨 있는 것이다.

주야가 하나로 붙어서 윤회하는 것 같은 세상사를 아직도 확실하게 모르는 영숙 씨는 아니 오는 님을 위하여, 곱게 곱게 또 장하게 울며 기다리고 멀리 있는 자녀를 위하여 애태우고 한숨 짓는 것이다.

도미하여 만나게 된 자녀들 앞에서 지금도, 자기도 울고 자녀들도 울릴 것이다.

그러나 춘원이 가장 무거운 은혜를 입은 영숙 씨! 제일 사랑하던 아내 영숙은 앞뒤에 있었고, 제일 먼저 춘원에게 제도받을 희망적인 존재다.

불행의 문을 두드린 두 여인

나혜석羅蕙錫

한국의 여자 교육사를 나는 모른다.

다만 근대사로는 칠십 년 전부터이다. 내가 알기는 내가 학교
에 다니던 그 옛날 육십 년 동안의 일을 기억할 뿐이다.

지금으로부터 한 사십여 년 전에 비로소 여인들이 사회적으
로 등단하게 되었던 것이다.

제일 먼저 등단한 여인이 나 씨인가 한다.

나 씨는 과연 그때 여인으로는 잘났던 것이다. 인물로나 재주
로나, 정신으로나, 여자로서 동경으로 유학한 것도 나 씨가 아

마 처음이었을 것이다. 더구나 최초의 여류 화가로 일류 남자 화가보다도 앞서는 굵은 선線의 화가였던 것이다. 제전帝展(제국) 미술원 전람회의 약칭略稱에서 특선을 두세 번 받았다.

유학하는 남학생들이 모인 자리나 다니는 길가에서는 나혜석의 이야기뿐이었으며, 하다못해 한국 유학생들이 잘 다니는 담장에까지 "장차 내 아내는 나혜석"이라고 낙서까지 하게 되었다. 아무튼 남자 유학생들의 화젯거리로 호화판을 이룬 여인이 나혜석이었던 것이다. 갸름하고도 둥그스름한 흰 얼굴에 서글서글하고 빛나는 매력적인 눈동자를 굴리며 슬기로운 표정을 띈 웃음을 머금은 혜석의 얼굴을 바라만 보아도 남자들의 가슴은 설레게 되었던 것이다.

더구나 학교 성적도 일본 여학생보다 앞서고, 교외의 좋은 자연경을 배경으로 하여 조용히 앉아 그림을 그리는 그 자태는 그림으로도 나타내지 못할 그림을 초월한 그림은 명화 한 폭이었다는 것이다.

나 씨는 그 많은 남자 중에서 가장 여인의 마음을 끌 만한 남자로, 뛰어나게 그림의 재주가 있는 최송구라는 자기보다 한 살 아래가 되는 미소년(당년 십구 세)과 지극히 열렬한 사랑에 빠졌다.

타는 듯이 목마른 젊은 사슴이 샘물을 바라보고 마구 달리는 듯한 정열의 삼 년! 한창 열과 희망이 교착된 가슴이 부풀어 숨 가쁜 그때 누가 뜻하였으랴! 천재는 단명이라는 그 말이 들어

맞았음인지 최 씨는 폐결핵으로 나 씨의 춘심에 불만 질러 놓고 그만 요절해버렸다. 최 씨는 예술과 나 씨를 같이 사랑하였다. 동시에 두 가지 일을 이룰 수 없음이 늘 한스러웠다.

그림에 열중하고 있을 때도 최 씨의 열띤 생각은 문득 나 씨 곁으로 달려가게 하였다. 달려드는 그를 껴안는 나 씨는 곧 공空의 경지를 맛보는 것이다.

"…마음이야 여읠 리가 있어요" 하던 목소리만 남긴 그 사람은 내 대답을 기다리지도 않고 어디를 가버렸느냐고 울부짖던 나 씨는, 타는 가슴을 차마 견딜 수가 없었던지 나 씨를 순정적으로 따르던 제대 재학 중인 김우영이라는 청년과 약혼까지 하게 되었다.

약혼 후이겠지만 한편으로 나 씨는 이광수라는 다각적으로 천재를 가진 청년도 사귀었던 것이다. 이광수는 나 씨와 친한 허영숙이라는 재색을 겸한 의전생도 사랑하였다. 아마 이왕 사귄 나 씨도 거절하기 어려웠던 것이다.

아무튼 나 씨와 허 씨는 다 같이 이광수를 찾아다녔던 것이다. 이 씨가 허 씨는 화요일과 목요일에만 오라고 하고, 나 씨는 수요일과 금요일에만 찾아오라 하고, 그 날이 아니면 만날 수가 없다 하여, 둘에게 다른 날에는 방문할 생의生意를 못 내게 하였다.

그러나 나중에 허 씨는 이 씨가 나 씨와 만나는 것을 알고 펄펄 뛰게 되니 이 씨는 아마 허 씨를 더 좋아하였던지 나 씨의 양해를 얻어 나 씨가 양보하는 편지를 허 씨에게 보내게 하였다.

"…내가 이 씨를 사랑한 것은 다만 성격이 같은 점이 많다는 것밖에 없었소. 허 씨를 나 몰래 사귀었다고 해서 실연을 느끼지 않을 정도의 정열이었으니 그것을 무슨 사랑이라 하겠소? 그러나 무슨 의미의 눈물인가? 이 눈물은 오히려 축하의 눈물이 되어지라 빌면서 오직 두 분의 사랑의 길에 애로 없으시기를…." 미쁨 있는 벗으로 알아주기 바라는 이런 편지를 허 씨 앞에 던졌기 때문에 단시일 내로 둘 사이에 벌어졌던 틈은 그만 어우러졌던 것이다. 둘은 어릴 때부터의 벗이었다.

그러나 그 전에 나 씨는 약혼한 김 씨에게 "…나는 이광수 씨와 결혼하게 되었으니 미안하지만 단념해 주시오" 하는 절연장을 이미 내고 난 후의 일이었건만, 나 씨는 이 씨를 울면서 양보하였으니 그 일만 보더라도 나 씨의 아량을 알 만한 것이다. 그러나 그때 나 씨의 입장이 얼마나 곤란하였을까 하는 것은 누구나 헤아릴 수 있는 일이었다.

묵은 애인도 못 믿고 새 애인에게는 버림받은 나 씨에 대한 소문은 남녀 유학생들의 흥분을 일으키게 되었으며 시기의 대상으로 삼던 이들의 비방은 빗발치듯 하였다. 그러나 나 씨의 기운은 조금도 수그러지지를 않았다고 한다.

동경에서 소문이 퍼지자 본국에서는 그녀의 둘째 오빠 나경석 씨가 그만 단숨에 동경으로 뛰어들어가 동생을 데리고 나오

던 길에 현해탄 가운데서,

"너는 죽어 마땅한 목숨이다. 너의 구차한 목숨을 건지러 오기보다 듣기에 너무 창피스러워 너를 데리고 오기는 왔지만 나는 너를 데리고 집안에 돌아갈 면목이 없다! 차라리 이 현해탄에 빠져 죽어 더러운 혼의 때나 벗겨라!"

하고 나무랐다. 나 씨는 정색을 하고

"오빠는 당연한 말씀을 하십니다. 조금도 야속스럽지는 않습니다. 그러나 오빠는 생존의 권리를 침해한 사람이라는 것을 반성하시오. 남매라는 것은 서로 깨우치고 도와줄지언정 남매의 생명을 좌우하는 자유권을 준 이는 없습니다. 오빠의 말씀이 월권적이라는 것보다도 자살 방조자라는 죄의식을 가져야 합니다…. 나는 약혼자와 협의하여 파혼하였고 사랑을 양보하였을 뿐 목숨으로 사죄할 만한 범죄자는 아닙니다."

오빠는 할 말이 없었다. 둘째 오빠인 경석 씨가 가장 사랑하던 동생이었으므로 동생이 하는 그 말에, 오히려 스스로의 주체력으로 살아가는 여장부라고 느꼈을 것이다.

김우영 씨는 실연의 비애에 싸였다가 나 씨의 일을 알고 다시 약혼 운동을 하게 되어 결혼에까지 이르렀던 것이다. 그때는 처녀가 스무 살만 되어도 너무 늙었다고 혼처가 잘 생기지 않던 때이므로 나 씨가 결혼식을 올릴 때는 스물다섯 살이나 되었고 따라서 색시의 나이가 너무 많아 보이더라는 말을 들었을 뿐 나는 참석하지도 못하였다.

그런데 그때는 신혼여행이라는 말조차도 못 듣던 때이므로 나 씨 부부의 신혼여행에 관한 이야기는 화제가 되었던 것이다. 연애사에서도 그리 흔하지 않은 기이한 여행이었던 것이다.

요즈음 공처가라는 이야기는 많지만 공약혼녀라는 말은 못 듣는데 그때 김 씨와 양 씨는 약혼 때부터 벌써 약혼녀의 전권행사로 일관하였던 것이다. 약혼 때에 나 씨는 김 씨가 기숙하는 기숙사에 가서 결혼한 부부처럼 방종하게 지내던 이야기는 생략하겠다.

신혼여행에 관한 일은 일체 묻지도 말고 다만 여행비를 신부인 자기가 맡고, 하는 대로 가는 대로 따르기만 하라고 신랑인 김 씨에게 명령을 하니 김 씨는 그저 네, 네, 하고 허락하였다.

어느 날 신랑은 신부가 차표를 사 주는 대로 차표와 짐을 메고 들고 오르라는 차로 올랐다.

어디쯤인지 가다가 내리라는 데서 내렸다. 신랑은 논둑과 밭둑을 지나 언덕으로 오르라는 대로 내리라는 대로 눈치만 슬슬 보며 따라만 가는 것이었다. 언덕의 햇빛이 아늑한 곳에 조각나무의 묘표墓標 하나 없이 풀만 우거진 외로운 한 무덤 앞에 이르렀다.

신부는 그 앞에서 더 걷지 않는 것이었다. 신랑 역시 멍해서 나란히 서지 않을 수 없었다.

그러나 무슨 일인지 신랑은 궁금하지 않을 수 없었다. 새색시처럼 된 신랑은 처음 명대로 내내 복종만 해 온 터라 쑥스러운 생각이 안 날 수 없었지만 꾹 참고 신부의 말이 나오기만 기다렸다.

"이 무덤은 당신도 아시다시피 내 첫사랑의 대상인 최송구라는 청년의 무덤인데 고학생으로 일찍 죽어간 후에 돌아볼 사람이 없는 가장 외로운 인간의 무덤입니다. 그래도 생전에 사랑했다던 이 몸이라 책임감이 느껴져서 조그만 비나 하나 세우려고 합니다. 당신에 대한 미안한 일을 다 없애기 위해서입니다. 이 무덤에 대한 책임감으로, 꺼림칙한 마음까지 애정의 여운까지 아주 깨끗하게 씻어버리기 위하여 신혼여행비로 이 무덤에 비석이나 하나 해 세우고 최 씨와 영원히 이별을 하려고 한 것이요, 그리하여 이후로 나는 과거 일은 아주 청산해버리고 순정적이고 충실한 아내 노릇을 하기 위함입니다. 아무튼 당신은 모두 양해하리라고 믿기 때문에 이렇게 한 것입니다."

김 씨는 가령 최 씨가 살아서 연락을 하더라도 자기를 버리지만 않으면 오히려 다행으로 여기게 된 판이라 화를 내기는커녕 도리어 히히 웃으며 신부를 껴안았다는 것이다.

또한 결혼 초야에 여권 회복이라 할지 난혼개막亂婚開幕이라 할지 모를 신부의 제의가 있었다는 것이다.

"남녀는 같은 인권을 가졌으며 정적으로도 다르지 않은 바에

야 편무적片務的으로 여자에게만 정조를 지키라는 것은 여권을
너무 무시한 동양 도덕이요, 윤리요, 법률이니, 우리는 그런 인
습에 얽매이지 말고 좀 자유 분위기에서 살아야겠소. 당신에게
도 성적으로 별미를 구하게 될 때가 있을 것이오. 같은 정적 동
물인 낸들 그런 때가 없으리란 보증은 나 스스로도 할 수 없는
것이 아니오. 그러니 서로 알려지지 않을 정도로 자유롭게 살아
가는 것이 어때요?"

신랑은 그래도 그 일만은 허락할 수 없으련만, 첫날밤의 가장
즐거운 때를 이용한 나 씨의 계획대로 되어 몽롱한 중에 신랑은
어떤 기분이 되었는지는 몰라도 무조건 허락하게 되었다는 것
이다.

김 씨가 안동현安東縣 부영사副領事로 갔을 때도 국제적 교제
와, 사무적으로 또는 서류 정리까지 나 씨가 많이 하여 자연히
어느 정도 남자들을 자유로 사귀기 때문에 부부 싸움도 없지 않
았다는 것이다. 그런데 소학교 때부터 동무인 방인근方仁根 씨의
전 부인인 전유덕이라는 이가 그 살림을 구경하고 와서,

"나혜석이란 참 났어, 났어, 난 여자거든! 글쎄 가정을 어찌 잘
정돈해놓았는지 감동심이 나서 농 속까지 뒤져 봤어. 남편의 내
의, 아이들의 양말까지 착착 쟁여놓았어! 아이들을 잘 가르쳐서
아이들의 하는 행동이나 자기가 방문객을 대접하는 양이나 방
문객을 만나는 시간, 사무 보는 시간, 서류 정리 시간 등등을 꼭

꼭 지키고 그 바쁜 중에서도 아이들 양말까지 다 기워 쟁여놓고 남편 내의 등을 챙기는 양, 그림 그릴 시간에 그림 그리고, 산보갈 시간 여유까지 있게 하고, 그림 때문에 여행할 날까지 배정하여 놓고, 어긋짐이 없이 사무 처리까지 내외적으로 못 하는 일이 없더라니까. 김우영 씨가 그렇게 숭배할 만도 하거든…. 그리고 사회에서 나혜석의 김우영이로 알게 된 것도 당연하거든…" 하고 나에게 말했던 것이다.

안동현 부영사를 지낸 후에 세계 유람을 떠나서 여행 중에 파리에 머물러 한 팔 개월 동안 그림을 연구하던 정열적인 나 씨는 여창旅窓의 외로움을 어떤 천도교의 중진 인물과 사귐으로써 위로한 일이 탄로되어 사 남매나 낳고 그 유명하게 잘 살던 내외가 헤어지지 않을 수 없게 되었던 것이다.

참으로 무상한 세상일인 것이다. 김 씨 어머니가 유언으로 "어떤 어미에게나 어린 것들에게는 어미밖에 없으니 나 죽은 다음에는 제 어미를 도로 데려다가 아이들을 기르게 하라"고 간절히 유언하였지만 그렇게도 위하고 사랑하던 아내가 이제 와서는 그렇게도 보기가 싫었던지 나 씨가 상청에 온 것을 보고 "그 여인이 상제 노릇을 한다면 나는 상청에 나오지도 않겠다"고 호통을 치는 바람에 나 씨는 그만 붙드는 이에게 밀려나게 된 것이다.

남자의 마음은 그렇게 달라지는 것이다. 그때 나 씨는 나를 찾아 수덕사 견성암으로 와서 머리를 깎는다는 것이었다.

그렇게도 잘났다던 여인인 나혜석! 미의 화신으로 남자들의 환영에 둘러싸였던 나혜석!

최초의 여류 화가로 그렇게 여류 사회를 빛내던 나혜석! 그 여인이 자기를 사랑의 고개 너머 상상봉까지 추켜올려주던 그 사회에서 밀려나서 산중으로 나를 찾아왔던 것이다.

나를 같은 신자로 옛날 정의로 찾아온 것이 아니라 몸을 의지하는 데 도움이 되고 소개자가 되어 달라고 찾아온 것이었다.

나는 세상에서는 가장 외로운 여인이지만 그래도 버릴 수 없는 무엇이라도 있었을 것이고, 잊지 못할 인간도 없지는 않았겠지만 나를 상실한 나요, 생명을 잃어버린 나로서 한 조각 생명을 겨우 부지하고 있는 인간임을 확인하고 전체적인 영원한 생명이 살아날 한 길을 찾기 위하여 모든 것을 버리고 돌아온 차라, 누구와의 정실 관계로 자비를 베풀 여가도 형편도 못 되었던 것이다.

그때 나 씨는 알아보기 어려울 만큼 변모되었던 것이다. 서글서글하고 밝은 그 눈의 동공은 빙글빙글 돌고, 꿋꿋하던 몸은 떨리어 지탱해가기 어렵게 되었던 것이다. 이혼을 당하지 않으려고 갖은 애를 써보았으나 법적으로 이혼을 당하게 되고 남편의 정은 정반대로 돌아갔으니 어찌할 수 없었던 것이다. 웃음기가 가시지 않던 남편의 눈은 부라리는 원수의 눈으로 돌변하여

기름과 피를 짜서 기른 삼 남매를 마지막 이별의 손목 한 번 못 만져보게 하고 알몸으로 밀어내는 봉변을 당한 것이다.

이혼장을 든 손은 꽉 쥐어져 펴지지가 않고 눈은 빙글빙글 돌아지고 몸은 비틀렸던 그대로 회복되지 않는다는 것이다. 나는 무상한 세상을 다시금 느끼게 된 것이다. 그래도 나 씨는 아이들의 모습이 아른거리고 남편의 환영이 떠올라 미칠 것만 같다는 것이다. 그래서 밤을 울어 새우는 날이 많아 몸을 회복할 길이 없고, 길에서 같은 나이의 어린애가 눈에 띄어도 외면하게 된다는 것이다.

나는 이런 말을 하였다.

"이왕 시대사조에 뛰어났으면 힘차게 나가야잖아? 만일의 경우를 어찌 아니 생각하느냐 말이야. 가정도 자녀도 벗어나는 그 생활 태도를 계속할 것이지…. 그렇지 못할 바에는 애당초부터 내 정신적 역량을 헤아려 온건한 여인으로 살아야 할 것이지, 난 저런 바본 줄은 몰랐어"라고 하였다. 내가 말을 하니 나 씨는 힘은 없으면서도 반발적인 대답을 했던 것이다.

도덕과 전통의 기준이 한결같지 않더라도 그 시대의 호흡에 맞추지 않는 것은 결코 탈선적 행동이 아니라고 할 수는 없는 것이다. 그러나 과거 나 씨가 한 그 일의 잘잘못은 문제 외로 하고 그때라도 무슨 일에든지 하나로 일관하여야 할 것이었다.

지금 생각하는 한 가지 일, 한 가지 생각 외의 생각은 다 소멸시키고 외곬으로만 나가면 생각이 통일되어 올바른 길을 찾게 되는 것이라고 간곡하게 일러도, 나 씨는 악의가 없는 인간이라 원심怨心은 없으면서도 과거의 한스러운 생각에서 끝까지 헤어나지를 못하는 것이었다. 이왕에 일이 그렇게 되었으면 남편이니 자녀니 다 단념하고 직업적인 내 현실 갱생의 길을 찾아야 한다는 것을 모르는 것이다. 이미 쫓겨난 과거에서만 헤매는 매몰된 정신이라 내가 다시 살길을 아무리 여러 말로 되풀이해 주어도 이해조차 못 하였다. 내 말만 알아듣고 안심하게 되면 몸도 건강해지고 정신력도 회복되련만 나 씨는 그때 아깝게도 정신을 회복할 길이 없었던 것이다. 그래서 그는 "일엽처럼 나는 불교장이는 되기 싫어!" 하며 그의 정신은 이미 종교라는 것을 이해하지 못하게 되었던 것이다.

내가 불교는 종합적인 근본 교육 즉 가장 귀한 인간을 만드는 교육을 하고 있으니 인간이라면 반드시 입문해야 한다고 간절하게 또다시 말해 주었건만, 나 씨는 소위 일반 지성인들이라는 인간들과 같이 종교는 생활의 방편이라 했고 또한 내가 중 될 자격이 없다고 말한 데 대하여 불만을 품고 도리어 유명한 중이 두 사람이나 날 것이 싫어서 자기가 중이 되는 것을 찬성하지 않는다는 당찮은 말까지 했던 것이다.

그래도 나는 지금까지 내내 이런 생각을 해본다. '내게 물질과 자유가 있었더라면 그의 몸을 좀 돌보아주는 셈으로 어느 암자에 수용하여 두었으면 마음 놓고 나무랄 데 없는 성격에다 예술적 재능과 생의 의욕이 왕성했던 그 아까운 인간을 어떻게 해서라도 건져낼 수 있지 않았을까' 하고.

그러나 나기는 잘났다는 동무들 중에서도 제일 잘난 인물이었다는데 잘나서 그런지 이미 여자로서의 위치를 파악하는 여인이 되지 못하였던 것이다.

누구의 주선이었던지 승방에서 나가게 된 후에는 어떤 양로원에 수용되었다는 말을 들었는데, 자살로써 말로를 마치었다는 말도 있으나 산중에 묻힌 나로서는 자세한 소식을 들을 길이 없었다. 아무튼 나 씨의 일은 우리의 삶에 비하여 가장 짧은 한 토막인 이 일생의 일만 그릇된 것이 아니니만큼 얼마나 어마어마하게 큰일인지 모르는 것이다.

내가 가장 경애하는 친구요, 최초의 여류 화가인 그의 일을 폭로시키는 것이 미안하지만 삭발은 하지 않았으되 불가에까지 들어왔다가 나간 일의 어긋남과, 더 좋은 기회를 놓쳤다는 것이 얼마나 큰 불행이었던가를 알리고 또 자기를 파악하는 일이 얼마나 큰일인가를 알리려는 것이다.

아무튼 이 정신의 연장으로 오고 오는 내생살이를 위하여 지금 이 정신을 이 자리에서 확립시켜야 한다. 한 번 죽어지면 그만이거나, 천당 지옥으로 판결이 나면 그것으로 세상 일이 끝날 수 있는 간단하지 않은 크나큰 인간 문제이기 때문에 전 우주가 다 같이 웅성대고 있는 것이다.

그러나 모두가 몰라서 못 사는 것이다. 아주 간단하고 쉬운 그 문제를 해결하기 위하여는 각자적인 나와 직접 붙어 있는 내 마음을 내가 찾아 부릴 줄만 알면 모두 해결되고도 남는 것이다. 누구나 내 마음을 내 것인 줄만 확인한다면 내 마음을 내가 쓸 수 있는 것은 빤한 일이 아닌가.

그런데 나 씨는 애초에 방향을 가르쳐주는 이가 있었더라면 자기 마음대로 쓸 수 있는 성격과 운을 가졌던 것이다. 더구나 인간적인 일반 자유는 다 빼앗기고 부모 남편 자식의 삼종三從의 의탁으로 규중에서만 묻혀 살던 한국 여자로서 도리어 남성을 마음대로 부릴 수 있었으며 더구나 전통적인 도덕률에서도 벗어날 만한 정신력을 가진 그런 여자였던 그의 말로가 왜 그렇게 비참하게 되었을까?

그것은 올바른 길을 걸을 만한 정당한 정신력을 아직 얻지 못한 채 자유분방한 마음을 함부로 썼기 때문이다. 나 씨와 내가 세속에서 사귈 때는 서로가 불법을 몰랐고 내가 불문에 들어오기 전에는 연락이 없었던 것이다.

생의 마음은 느낌이라는 첫 가지에서 벌어지고 벌어져서 천만억 갈래로 갈리는 것이다. 그러나 오직 핵심 하나만 파악하여 쓸 수 있으면 그 무량수의 갈래의 신축伸縮을 마음대로 할 수 있을 것이다. 그런데 그는 생의 핵심적인 마음을 파악하여 쓸 만

하게 될 유일의 길인 불문에 들어왔다가도 도로 나가게 되었으니 안타깝지 않을 수 없다.

물에 빠진 채 죽은 사람보다 물에서 나왔다가 도로 물로 들어가 죽어버린 목숨과도 같이 몹시 아깝게 느껴지는 것이다.

같은 마음을 가진 똑같은 인간이지만 자기 자신의 한 조각 마음에 애착하지 말고 전체적인 마음 하나를 얻어 쓰고 못 쓰는 데 불멸의 생의 생사가 달렸다. 즉 전체적인 그 마음이라야 균형적인 마음으로 쓸 수 있는 마음의 핵심이 확립되어 생사에 휘둘리지 않게 된다.

누구나 죽기 싫어하는 것은 죽은 후의 일을 모르기 때문이 아닌가! 마음의 핵심은 생전 사후死後의 일을 처리한다.

누구나 피조물이 아니고 자조물自造物이기 때문에 내 생사도 내가 처리해야 한다.

윤심덕尹心悳

다홍 저고리에 까만 치마를 입고 해죽해죽하며 우리 집 앞을 지나 학교로 걸어가는 심덕이를 볼 때마다 나는 너무나 부러워서 멀거니 바라보느라고 정신이 완전히 팔려버리던 먼 옛날의 일이 떠오른다.

어느 새 오십 년 전의 일이 되어버렸다. 지나치게 활발한 계집애! 하고 느껴지던 그 동무는 소녀 때 그대로 탈선적 결과를 맺고야 말게 되었다.

나는 그가 자유롭게 학교 가는 것이 너무나 부러워서, 엄마가 홀앗이로 젖먹이 내 동생을 내게 업히기 위하여 당신도 나를 하루바삐 학교에 입학시키려고 벼르면서도 이 핑계 저 핑계로 자꾸 미루는 데 나는 참을 수가 없었다.

나이는 만 아홉 살, 어떻게 해야 하루바삐 학교에 입학하게 될까 궁리하는 것이 나의 일과였다. 궁리 끝에 나는 생전 처음 엉뚱하고 대담한 생각을 하게 되었다. 아이 업은 채, 심덕의 뒤를 따라가서 간청한 결과 심덕의 청으로 입학하게 되는 꾀를 냈다.

엄마에게는 아이를 업고 학교에 구경을 갔는데 학교 못 가는 나의 사정을 듣고, 심덕이가 아이 보는 아이도 아이만 내려놓으면 학교에 못 다닐 리 없다고 우선 아이를 업고 입학부터 하라고 해서 입학했노라고 속였다.

할 수 없이 엄마는 허락하게 되었으며 나는 심덕의 은혜를 깊이 느끼며 눈이 오나 비가 오나 하루도 결석하는 날은 없었다. 늦잠을 잔 날 밥마저 늦으면 길에서 그냥 눈을 집어 얼굴을 씻으며 학교로 달려가는 것이었다. 열심히 공부하지 않아도 첫째를 놓친 일이 별로 없었다.

하루는 아침 일찍 학교에 가서 심덕이와 같이 마당에서 유리로 만든 장난감을 손으로 재서 손가락이 들어가는 사이에서부터 마주쳐서 따먹는 놀음을 했다. 손가락을 넣고 재서 안 들어가면 그것은 무효인데 내가 보지 못한 새, 소리만 딱딱 내놓고는 홀딱홀딱 집어가는 것이었다. 내가 알아차리고 아니라면 팔팔 뛰며 옳다고 우겨대므로 할 수 없이 나는 억울한 것을 참아가며 세 번 계속한 놀음에 한 주머니 넣었던 유리알을 그만 다 잃어버리고 말았다.

남을 속여 이기고 나서 심덕이는 일어나서 뱅뱅 돌아다니며 손짓 발짓으로 나에게 삿대질을 하며 무척 업신여기는 태도로 종애 곯리는 것이었다.

나는 속여 먹는 나쁜 애한테 거듭거듭 지기만 하고 도리어 놀림을 받는 것이 얼마나 분하고 원통한지 본시 말도 잘 못하기도 하지만 중축이 막혀서 말 한마디 나오지 않고 다만 가쁜 숨소리만 쌔근쌔근할 뿐이었다.

다 잊어버린 그 후에도 그때 숨 막히게 치밀었던 불덩어리가 지나간 여운이 얼마 동안은 남아 있는 듯하였다.

두터운 쇠가 한 번 달면 좀체로 식지 않는 것처럼, 그때 그 절통한 괴로움을 공주이나 말해 줄는지 과연 형언할 수 없었던 것이다. 내가 부딪쳐 죽어야 할지 심덕이를 쥐어뜯어 없애야 할지 모를 지경이었건만, 지금 생각하면 상대방에 대한 원심은 안 가져지고 왜 이러는지 나 혼자 절박한 고통이 느껴질 뿐인 것이다.

그때 번개같이 언뜻 '이 고통부터 면하고 볼 일이다' 하는 생각이 났던 것이다. 그 고통은 터지고 깨지는 따위의 고통이 아니니 어찌 견디겠느냐는 것이었다. 순간적인 그 느낌은 고통의 도수를 조금 내려주었다. 숨은 조금씩 조금씩 순조로워졌다.

고통이 가신 뒤에 생각하니 상대편의 일은 내게 책임이 없고 별일도 아닌데 다만 오기로 일어난 감정 문제 그뿐임을 알았다. 인간이 창피니 억울이니 하여 복수적 악의를 일으켜 그 감정의 분기점에서 스스로 취하여 생사적 위험한 길로 떨어지게 되는 것을 느끼게 되었다. 남에게 분함을 당하였다고 부아가 터진다는 것은 공연히 자취自取한 손해인 것을 알게 된 것이다.

고락이나 행불행이 오직 내 정신 작용임을 알게 되니 내 마음 하나로 편하고 편찮게 될 바에는 아무튼 편하고 볼 일이 아닌가.

그때 내 나이 겨우 열한 살, 지금 생각하면 이렇게도 용통한 인간이 그런 영리한 생각을 한 것은 스스로도 기적적으로 느껴진다. 그 후로 더욱 더 자세하게 알게 되었다. 자기 생각을 자기가 못 쓰게 된 것은 인간이 인간적인 자신의 정신력을 상실한 까닭임을 느끼게 되어 우선 분통 터지는 고통은 어떤 그악한 경우에서도 당하지 않게 되었다.

나의 신조로 "편찮은 것은 악이다" 하는 그것 때문이다. 내 마음이 편찮을 때 나를 비춰주는 거울이 내 앞에 놓인 것을 알 줄 알면 인간될 가능성이 충분한 것이다. 편하고 편찮은 것이 오로

지 나 자신인 것이다. 몸이 편찮은 것도 자신이 지은 악의 반영이지만 마음 편찮은 것은 더욱 더 큰 악업의 반영임을 누구나 다 알게만 된다면 세상은 자연 평화로워질 것이다.

나는 동무 간에도 성낼 줄 모르는 아이라는 별명을 들었다. 어느 여름 방학 때에 고향으로 돌아가는 학생들의 차 속, 한 동무가 내 옆 창가에서 손을 좀 다쳤는데 어찌나 짜증을 냈던지 다른 동무들이 "원주(나의 본명)는 머리가 깨어져도 저러지는 않을 것이다"라고 말했던 것이다.

그런 말로도 내가 어렸을 때부터 얼마나 누그러지게 행동했는지 알 일이다. 심덕이와 그런 일이 있은 그 이듬해에 또 심덕이와의 사건이 생겼던 것이다.

어느 날 어째서였는지는 모르나 해가 기울어진 저녁 때 내가 학교에 갔더니 심덕이가 "선생님이 귤 궤짝을 발라서 만든 책상은 모시 장판을 상하게 하기 때문에 모두 가져가라고 하셨어"라고 하는 것이었다.

나는 "나는 그럼 오늘 미리 가져가지" 하고 집으로 가지고 왔다.

그 이튿날 선생은 나만 책상이 없는 것을 보고 왜 책상이 없느냐고 하는 것이었다.

내가 심덕이가 하던 말로 가져간 이유를 말했더니, 그것이 없으면 책은 어디에 넣고 무엇을 받쳐 놓고 글을 쓰겠느냐고, 누가 거짓말을 했는지 따지는 것이었다.

심덕이는 또랑또랑한 태도로 내가 언제 그런 말을 하더냐고 내게 대어드는 것이었다. 어이없는 일이지만 똑똑하지 못한 나의 말은 여무지지는 못하였을 것이다. 심덕이는 도리어 기가 막히다는 듯이 끝내 내게 대드는 것이었다. 굼벵이인 나의 말은 아무래도 어름어름거리며 분명하지는 못하였을 것이다.

예수교 교리에 거짓말은 크게 어긋나는 일이므로 도저히 그냥 넘길 수는 없는 일인데, 누구의 말이 거짓말인지 도무지 판가름을 할 수 없었던 선생은 할 수 없이 두 아이를 다 엄벌하기로 하였다. 물푸레 채찍을 한아름 해다놓았다. 나는 무서운 생각도 억울한 느낌도 원망스러운 감정도 도무지 없고 다만 의외의 광경에 직면한 그 의혹이 내 가슴에 꽉 찼을 뿐이었다.

아무래도 심덕이가 좀 더 의심스럽던지 심덕이를 먼저 나서라는 것이었다. 심덕이는 얼굴이 새파랗게 질려서 좀체로 일어서지 않고 있다가 선생의 엄명에 못 이겨 억지로 종아리를 걷고 일어섰는데, 채찍이 철썩하고 종아리에 휘휘 감기면서 미세한 가루까지 풀썩 풍기자 종아리는 붉고 푸르게 톡톡 솟아올랐다. 심덕이는 털썩 주저앉으며 종아리를 두 손으로 움켜쥐고 몸을 비틀며 소리소리 질러 통곡하는 것이었다. 선생의 표정은 평소와는 아주 딴판이었다.

한문을 아는 중년 부인으로 언제나 웃음기가 가신 적이 없던 그 얼굴은 엄숙하고 신랄한 한 법관의 표정으로 변한 것이다. 심덕이는 딩굴다가 등어리에 매가 올려져야 죽을상으로 겨우 다시 일어나고 다섯 대를 맞을 때마다 그렇게 하였으니 악착스런 그 시간은 거의 한 시간은 걸렸을 것이다.

내 차례에 나는 서슴지 않고 선뜻 일어서서 뻣뻣하게 버티고 있었다. 다섯 대가 연방 내리쳐졌다. 철썩철썩 들리는 매 소리와 함께 무슨 물체가 종아리에 슬쩍 스쳐 가는 것을 희미하게 느꼈을 뿐 아무런 감각도 없었다. 집에 돌아와 만져보니 굵은 채찍이 그대로 척척 휘감긴 듯 두드러져 있었던 것이다.

아프다 슬프다 하는 것이, 모두 느낌을 그 당처當處에 둔 까닭이다. 느낌은 한 자리에 두 느낌을 가지지 못하기 때문에, 느낌을 모은 한 군데가 몹시 아프면 웬만큼 아픈 다른 데는 느껴지지 않는 것은 누구나가 다 체험하는 것이다. 결국 느낌이란 것은 느낌 자체가 있는 것이 아니라 느낌이 느끼기 때문에 감각하게 된다.

나는 여덟 살 때에 아프다는 것은 아프다는 느낌을 두는 데 느껴질 뿐, 아프다는 느낌만 없으면 아픈 생각도 나지 않는다는 것을 두 번이나 경험하였다. 내가 어렸을 때 북쪽에서는 처녀나 새댁은 귀고리를 달았다. 나는 귀고리 유행이 거의 다 지나간 때라 엄마가 반대하는 것을 무릅쓰고, 혼자서 내 귀를 뚫는 데 그냥 바늘로 뚫어 실을 꿰두어야 하였으나 비벼서 신경을 마비

시키지 않아도 아픔을 느끼지 않았고, 또 엄마 몰래 팔뚝에 문신을 할 때도 혼자 먹물 실로 바늘을 꿸 때 좀 아팠어도 그대로 꿸 만하였다.

그러므로 느낌은 자체가 없으므로 내가 느끼지만 않으면 느낌이 없다는 것을 알았다. 느낌만 없으면 고통도 쾌감도 다 없어지는데 생사가 있을 리 없는 것이다. 느낌의 신축伸縮을 자유로 하게 되면 대자유인이 되는 것이다.

아무튼 심덕이가 글재주는 나보다 없었던 듯하다. 내가 아랫반이어서 잘은 모르지만, 그런 심덕이는 수완이 좋고 사건에나 일에나 교제에나 다 능란하고 부모에게도 효성스러웠던 것이다. 열서너 살부터 그 부모와 자기 형제의 옷을 다 꿰매고 조석도 다 책임지면서도 여전히 학교에 다녔던 것이다.

내가 소학을 마치고 이화학당 기숙사에 들어온 후로 심덕이도 졸업하고 평양에 있는 정의여자중학교正義女子中學校로 갔다는 말을 들었는데 그 후에는 동경에서 어느 음악 전문학교를 마쳤다는 소식을 들었고, 또 그 후로는 한국 음악계에 최초의 가수로 등장하여 부모를 모시고 서울로 이사왔다는 소식을 들었다.

심덕의 집은 가난하고 부모도 나이가 많았고 나이가 많으니만큼 교육열이 그리 넉넉하지도 못할 텐데 자기 남동생의 학비까지 주선해주며 자기도 전문학교까지 마쳤으니 여인으로 활약의 힘이 얼마나 놀라웠는지 알 것이다. 아무튼 잘난 여인이었다.

그만큼 잘난 심덕이는 생활은 활발하고 싱싱하고, 호화판인 줄로 알았던지 여인의 사십은 생의 종막이라고 자기는 사십 세까지만 산다는 말을 하며 결정심의 표정을 보이더라는 것이었다. 마음이 팔자라 그 마음은 실현되고야 만 것이다.

사십 세 때 전라도 부자의 아들 김우진이와 태평양 바다 가운데서 투신 정사情死를 하였던 것이다. 푸른 하늘 밑에서 넘실거리는 만경창파와 싱싱한 두 몸이 함께 풍덩 빠지는 멋진 죽음을 하여, 가없이 넓은 바닷속에서 두 혼이 이별 없는 생을 자유롭게 살아보자는 약속이었던지도 모른다.

그러나 그가 남긴 〈사死의 찬미讚美〉를 보면 그런 희망적인 죽음도 못 된 것이다.

"광야에 달리는 어리석은 인생들아! 네 가는 곳 그 어디냐!"라는 구절만 보더라도 대장부적 여인의 생각이 그렇게도 근시안적이라는 데는 놀라지 않을 수 없는 것이다.

'춘초는 연년녹하되 왕손은 귀불귀春草年年綠王孫歸不歸'라는 그 말과 마찬가지 뜻인 것이다. 봄풀은 해마다 해마다 푸르러지지만 왕손(죽은 사람)은 돌아가고 돌아오지 않더라. 죽은 뒤에는 그만이라는 뜻이다. 풀도 씨가 있고 뿌리가 있어 봄마다 봄마다 푸르러지는데 만물 가운데 가끔 귀한 인간이 어찌 없어지고 말 것이며 가장 미약한 생인 풀까지 되살고 되사는데 생의 주재자가 죽으면 그만이라는 그런 근시안적 생각이 인간의 정신이라고는 못 할 것이다. 그리고 인간의 피조물인 산하대지가 윤회적으로 무궁하게 상속되고 있는데 그 주인공인 인간이 어찌 없어져 버릴 것인가. 아무튼 만물의 주인으로서 자격을 상실한 사람만이 사는 인간 세계가 아닌 인간 세계가 오늘 이 세계다.

어쨌든 인간이지만 전체적 생명을 상실하고 파편적인 생명의 의존인 좁은 테두리가 꽉 막혀버렸으니, 바늘구멍만큼이라도 뚫려야 테 밖을 내다볼 것인데 근시안적인 테두리 속에서는 아무리 위대하고 영리한 인간이라도 창구멍이 어디 있다는 것을 가르쳐주어야 하는 것이다. 그런데 애석하게도 나혜석이나 윤심덕 같은 잘난 여인들도 듣지 않고 듣지 못한 까닭에 비참한 최후를 맞은 것이다.

육체는 다함이 없이 갈아입을 의복이다. 그 육체가 하나 망한 것쯤 무슨 문제가 되랴만 무량수의 목숨을 지닌 그 마음의 죽음을 울어 마지않는 것이다.

근대에는 위대하고 현명한 인간들이 모두 선생을 못 만나서 아깝게도 앞날에 어떤 생활이 있을지 모르는 자신 없는 생각으로 죽음의 고개를 넘은 사람들이 허다하다는 것을 세계적 명작이나 선각자의 저서 같은 것을 읽어보아도 알 수 있는 것이다.

아무튼 생령은 모두 다 같이 이생에서도 잘 살아갈 생명력을 넉넉히 가졌고, 넉넉히 가진 만큼 내생 준비는 더 많이 할 수 있는 데도 불구하고, 천년만년, 억만 년의 암흑세계를 스스로 택하여 스스로 간 친구를 위하여 나는 얼마나 억울한지 울어서 울어서 매일 울어다 다시 불러 올 수 있다면 울어나 볼 것이다. 이 원력原力으로 어느 세상에서라도 만나 권해볼 수는 있을 것이다.

세속 인간들은 우리의 삶에 비하면 가장 짧은 이 한평생의 행불행도 큰일이라 하지 않는가. 그러면서도 도리어 끝나는 날이 없는 자기의 전정을 어찌 생각하지 않느냐는 것이다. 세세생생世世生生 살아갈 생의 전정을 위해서라면 생명의 의복에 지나지 않는 이 육체의 죽음쯤이야 무슨 문제가 되랴. 다만 죽음에 대한 대비가 없는 일, 즉 살아 있을 때에 확립시키지 못한 정신으로 더구나 우주의 은혜도, 인간의 책임도, 부모의 애통도, 모두 불구한 천하에 사할 곳이 없는 오역죄五逆罪를 범하는 줄을 모르고, 오히려 죽음을 찬미하여 죽은 그들의 무궁한 장래를 위하여 우주가 통곡하는 것이다.

조물주가 있다는 이들도 자살에 대한 앎이 있다면 조물주의 실수 중에서 가장 큰 실수는 자살자를 낸 것이라 할 것이다.

아무튼 현재 인형이라도 가지고 사는 그 위치마저도 보전하지 못하는 줄도 모르고 도리어 그 위치나마 스스로 깨뜨려버리는 무지한 인간의 전정은 향하일로밖에 없을 것이 아닌가.

아흔을 살아갈 길의 가르침을 못 받은 그 탓뿐이다.

"무지가 죄다"라는 말이 가장 옳은 말이다.

행복과 불행의 갈피를 헤맨 여인들

행복을 얻은 두 여인

장애련 張愛蓮

애련이 태어난 곳은 평양성 밖에 있는 조그만 마을이다.

장 진사라는 양반의 막내딸로 태어나서 남다른 귀여움을 받으며 자라온 애련은 본래 아름답고 귀엽게 생겨서 누구에게나 귀여움을 받게 되었는데 그중에서도 집에 자주 놀러 오는 오빠의 친구가 오빠보다도 더욱 애련을 귀여워하기 때문에 애련이도 오빠의 친구인 이 씨라는 청년에게 호감을 가지고 오빠보다도 더 따르게 되었다.

이 씨가 오지 않는 연(애칭)도 흥미를 잃어버린 하루를 지내게 되었다. 그렇게 지내는 동안에 이 씨는 동생으로서의 정을 넘은 사랑으로 대하게 되었다.

그러나 천진한 소녀 연은 다만 무흠한 오빠로 여겨 동생 이상으로 어색하고 무례하게 행동하는 이 씨를 아무 거리낌없이 그대로 따르고 있었다.

여자 다루기에 익숙한 이 씨는 연이 순순히 응종應從할 만큼 오랜 시일을 두고 농 섞어서 결국 연의 정조까지 빼앗았다. 연도 자연 이성으로서 따르게 되었다.

이 씨는 연보다 나이는 칠팔 세밖에 차이가 없었으나 이미 한 아이의 아버지였다. 그때는 아무리 귀한 딸이라도 행실이 부정하면 약사발까지 나누게 되는 것이 양반집 체면 유지책이었다.

연의 오빠나 연의 부모가 알면 큰일이니까 이 씨는 서울로 가서 자기 직장(은행원)을 바꾸고 연을 꼬여 서울로 올라와 성북동에 조그마한 전셋집 하나를 얻어 숨겨진 치가治家를 해놓고 남몰래 한 일 년 살았다.

연은 이 씨가 연회에 가서 오 분만 늦어도 쫓아가서 데리고 올 만큼 이 씨를 구속하였고, 넉넉한 집 귀염둥이로 먹고 쓰고 입는 일에 사치스러웠던 그 풍습대로 월급쟁이의 가난한 살림에는 너무나 분에 넘치는 생활을 했기 때문에 생활비에는 매월 적자가 생겼다.

그래저래 그렇게도 정답던 부부는 싸움의 연속으로 생활하였다.

사무적인 시간이 있었을 때 외에는 십 분도 늦어본 적이 없는 이 씨는 밤을 지내고 오는 날까지 있게 되었다. 웃음빛만 보이던 얼굴은 부라리는 무서운 모습으로 변모되는 날이 많아졌다. 남편의 손에 매 맞는 일까지 있게 된 연은 부모와 형제를 영이별하고 천지간에 오직 한 사람을 믿고 따라온 그 한 사람이 그렇듯 의외의 인간으로 변했으니 그때의 절망은 과연 어떠했을 것인가!

더구나 이 씨는 자기보다도 세 살이나 위가 되는 돈 있는 어떤 여인을 새로 사귀었던 것이다.

자기가 지금 어떤 입장에 섰는지도 모르는 철부지의 십팔 세 소녀 연에게 변한 남자는 진절머리날 만큼 억세게 질투심을 발로시켰다. 남자는 직장에서 돌아와도 연을 돌아보지도 않고 냉정한 태도로 자기 방으로 들어갔다.

철부지였던 연은 그때야 새삼스럽게 천애의 고아가 된 자기를 깨달았다. 갈 데도 살 데도 없는 자기 신세를 생각하며 이를 악물고 앉아서 자기가 어떤 자세로 나가야 할 것인가를 생각해 보았다. 다시 올라서지 못할 구렁텅이에 혼자 떨어진 자기가 정말 서럽고 외로웠다. 그런 악몽이 있음을 어찌 알 수 있었을까? 부모가 없나, 형제가 없나, 남만큼 귀염을 못 받았나…. 그런데 오늘 이 넓은 천지에 갈 곳이 없게 되다니….

그러나 어찌하랴, 아쉬워 잡아끌어 놓은 나를 나무라고 그래도 달라붙을 수밖에….

연은 이 씨가 돌아오기 전에 집안을 소제하여 깨끗하게 하고 새로이 화장을 정성 들여 곱게 하고 좋아하는 먹을 것까지 차려놓고 기다리다 안 오는 날은 눈물로 밤을 새우고, 다음 날에 똑같은 성의로 다 준비해놓고 기다리다 못해 마중 나가 행여 잠깐이라도 온화한 얼굴이라도 보여줄까 기다렸으나 돌아오는 날이 드물고 나중에는 자기 방문까지 잠궈버리고 마는 것이었다. 더구나 연은 엎친 데다 덮친 가슴 터지는 절박한 몸이 되었다. 연은 다섯 달 된 태아를 가진 잉부孕婦였다. 버림을 받아도 홀몸이라면 차라리 누구 집 식모라도 되고 그렇지 않으면 죽어도 한 목숨만 죽게 될 텐데…. 죽지도 살지도 못 할 신세! 세상에는 연 같은 신세를 가진 인간이 또다시 있을 것을 생각할 수 없었다. 더구나 남과 다름없는 구족具足한 부모 형제를 두고도 찾아볼 수 없는 신세가 아닌가.

넉 달 전 일이었다.

연의 엄마 아빠가 연 때문에 병이 들고 형제가 출입을 떳떳이 못 하는 중인데 그래도 엄마는 잠꼬대까지 하면서 연만 부른다는 것이다. 그렇게 친척의 연락으로 집안 몰래 그 친척집에서 엄마를 만났다. 엄마는 몰라볼 만큼 여위어서 길에서 언뜻 지나면 몰라볼 것만 같았다.

엄마의 말이 아빠는 늘 사랑방에 누워만 계시고, 형제들도 풀이 죽어 지내지만 아직 남들에게는 동무 따라 서울 가서 어느 학교에 다닌다고 핑계 댔다고 한다. 그러나 장차 다 알게 될 때는 집안 꼴이 무엇이 되며 딸자식이란 너 하나뿐인데, 집안에는 들어서지도 못하게 된 네 신세를 어쩌겠느냐고 하며 엄마는 연을 붙잡고 흐느끼시는 것이었다. 연은 엄마를 만났을 때 자기가 당한 그 일을 차마 말도 못 하고 통곡만 하였다.

여인이 집안을 빛나게 할 일이 뭐 그리 많으랴만 딸 덕에 부원군府院君도 한다는 말도 있는데, 이 못된 딸년은 집안에 수치를 끼치고 자신마저 파멸에 이르게 됐구나, 하는 생각이 연을 더 괴롭혔다.

예전에는 행실 나쁜 딸은 죽여버렸다는 말을 듣고 너무 잔인한 일이라 여겼더니 오늘 생각하니 죽여 마땅한 것을 이해할 것 같았다.

지금은 과거科擧를 보아 벼슬 시키고 문벌門閥로 출세하는 세상이 아니지만, 그때는 집안에 딸자식 하나 때문에 가문이 막혀 벼슬은커녕 갓을 쓰고 출입할 수가 없었다니, 자기의 달콤한 사랑 하나 때문에 가문이 막히고 조상에게까지 수치를 끼치게 하는 불효한 기질을 지닌 비인간적인 딸년은 죽여 마땅한 것이다.

그렇게 생각한 연은 그래도 스스로 죽을 수는 없었다.

그래서 굴욕과 원심을 억누르고 억지로라도 미소를 지으며 이 씨 가문에 들어가기로 했다. 옷자락에 매달려 너그럽게 용서해달라고 까닭도 없는 사과를 빌기로 했다. 그러나 말을 할 여유도 없이,

"눈에 뵈지 말라는데 왜 이래, 널 이뻐서 데리고 나온 줄 알아, 네 떨거지들이 무서웠기 때문이야, 인제 너 같은 년은 네 떨거지들도 돌아볼 생각이 없게 됐어! 이제 네까짓 것쯤 나도 버려 두 돼!" 하며 때리기까지 했다.

오직 한 사람만 있으면 된다고 그런 불측한 사람을 믿고 따라나온 연의 어리석음! 그래도 모진 목숨 죽어지지 않고 그때까지도 할 수 없이 이 씨의 마음을 돌리지 못하는 자기가 부족한 것인가 해서 생각만 해보았다.

얼마 동안인지 이 씨는 돌아오지도 않더니 어느 날은 시골에서 올라온 듯한 중년 여인이 와서 이사 올 텐데 언제 나가느냐는 것이었다.

연은 그래도 집에서까지 내쫓길 일은 생각지도 못했는데 나중에 알고 보니(이 씨는 정부와 함께) 전셋돈까지 찾아 일본으로 취직 자리를 얻어 가버렸다는 것이다.

연은 그래도 숨이 끊어지지 않았다.

그래도 죽지는 못했다. 이 씨의 친형이 산다는 평북 정주定州를 찾아 연은 아이라도 낳아 맡기려고 갔던 것이다.

거기서 연은 욕심으로 아들을 낳아 기르며 행여 아이 때문이

라도 이 씨의 마음이 돌아올까 하는 희망으로 이태를 지냈다. 그러나 이 씨에게는 편지 답장도 소식도 없었다. 실은 이 씨의 편지가 오는 것을 숨겼다는 것이다.

하도 딱하니까 맏동서가 하루는 자기 남편의 호주머니에서 편지를 꺼내보라는 것이다. 떨리는 손으로 꺼내 보니

"…글쎄 그 여인을 다시 대면하지 않겠다는데, 형님은 그 여인을 보내지 않고 왜 그런 말씀만 늘 하십니까? 그런 여인은 살림을 못 할 여인일 뿐만 아니라, 첫째 그 여인을 생각만 해도 진절머리 나는 것은 어찌합니까? 아니 문제는 데리고 가든지 두든지 마음대로 하라지요. 아무튼 그 여인이 형님 집에 있다면 저는 형님도 대할 맛이 없습니다. 그렇게 알아주시기 바랍니다."

연은 말 그대로 눈앞이 캄캄해졌다. 그래도 행여나를 바랐던 연 자신이 너무나 비굴하였다. 그때는 눈물조차 날 여유가 없었다. 이가 갈리고 몸이 굳어지기만 했다. 아무 데로나 떠나자! 쌀봇짐도 없지만 몇 가지 옷을 쌌다. 연은 하염없이 눈물을 흘리면서 집을 나섰다.

연은 어린아이를 두고 가기가 안타까워 견딜 수가 없었다. 아이는 울다가 지쳐서 대문턱에다 파란 저고리 소매를 깐 팔에 고사리 같은 손을 베고 엎드려 자고 있었다. 이제는 다시 못 볼 것을 생각하니 기가 막혔다. 어미의 손에서 아무것도 모르고 천진하게 커야 할 어린 것이 누구의 손에서 어미를 그릴 것인가?

눈물이 어른거리기는 하고 발길은 무거운데 더욱이 어디로 향할 바를 모르는 발길이었다.

연은 한참을 무작정 걸으면서 어디를 가야 할까를 생각했다. 그러다가 문득 아이까지 배고 또 볼 낯이 없어 못 찾았던 언니, 소사에서 병원을 경영하는 친언니를 찾기로 하였다.

언니는 죽었다 살아온 동생을 만난 듯 반겨 주면서 동생의 일동일정—動—靜을 돌봐주었다. 동생을 병원에 두고 약제사 겸 간호원 겸 예과 의학생 겸으로 필요하게 쓰이게 만들었는데, 갈수록 태산으로 형부가 또 색다른 눈으로 연을 바라보는 것이었다.

연의 입장은 또 난처하게 되었다

형부에게 냉정하게 대하면 형부가 연에게 거칠게 대하게 되고, 거칠게 대하면 언니는 동생 하나 있는 것이 싫어 그런다고 짜증을 내어 부부 간에 다툼이 생기겠고, 형부의 뜻을 받아 형부에게 부드럽게 대하면 언니에게 배반자가 되겠고….

세상에서는 웬만한 일에도 기막히다는 말이 상투어로 되어 있지만 연의 이런 경우야말로 참으로 기가 막혀서 숨쉬기 곤란하게 된 때였다.

연은 또다시 갈 데 올 데 없는 신세가 되었다. 용기 없고 마음이 약한 연은 참으로 암담한 시간을 기계적으로 살고 있는 판이었다.

하루는 약을 찾느라고 약장을 향해 돌아섰을 때 형부가 뒤에서 껴안는 것을 언니가 보게 되었다.

믿던 남편과 사랑하는 동생에게 배신을 당한 언니는 울며 불며 둘을 향해 욕을 퍼부었다.

연은 덮어놓고 그 곳을 뛰어 나왔다. 얼떨결에 향방도 목적도 없이 아무 데로나 닥치는 대로 걸었다. 어떻게 걸었는지 서울역까지 닿았다. 인제는 정말 죽을 길밖에는 내게 남지 않았다고 연은 생각하였다.

어차피 죽음의 길을 피할 도리가 없는 것을! 진작 결행하지 못한 자신이 얼마나 어리석었는지 모른다는 생각으로 혼자 실소하였다. 모든 것이 그때는 청산된 듯하였다. 연은 모든 문제가 해결된 때와 같은 안도감을 느껴보려고 하였다.

남는 것은 어디서 어떻게 무슨 방법으로 죽느냐? 그런 생각에 잠겨 역 대합실에서 차 시간을 기다리는 사람처럼 얼마 동안 앉아만 있었다. 그때 마침 금강산으로 여행을 떠나던 친구를 만났다. 그 친구는 연의 사정을 대강 아는 터여서 복잡한 심사도 풀 겸 같이 가자고 연을 잡아끌었다. 그저 되는 대로 따라 나섰다. 피난길 같은 기분으로 나선 것이다.

처음 보는 천하절경인 금강산도 연에게는 희한하게 보이지 않았다. 그저 덤덤한 채 어디 죽을 만한 자리나 골라야겠다는 생각뿐이었다. 밑 없는 아슬아슬한 벼랑에 기암이 높이 솟아 있어도 거기서 떨어져 죽고 싶은 생각뿐이었고, 웅장한 폭음을 지르며 쏟아지는 폭포수를 보아도 그 속에 끼어 떨어져 죽는 자신의 모습만이 연상되었다.

이 만폭동에 이르렀을 때였다. 연은 여기가 좋겠다고 생각했다. 죽는 것도 이 절경에 묻혀 저 폭음과 함께 사라져버리고 싶었다. 죽음을 단념한 듯이 태연한 척하는 연을 그래도 그 친구는 연에게 주의를 게을리 하지 않았던 모양이다. 연이 만폭동 폭포수에 빠지려는 순간, 그 친구는 재빨리 연을 붙들었다.

한 번 실패한 연은 그저 멍멍한 심정으로 끌려 돌아왔다. 날이 저물어서 닿은 곳은 신계사 대성암이었다. 무슨 변이 또 일어날까 하여 여전히 붙어 다니는 친구와 함께 그 절에 있는 여승들을 만났다. 그날 밤 연은 삭발하기로 하였다.

그 후 연은 은사인 스님이 수덕사 견성암으로 이사올 때 같이 왔다. 내가 연을 만난 것은 그때였다. 연은 다만 죽지 못해 멋모르는 중이 된 것이었다. 그러니 법문을 들어도 무슨 의미인지, 또는 중노릇을 왜 하는 것인지를 알 턱이 없었다. 그저 머리만 깎은 억지 중으로 지내는 것이었다. 절 살림도 살림살이라 낮에는 분주하게 지내게 되어 그럭저럭 지나다가 밤이 되면 어린 것에 대한 암담한 생각이 무엇인지도 모르게 아쉽고 안타까운 심정뿐이었다.

그리고 더할 수 없이 비정하게 대해주던 사람이었을망정 그래도 메울 길 없는 연의 빈 가슴에는 남편의 그림자가 어른거림을 어쩔 수 없었다.

어렸을 때부터 연에게 사랑을 싹트게 했던 유일한 사람! 부모 형제마저 다 버리고 그 품에 안겨 지냈던 단꿈! 오빠도 되었고 연인도 남편도 되었던 그! 그가 그렇듯 비정한 인물이 되다니 연은 중이 되어 심신이 한가해지자 더욱 그 생각이 심각해졌다. 그러나 이 씨를 잊어버리지 않을 수는 없는 일이었다.

중이 되고 나서는 부모 형제와 연락하게 되었다. 그제는 부모 형제가 오히려 조촐하게 중노릇이라도 하는 것만 다행으로 여겼다. 때로는 중의 생활에서 벗어날까 하는 생각이 들었지만, 중이 아니면 부모 형제를 또다시 대할 수 없는 형편인 연은 억지로라도 중노릇을 해야 했다.

입산 초부터 연은 속세에 있을 때, 나의 시詩를 보고 작자를 사모하였다면서 내가 형으로 여겨진다고 애수에 잠긴 눈망울로 나를 따라다녔다.

중이 된지 한 삼 년 지난 때였다. 그래도 자기 정신 즉 인간적 정신이 과히 믿어지지 않았던 연은 점점 유일의 살길은 불문 중에서 찾게 될 것이라는 것을 알게 되었다.

그리하여 정신을 수습하는 공부에 열중하게 되니 그제는 "숨 쉬고 살 곳도 있는 것을…" 하고 적체가 후련히 내려간 듯한 느낌이 생긴다고 했다. 입산하도록 박대한 원수의 애인을 도리어 은인으로 생각하게 되었다.

처음 입산하고서 연은 여러 가지 번거로운 마음으로 괴로워했다. 첫째는 속세를 잊지 못함이요, 둘째는 속세에서 실패한 사람이 중이 될 자격이 있겠느냐 하는 것이고, 셋째는 차차 지내며 알고 보니 자기와 같은 경우로 입산한 사람이 있게 됨을 알게 되자 아예 이런 사람들이 모두 속죄를 받고 살 수 있겠느냐는 생각이었다.

그러나 날이 가고 차차 절 생활에 익숙해지자 속세의 미련도 희미해지고 마음이 잡혀갔다. 그러면서 스님들이 지도하는 데 따라 불문의 심오한 도에 스스로 깊은 감동을 느끼기 시작했다.

생사고락의 참뜻이 어디서 연유되었고 그것이 무엇을 의미하는 것인지를 알 것 같았다.

그러면서 처음에 가졌던 번민이나 의혹은 속세를 아직 떨어버리지 못한 데서 온 것임을 알았다. 적어도 이 불문의 대열에서 수신하고 도를 닦아간다는 것은 속세에서 생각한 죄의식이나 범속한 체면 따위와는 전혀 관계없이 이대로의 뚜렷한 길이 열려 있음을 알았다. 일체의 속세나 일체의 과거가 물거품화하고 새롭고 온전한 길이 내 앞에 제시된 것이며, 그것은 곧 내가 세상에 태어나면서부터 결정된 삶의 자세를 드디어 찾은 것으로 생각되었다. 원수를 은인으로 생각하게 되는 소이所以도 바로 이것이었다.

연은 죽음의 바로 직전에서 도리어 영생적 생명을 회복하게

된 것이었다. 이것은 간단히 한 파란 많은 여인의 입산 경위로
그치는 것이 아니다. 연의 새로운 출발은 적어도 환생의 의미가
있다. 연과 똑같은 삶은 아니었다 해도 이와 유사한 사람은 얼
마든지 있다. 그들도 나는 연과 똑같은 마음으로 친구로 생각하
고 있다.

이순실 李淳實

이순실은 이름 그대로 순실한 처녀였다.

강원도 철원에 양가집 처녀로 십오 세에 강경식이라는 십삼
세의 강 씨 집의 외아들인 신랑에게 시집을 갔다.

중농가도 채 못 되는 농가의 집인데 신랑은 서당에 다니는 초
립동이. 성미가 괴팍스러워 서당에서 돌아와 부모가 없을 때 혼
자 점심상을 받게 되면 제 딴에는 아내를 업신여김인지 만만해
서인지 반찬이 변변찮다고 차 던지는 일이 한 달에도 몇 번씩이
나 있었으며, 옷이 안 맞는다고 뜯어버리기도 하였다. 이런 학
대를 받으면서도 순실은 철이 나서 신랑 구실을 할 때를 기다리
고 눈물을 웃음으로 바꾸며 참아갔다는 것이다.

신랑은 열아홉, 신부 이 씨는 스물한 살에 맏딸을 낳았는데 신
랑은 서울 유학을 가서 의학을 공부하는 중이었다. 방학 때 집에

돌아와서도 신부가 아랫목에 파묻어놓은 떡이나, 틈틈이 모아둔 알밤이나, 혼솔마다 정성껏 지어놓은 옷가지를 꾸려 가지고 가면서도 신랑은 신부 방에는 들러 보지도 않았다는 것이다.

순실은 한 해에 한두 번씩 돌아오는 신랑과 마주 서보지도 못했고 몰래 신랑 자는 방 담 밑에서 밤을 새우는 때가 없지 않았다는 것이다. 그래도 원망하지 않고 어느 때나 찾아 주는 날이 있기만 기다렸다는 것이다.

학생은 그렇게 하는 것인가? 하고 다만 어느 때나 신랑의 웃는 낯을 홀로 그리고 고된 시집살이를 참았다는 것이다. 그러나 종순하기 그지없고 착한 며느리이며, 어진 아내인 그에게 뜻밖의 일이 생겼다.

동리의 아이들까지 알았다는 그 신랑의 일을 그 아내만은 몰랐던 것이다. 그는 누가 엇비슷이 들려주어도 못 알아들었다는 것이다.

어느 여름 방학에 어쩐 셈인지 굳은 표정으로 삼 년만인가 처음으로 아내 방에 들어온 남편이 전에 없이 은근한 태도로 아내를 쳐다보며 망설이다가 또다시 머뭇거리다가 호주머니에서 무슨 종잇장을 꺼내어놓더니 지장을 찍으라는 것이었다. 왜 찍으라는지 묻지도 않고 찍으니 남편은 그 종이를 호주머니에 넣으면서 "우리는 이것으로 이혼이 된 것이오" 하고 휙 나가버리는 것이었다.

이혼이 무슨 소리인지도 잘 모르지만 아무래도 좋은 소리는 아닌 것 같았다. 설마 헤어진다는 소리는 아니겠지…. 꺼림칙하기는 하지만 그래도 남편을 믿는 마음에서 자기가 잘못 들었을 것이라고만 생각하고 있었다는 것이다.

말 좋아하는 동리 여인들도 너무 순량한 그에게 말도 못 하였던지 온 동리가 다 수군거려도 순실은 알아볼 생각도 아니 했다는 것이다.

경식이는 순실이가 잠 못 자고 짜낸 피륙 자투리와 쌀말을 판 돈을 학비에는 쓰지 않고 딴 여인에게 쓰고 있었던 것이다. 물론 학교에도 다니지 않았던 것이다.

나중에 이혼한 아내는 본가에 내버려둔 채 세 마지기 논을 팔아 서울에서 결혼하여 셋방을 얻어 새 아내와 살다가 맏아들까지 낳아서 데리고 돌아왔다.

더 슬플 수 없는 순실이었지만 죽어버릴 생각도 나지 않았다는 것이다.

모진 목숨을 끊을 수도 없는 순실은 그래도 그들의 부엌데기 노릇을 해도 좋으니 덧붙이 생활을 해달라고 간청하였으나 기어이 쫓겨나게 되어 네 살배기 딸을 업고 울면서 친정으로 갔다. 그러나 친정 부모도 없는 올케 손에서 땀의 값을 치르는 밥이지만 그 밥을 얻어먹기는 과연 어려웠으며, 또한 오라버니도 촌농부라 속아서 이혼까지 당하였다는 사실은 모르고 그저 서울에서 첩을 하나 얻어 왔다는 것만 알기 때문에, 시앗 꼴쯤 보게 되는 일은 한국 가정에서는 예삿일로 알고 있었다. 그래서 여자는 남편의 집 밥을 먹고 사는 법이라고 첩과 동거하거나 별거하거나 남편한테 가 있으라고만 강권하기 때문에 순실은 소가 푸주로 끌려가는 듯한 심정으로, 걷기도 업기도 어려운 다섯 살짜리 딸을 데리고 오십 리 길을 남편이라고 찾아갔다는 것이다.

남편은 들에 나가고 새댁은 방에서 내다보고 얼굴이 파랗게 질리면서 미닫이를 싹 닫아버리는데 마침 시집 일가인 할머니뻘인 노파가 따라와서 건넌방으로 들여보냈다는 것이다.

시장하고 피곤한 것도 잊어버리고 다시 쫓겨나지 않기만 빌고 있는데 안방에서 일가 되는 다른 여인들이 모여서 새댁한테 본처 박대하지 않아야 자식도 잘 기르고 집안이 무사하다는 권고를 하는 모양이나 새댁은 끝내 불응하는 모양이었다.

저녁 때 남편이 돌아왔으나 본처를 두둔하는 여인들 때문에 순실이한테 불순한 태도는 보이지 않았지만 불쾌한 표정으로 안방으로 쑥 들어가버릴 때 순실의 마음은 아주 캄캄한 절벽이 되어 가쁜 숨과 함께 더운 눈물이 펑펑 쏟아졌다는 것이다.

처음 올 때 따라왔던 그 할머니와 같이 자고, 날이 새면 동리 사람들의 연락이 그치지 않으므로 남편의 행패는 당하지 않고 한 달이나 지냈는데 순실은 그동안에 쫓겨나지만 않을 양으로 갈빗대가 휘도록 무슨 일이고 힘써 하였다는 것이다.

한 달이나 지난 어느 날 방아를 찧으러 가서 해가 저물어 어둑어둑할 때 대문간에 들어서니, 마침 딴 동네에 사는 육촌 동서가 여섯 살 먹은 딸을 데리고 와서 사나흘 묵고 있었는데 그 조카딸이 마중 나오면서 "큰엄마! 저녁밥 먹지 마. 죽어." 하더라는 것이다. 가슴에서는 덜컥하는 소리가 들렸다 한다.

저녁상을 받고 앉아서는 중추가 콱 막혀서 눈물만 흘리고 있었다는 것이다. 불도 안 켜서 얼굴도 안 보이는데 남편과 새댁은 전에 없이 친절하게 추운데 애썼다고 하면서 식으니 어서 저녁을 먹으라고 하는 것이었다.

발이 좀 시렸던 탓인지 뱃살이 꼿꼿해 와서 못 먹겠다고 하는데도 그래도 몇 숟갈이라도 뜨라고 자꾸 강권하는 것을 상을 얼른 들고 나와서 밥을 그릇에 뜰에 던졌더니 개가 집어먹더라는 것이다. 먹고 나서 금방 펄펄 뛰다가 죽어버렸다는 것이다.

그때야 그렇게도 미련한 순실이도 남편의 마음을 확실히 알고 하나 믿던 딸까지 버리고 친정으로 밤길을 달려왔다는 것이다.

마침 금강산 장안사에 가서 중이 된 일가 조카뻘 되는 이의 인도로 금강산 법계암이라는 데 가서 중이 되었으나 불법을 모르고 입산했기 때문에 삼 년간을 신세 한탄만 하고 울고 살았다는 것이다.

그래도 불전에 인연은 있었던지 삼 년을 지나고 나니 그때야 내가 얼마나 어두운 인간이었다는 것이 느껴지기 시작하였다는 것이다.

마을에서 부부가 화락하게 잘 살아간댔자 그 시간이 얼마나 길며 내 남편, 내 아내, 내 자식에게만 꽁꽁 뭉쳐진 그 애정, 그 반면에는 미움과 질투의 무서운 얼굴을 가지고 뒤집히기를 기다리기 때문에 장차 갖은 차탄과 차질이 생기게 되는 것이요, 그 뭉쳐진 애정 때문에 나는 점점 쪼그라들기만 하는 것을 알지 못하였던 것이다.

한평생뿐 아니라 몇몇 평생이라는 것 우리가 살 수명에 비하면 가장 짧은 순간인데….

아무튼 잠시의 적막을 찾아 길이길이 누릴 안전지대를 얻어야 할 것을 순실은 안 것이다.

더구나 그 애정을 고루 펴서 평등애로 넓게 넓게 쓰게 되면 대아大我를 이루고 따라서 언제나 누릴 오랜 안평安平을 얻게 될 것인데, 그것을 가르치는 불문에 들어온 것도 모르고 삼 년간이나 세속 악마인 남편에 관한 한스러운 추억과 비애로 장삼 자락에 눈물을 떨어뜨리고 지냈던 것이다.

그때 마침 이 수덕사에 계신 만공스님이 자기가 있는 암자에 들르신 일이 있어 법문을 듣고 더구나 이 길밖에 살길이 없다는 것을 절실하게 깨달았다는 것이다.

그때는 그 악마 같은 남편이 오히려 자기를 영원히 살려준 은인처럼 생각되었다는 것이다. 그래서 제일 수도장인 이 수덕사까지 찾아오게 된 것이라는 것이다.

그렇듯 어둡기만 하던 이순실이 어떤 지식인도 느끼지 못하는 가장 큰 지혜의 씨를 속에 지니고 있었던지, 이제는 자신도 생명적인 인간이 되고 또 인천人天의 스승이 되고 혜진慧眞, 이순실의 불명佛名이 될 줄을 누가 알았으랴!

혜진 비구니는 콩나물을 다듬느라고 나와 마주 앉았을 때 지난날의 그 슬픈 이야기를 어떤 다른 사람의 이야기처럼 무심한 표정으로 조용히 담담하게 하고 있었던 것이다.

곱게 된 마마 자국은 많으나 희고 갸름한 정돈된 얼굴이 여자다운 여자이지 소박데기의 티는 없어 보이는데….

아무튼 잘된 소박데기이다.

손상좌孫上座의 유서

노스님 전 상서

만 오 년간이나 그렇듯 간절하게 가르쳐 주신 그 은혜를 유서로 갚게 되옴은 깊게 죄송하옵니다.

그러나 눈물 없는 유서로 긴 사설을 쓰게 된 것은 오히려 자랑스러운 듯한 느낌입니다. 그런 여유를 가지게 해준 노스님의 그 큰 가르침에 감격하는 비장한 결정심에서 나온 행동인 때문입니다. 노스님께서, 짐승의 예배를 맡더라도 부처님께 인가를 받지 못한다면 가치 없는 존재라고, 오직 먼저 내 존재를 불사르고 일체화의 정점을 향하여 산을 넘고 들을 건너야 할 뿐이라 하였습니다.

더 어려운 앞일을 바라보며 당면한 일을 쉽게 치러 넘기지 못한다면 성장을 결코 바랄 수 없는 것이라고, 공부에 대한 장애물 중에서도 사랑의 힘은 최고 극말적인 것이라 그 힘은 최후까지 계엄하여야 한다고 하셨습니다.

수행인이 처음에는 초발심적 용기로 존재의 보존을 위해 먹고 자지 않을 수는 없다지만, 어느 겨를에 이성이 그리워지겠냐는 생각을 하게 될 것이라고 하셨습니다. 그렇지만 긴장감도 주기적으로 흐르고 내리기 때문에 순간적인 유혹으로 영원한 생명적 위기가 오는 것이니 주의에 주의를 더하여야 한다고 하셨습니다.

칼끝의 단꿀은 한 생명만 없애지만 사랑의 단꿀 한 방울은 천만 목숨보다 귀한 생명을 해치니, 그런 유혹에 못 견디겠으면 스스로 한 목숨을 끊어 정신적 생명을 살릴 수 있으니, 그런 용단적 행동도 찬성할 만하다고 하셨습니다.

그러므로 도인상좌道人上座가 사랑의 매혹으로 영생적 생명을 잃어버리게 된 스님을 죽음으로 유혹하여, 그 혼을 좋은 모태로 입태시켜 오 세 때 데려다가 곧 성불시켰기 때문에, 그 스님이 성불한 그 암자를 오세암五歲庵이라 하였다고 하셨습니다.

어떤 사미沙彌, 어린 사내 중은 목숨을 버릴지언정 금계禁戒는 범하지 않겠다는 사신서원문捨身誓願文을 써놓고 자살하였기 때문에, 그 상대인 처녀도 제도되고 자신도 성불하였다고 말씀 하셨습니다. 그 사미의 글귀를 후세 사람인 젊은 중들의 거울이 되게 하기 위하여 종송鍾頌에 넣어 새벽에 쇠를 칠 때마다 소리 높여 쇳송을 하는 것이 아니냐고 하셨습니다.

미손迷孫에게, 너는 첫째를 하겠다는 목적을 위하여 소학에서 고등학교를 마칠 때까지 열심히 공부를 하였으므로 두 급씩 월반越班을 두 번이나 하여 십오 세 어린 나이로 대학에까지 입학하게 되었고, 너같이 만능이라 할 만큼 다각적인 뚜렷한 소질을 가진 소녀는 생전 처음 보았다고 하셨습니다.

그것은 전세前世에 정진한 덕으로 어느 정도 일체화의 소질이 파악된 증명이라고. 그만한 정신력은 사랑의 힘인 열정도 그만큼 지녔을 것이니 걱정 말라고. 항상 상단불上壇佛 보살께 하단 외호신下壇外護神께, 사랑이란 가장 가누기 어려운 그 매력적인 마장魔障과 그 밖에 중노릇하는 데 구애되는 것 일체를 소제해주십사 빌기를 게을리하다가는 큰일 난다고 하셨습니다.

티끌같이 많은 세계, 진공眞空같이 다함이 없는 때에, 가장 행복하게 인형이라도 가지게 되었고 보다 더 어렵고 귀한 불법을 만났으니, 만일 놓치면 다시 어느 때 또 기회가 오겠느냐고 노스님께서 말씀하실 때마다 미좌迷佐는, 노스님은 삼십 년이나 참선하시면서 타심他心 하나 통하시지 못하기 때문에 남을 믿지 않으시고 이렇게도 무서운 결정심을 몰라보는구나 하는 엷은 반발심에 가슴에 잠깐씩 답답할 적이 있었습니다.

동무들끼리 모여 앉으면 그런 문제가 나올 때도 있었는데 미손은 "이 법은 하느님도 모른다는데, 다시없는 이 좋은 법 밑에서 물러나 가시덤불 속에 알을 까놓고 쌍쌍이 기어 다니며 사는 뱀 같은 이 세상살이를 하러 나간다는 인간이야 글쎄!" 하며 주먹을 쥐고 얼굴을 붉히며 쾌쾌하게 장담을 하였으며, "제 마음인들 어떻게 믿어…" 하고 은근히 걱정스러운 표정을 짓는 동무들에게는 "지금 아무런 일도 안 생겼을 때 장담 못 한다면, 앞으로 그런 경우를 당할 때에는 더구나 보증할 수 없는 만큼 그 생각은 이미 그릇된 중이란 증명이 아니냐"라고 경고적 태도로 들이대기도 하였습니다.

어른이 아무 숨김없는 몸과 마음을 내리시는데 하는 생각보다도 노스님은 세상일을 너무도 수월하게 해석하시고, 어떠한 중대 사건도 그리 큰 문제 될 것이 없게 생각하시는 만큼, 미좌의 잘못이나 허물도 그저 예삿일로 아시기 때문에 노스님께는 허물도 숨길 일도 없었건만, 부모도 형제도 동무들까지도 모르는 부끄러운 말까지 여쭙지 않은 것이 없건만, 이번 당하는 이 일만은 너무나 의외일 뿐 아니라 노스님이 가장 간절하게 거듭거듭 주의시킨 일을 느닷없이 저지르게 되었으므로 차마 여쭙지 못하였습니다.

노스님이 미손의 열정을 말씀하셨지만 미손이 소녀 때 학교 동무들과 사귀던 생각을 하오면 지당한 말씀입니다. 처음 사귈 때나 또는 사귐이 여의치 못할 때에는 학교 성적에 큰 영향까지 미치게 되었고, 동무가 오해로 인하여 다시 안 보겠다고 달아난 그날 밤에는 꿇어 엎드려서 꼼짝 않고 밤을 꼬박 새운 일도 있었습니다.

이번 사랑은 좀 더 심각한 경지라, 이런 정신으로는 세상에 나가서 무슨 사업을 할 정신의 여유도 있을 것 같지 못하오니 내생來生에는 인신도 잃어버리기 쉬울 터인데 얼마나 무서운 일입니까? 사람일 때 정말 사람이 되어 다시 악도惡道에 떨어지지 않을 준비를 하여야 하겠습니다.

노스님은, 우주 파괴적 소재가 바로 사랑의 본명인 음양陰陽이란 것인데, 음양의 합치인 무無에서 여읨이 없이 음양법을 잘 조리한 그 세계를 정상화의 세계 곧 불법화의 세계라 하는데, 그 세계를 자개국自個國으로 건국하여 주민이 이신동체二身同體가 되어 사는 법을 공부하는 것이 중이라, 중은 먼저 치우치지 않는 정신을 가진 인간 곧 자타가 둘이 아닌, 음양이 하나로 된, 정신적 비남비녀적非男非女的 인간이 된 후라야만 남녀성을 마음대로 쓰게 되는데, 그때가 될 때까지 이성 금단적 권내 생활을 하는 것은 절대적이기 때문에 금계를 문자화해서 가르칠 것조차 없다고 말씀하셨습니다.

미손이 전번 집에 왔다 가서, 뒷방 구석에서 나오지 않고 누워서 몸을 비틀고 이를 깨물어 피를 마시며 뇌심하던 것도 다 이 일 때문에 난 마음의 병이었습니다. 노스님의 주의를 기다릴 것 없이 스스로 걱정 없다고 생각하던 그 사랑이라는 마물이 느닷없이 달려들 줄이야….

집에서 생각하기는, 마을에서 난 병이니 절에나 돌아가면 나을까 하여 절로 갔으나 노스님의 법문도 그 전처럼 느껴지지 않고, 동무들과 흐뭇하게 지내는 것도 무미해지고, 불보살님께 비는 것도 다만 기계적일 뿐 몸만 더욱 쇠약해지니 방학 때가 아니라 문제의 그도 없을 것이고, 집에 가서 몸 소복蘇復이나 할까 하고 노스님의 허락을 받아 집에 왔으나, 약방도 없고 먹을 것이 많이 쌓였어도 먹어지지가 않고, 정신이 돌려지기는커녕 점점 애욕탕 속에 심신이 잠겨 헤어날 길이 없게 된 것은 더욱이 그가 쉰다고 집에 와 있었기 때문입니다.

그래서 부득이 유서까지 쓰지 않을 수 없게 되었습니다. 생을 포기할 도리만 있다면 그와 하루를 살고 한 번 안겨 보고, 생을 그 대가로 다 바쳐도 좋겠어요. 그러나 생은 누가 내었는지? 생을 포기할 도리가 없다는 원망이 무슨 소용이 있겠습니까. 할 수 없습니다. 생을 바쳐 천천만만 생을 보전하여야 하지 않겠습니까. 허탈한 웃음은 물론 아니지만 그저 웃고 웃어 마지않을 뿐입니다. 울음은 사치품이고도 무척 값싼 것인가 봅니다. 이런 때 울음쯤은 얼씬도 못 하게 되고 자꾸 웃어지기만 하니 말입니다. 아닙니다. 어이없는 웃음입니다. 울음이 터질 것만 같은 가쁜 숨소리가 들려옵니다.

전번 집에 왔을 때, 미손의 친정 근처로 이사 왔다는 오빠의 친구인 S대학생인 이십오 세의 청년. 인생 문제, 불교 교리적 토론에 공명하는 점도 있었고, 그 외양, 성격, 행동에 매력이 느껴질 때, 노스님이 사랑이란 경우도 염치도 없는 위험물이라던 말씀이 생각났습니다.

그러나 왜 이래, 왜 이래! 하고 마치 계엄령을 내리기 직전과 같은 위험한 찰나에, 그에게서 다음과 같은 열띤 편지가 날아왔던 것입니다.

> 못 안아 볼 임이라서 가슴 홀로 울고 있고
> 못 미칠 두 팔이라 빈 가슴만 부벼댈 때
> 입술은 떨고 있고
> 눈물은 그 임인 양 떠는 입에 대드오니
> 봉峰 위 구름 봄비 되어 내리듯이
> 단壇 위 손길 한 번만 드리우소서

소녀 때에 뜻밖의 일을 당할 때처럼 가슴이 두근거리는 것을 느끼지는 않으나, 뜻 모를 미소와 함께 이 가슴에 스르르 스며드는 그 무엇이 삽시간에 빈틈없이 꽉 차서 온 몸을 버티는 것이었습니다. 그다지 큰 힘은 아닌 듯하건만 우주에 꽉 차는 그런 버팀입니다.

피곤한 듯 늘어지고, 괴로운 듯 한숨 쉬고, 달콤한 듯 감칠맛 있고, 뼈까지 녹이듯 눈물마저 그치는 듯 백미적百味的인 뇌쇄적 감각! 이것은 매력적 형벌, 몸부림과 함께 몰아쉬어지는 가쁜 숨소리, 결코 죽을 수는 없는 고혹적인 괴로움! 견딜 수 없을 만큼 몹시 괴롭건만 그도 또한 아닌 것이 껴안아지는 괴로움, 참 괴상한 세계에 돌입된 것입니다. 그러나 애써 부르짖는 것입니다.

잠시 동안의 적막을 참아서 만년의 위안을 얻어야 한다. 잠시 동안의 위로 때문에 만년의 적막을 사는 어리석은 인간이 되다니 말이 되느냐. 정말 말이 될까 보냐. 더욱이 일을 당할 때 쉽게 성공을 바라지 않고 그 척도대로 힘써 곧 일이 되도록 한다는 생각을 갖는다면 무한한 생명이 살아갈 예산을 하여야 하는데, 예산하여 보면 중의 성공적 시간을 헤아리게 된다고 노스님이 말씀하셨으니, 그 시간까지는 죽음보다 어려운 고비를 이겨 넘어야 한다고 하셨는데 그 종이를 찢었나이다. 얼른 불에 넣으라는 양심의 명령 계통은 서지 않는 것입니다.

겨우 비틀어 책상 밑에 넣고 묵묵히 앉았습니다. 꿈인지, 누구가 이상야릇한 이런 세계로 몰아넣었는지….

편지는 초저녁에 받았는데, 앉은 채 그대로 어느 사이에 밤이 새었는지 동생이,

"누나! 세수 안 해? 누나는 마을의 아침은 왜 이렇게 늦느냐고 하더니 오늘은 웬일이오?"

"몸이 좀 더 괴롭다. 아침도 있다가 먹겠다."

집에 와 있는 동안 절에서 소식하고 굶주리던 것을 메워준다고, 어머니와 식모가 하루에도 몇 가지씩 먹을 것을 바꾸어 만들어서 들여오는 음식이, 그날은 이웃집 일가 집에서까지 음식이 들어와 쌓였는데 안 먹는다고 너무들 성화를 하는 바람에 이것저것 조금씩 먹는 체는 하였습니다. 마을 동무 중에도 이해하는 친구가 있어서 찾아오는 것조차도 귀찮았습니다. 기억에도 어른거리지 않아야 할 금단의 글귀, 보지 말아야 할 그 편지를 조용해지기만 하면 다시 펴서 보지 않을 수 없었습니다.

찢어진 편지 조각은 귀한 보물이 애처롭게 깨어진 듯 안타깝고, 안타까운 그 편지를 꼭 모아 쥐고 "임이 보내신 것" 하는 소리가 느닷없이 새어 나오기까지 하였습니다. 시와 노래로 불러질 때도 안심치 않았습니다.

더구나 속가 처녀로도 부끄러워 감히 못 할 그 소리가 아닌가!

더구나 오 년 전 그 영광의 날에 제불諸佛 보살님의 증명과, 큰스님네와 대중 스님들의 입증 아래서 오 계, 십 계의 금법을 굳게 지키기로 서언誓言하고, 천상천하 외호신外護神들의 찬송을 받으며, 최고복最高服인 가사 장삼을 받은 여인일망정 인천의 스승이 될 무상의 자리에 오른 인간으로서 기쁨과 자랑에 넘쳐 벅찬 가슴을 누르며 그 거룩한 자리에서 물러나려던 사미니沙彌尼, "전인미답의 높고 높은 봉우리에 홀로 올라왔으니 어서 공부하여 모든 정해情海에 빠져 헤매는 인류를 건져야지" 하고 부르짖던 미래 구세주의 입에서 이런 소리가 저절로 나오다니 너무나 뜻밖의 일에 잠깐 놀랐습니다.

가슴 깊은 곳에서는 "큰일이다! 정말 큰일을 당했구나!" 하는 생각이 솟아올랐습니다. 이때야말로 제불 보살님에게나 구원을 청하여야 할 것이 아니겠습니까? 더구나 평소에 부모보다 더 믿어진다던 노스님을 향한 애소적哀訴的 느낌이 생긴다는 것은 당연한 일이 아니겠습니까.

노스님께서 "부처님은 시공이 자체이니만큼 때와 일의 해결을 못 지을 것이 없지만 명호를 가지고 인간화된 때에는 직위적 분야대로 일을 하시며 네 관음보살님은 중생의 어머니 노릇을 하시고 계시니 아쉬운 때, 어려울 때, 위급할 때 믿고 의지하는 일념만 있으면 얼마든지 사정을 보아주실 것이다. 그것은 틀림없는 일이며 아무리 작은 일이라도 해결이 안 되는 법이 없으니 어느 때든지 관음께 빌면 만사 해결이 된다"라고 말씀하셨습니다.

그러나 불보살의 손길, 노스님의 말씀이 넘어서지 못할 만큼 십방十方을 봉쇄해버린 나의 단독 세계입니다. 모든 불보살이 중생을 다 건질 수 없는 까닭이 여기 있지 않겠습니까?

지금 가사 장삼을 받고 최고 만족감을 느끼며 단 앞에 서 있는 사미니, 거룩한 대중 스님네와 함께 고요히 돌아 앉아 있는 어린 선객禪客. 미좌의 전신이 배경조차 희미해진 낡은 영화면을 보듯이 내 눈앞으로 스스로 나타났다가는 사라지고 맙니다. 관세음보살, 관세음보살도 불러 봅니다. 그야말로 기계적입니다.

이제 미손은 노스님 곁을 떠나지 않고 가르침을 받던 인생 최고 학부의 학생이 아니요, 화전火田으로 도로 기어드는 혼미한 소녀입니다. 천상천하에 최고복인 장삼을 받고, 인천의 스승이 되려고 청정도장淸淨道場의 수도녀로 도량신道場神에게까지 치하를 받다가, 이제 와서는 비린내 나는 치맛자락을 휘두르며 일개 범부인 남편의 밥상이나 받들고 다닐 전락한 소녀의 사정이 얼마나 비참한 것입니까.

미손은 좀 더 하열화下劣化된 인간이 된다면, 동물들의 대열로 다시 뛰어들어 성性을 위하여는 껴안고 핥다가 먹을 것을 보면 으르렁거리는 암수의 짐승이나 다름없이 사람 모습만 가진 행렬로 흘러 내려갈 것이 아닙니까?

그러나 이런 생각이나 이런 말이 무슨 소용이 있겠습니까? 앞뒤에서 마주치는 대인력화大引力火, 체열화體熱火와 혼의 정화, 화火·화·화, 삼화합치三火合致의 대화大火를 그 누가 꺼보겠습니까? 어떠한 철리哲理도 지성도 법문도 다 그 힘을 잃어버렸습니다.

이제 절대적인 욕구는 그의 품에 안기고 싶을 뿐입니다. 무엇이 그렇게 만드는지 모르겠습니다. 그저 단 한 번만이라도 좋으니 그의 체온을 맛보아야겠다는 것입니다. 그러나 아직은 홀로 울고 울면서도 그에게 내색조차 하지 않았습니다.

이미 틈이 없을 정도로 맞아진 마음과 마음이지만 육체적 합석까지 실현시켜야 하느냐?

내가 나의 세계로 맞아들인 혼의 정까지도 녹여내는 악마, 누구의 힘으로도 부수지 못할 이 강적을, 그대로 무궁한 나의 전정을 생각하는 나의 지성의 힘으로 기적적인 승리를 거둘 것이냐가 문제입니다.

그러나 무장을 단단히 차리고 힘을 내어 대적할 용병이 되어야 할 미손은, 도리어 적의 최면술에 걸려 적의 품에 안기는 환영막에 휩싸여 나의 존재가 어딘지, 앉았는지 쓰러졌는지조차 모릅니다.

품에 안긴다는 것은 품과 품이 둘이기는 하지만 이미 하나로 화한 마음이라면 무엇을 더 구할 것입니까?

그런데도 웬일인지 모르겠습니다. 그저 육체적 결합 즉 그의 품에 꼭 안기고만 싶은 마음이 더욱 간절해지는 것입니다. 혼까지 비틀어 오르는 이 고통을 면하게 해달라고 아무 데나 보채보고 졸라대고 싶을 뿐입니다. 사랑의 괴로움이란 한 겹만도 아닙니다.

정말 괴로움의 근본은 사랑입니다. 사랑이란 괴로운 그 물건,

얼마든지 버릴 수 있으면서 차마 못 버리는 괴로움, 끝없는 이 괴로움, 이 밖에도 몇몇 겹이나 더 감겼을는지 모르겠습니다. 그저 그지없이 그리운 이를 마음대로 만날 수 있는데도, 내 마음이 만나지 못하게 하지 않을 수 없는 이 안타까운 일을 어찌하면 좋겠습니까? 이런 고통은 형상이 없는 일체 존재적 내적 본질 같은 것이므로 부처님도 표현화는 못 하실 것입니다.

큰 산불에 아름드리 큰 나무가 불타 죽은 송장처럼 숯등걸로 금방 금방 우뚝 나타나고, 산더미 같은 바위가 허공신虛空神이 모두들 놀랄 만큼 대지를 흔드는 큰 소리를 내며 탁탁 터져버리는 듯한 큰 산불 속에서, 그와 나의 혼은 껴안고 뒹구는 것입니다. 창시된 때를 모르는 이 세상이 그래도 지탱해나가는 것은 달라진다는 그 묘미가 있기 때문이라고 하지만 이런 때는 그런 묘미는커녕 우주가 깨지는 것만 같아 더욱 안타깝습니다.

이제는 부모와 친지를 다 버리고 유일의 의존체로 믿던 노스님의 큰 존재도 또 가장 자랑스럽고 보배 빛을 내어 세계를 비추게 될 희망적인 외딸이 쓸쓸한 산중에서 외롭게 일생을 보내다가 그만 수목과 더불어 썩어버리고 말 것이라는 슬픔으로 가슴이 터질 것만 같으신 아버지, 어머니, 그 밖에 미손에게 관심을 두는 인간이 한둘이겠습니까?

이 자리에서 그러한 여러 존재들은 이미 머리에서 사라진 지 오래인 옛날 옛날의 꿈, 그 꿈에 지나지 않습니다.

미손은 글, 그림, 연극에는 희喜, 비悲 어떤 장면에서나 적역자가 될 자신이 있고, 노래, 춤, 곡예, 대사 무엇이나 다 할 수 있고, 응변, 운동, 의장意匠 등등 무엇이나 못 한다고 사양할 것이라고는 없는 다각적인 천재 소녀로서 유명하기 때문에, 차중에서도 소녀의 친척 누구라도 굽신거리며 자리를 양보해주는 것이었습니다. 더구나 그런 일은 증거가 분명하고 현실적이니 의심할 것이 없었습니다.

노스님은 현대 예술가를 평하실 때,

"가령 그림을 그린다면 선동적이어야 하는데 그림의 도구조차 장만할 줄 모른다. 어느 물감이든지 물에 떨어뜨려서 풀어지지 않아야 한 가지 물감을 가지고도 각색 색소로 삼아 임의로 쓰게 되는 것인데, 현대 화가들은 그릇 그릇에다 물감을 담고 각색 붓을 들고 그려놓은 인간, 다니지도 못하는 인간을 생명이 있다고 한다"라고 하셨습니다. 또 "아무튼 우주는 각자 자체인데 겨우 별나라로 여행 준비를 한다고 그것을 과학 만능이라고 자랑을 하니 두꺼비 꼬리 흔드는 셈이다"라고도 하셨습니다.

속세에서 헤아리고 생각하던 것과는 너무나 엄청난 동뜬 세계로 들어온 미손 자신의 행운을 얼마나 기뻐하였겠습니까? 스스로 축하해 마지아니하였습니다.

그보다도 더 동뜬 세계, 좋고 언짢음을 다 여읜 무위경無爲境에 이르는 무상법경無上法境을 들을 때의 그 황홀감, 속세에서 이런 무상의 다른 세계가 있다는 것을 상상해본 적이 없기 때문에, 의외의 행복감에 미좌는 도취되어 누구에게나 떠들어대는 희광자喜狂者 노릇까지 하였습니다.

그러므로 불법에서 떠날 날이 있으리라고는 꿈에도 생각하여본 일이 없지 않겠습니까?

나이 이십도 채 못 된 소녀로 나는 다른 세계를 몇 번째나 보는지 모르는 것입니다.

이때 갑자기 빤하게 나타나는 것이 있습니다. 불변적 인간이 되어야 하겠다는 가느다란 광명입니다. 옴치고 뛸 수 없는 이 세계로. 혼이 넋 잃고 쓰러져 일어날 수 없던 몇 분 전의 경우, 곧 그 자리에서 벌써 이런 변화 작용이 일어나지 않았습니까.

노스님은 "일체 존재는 변화 과정을 되풀이하여 마지않는 생사 경계들이며, 그러므로 생각할 수 있는 상대적인 만법萬法은 무상하여 믿을 수 없고 각자의 마음도 쉬지 않고 변하는 것이다. 나도 정해情海에서 아주 벗어난 무정인인 줄 알았으나 어떤 때는 숨어 있던 정인이 뜻밖에 나타나 보이더라. 오직 변화경變化境에서 정상적으로 균형적 생활을 하여야 하는데, 그 목적지에 이르기까지는 천장만애千障萬碍의 험로險路를 걷게 된다"라고 말씀하셨습니다. 과연 미손은 이제 참으로 그러한 경우를 당하였습니다.

그는 푹 꺼진 눈을 마음대로 만든 조각 같은 우뚝이 날이 선코 위에 드리우고, 꼭 다문 입으로 풀죽은 수목처럼 어깨를 떨어뜨리고 마당으로 집 뒤로 슬슬 거니는 모양이더니, 조용한 틈을 타서 잠깐 들려서 또 편지 한 장을 꼭꼭 접어서 내 무릎 위로 던지고 가는 것이었습니다.

짝사랑은 마의 열병, 도를 넘은 그 고열은
내 혼을 마구 태워 몸부림치다 못해 소리조차 높아질 때
창문을 차던지고 산으로 기어올라 어쩔까요, 이 일을 장차 어떻게 할까나요?
터져 넘친 혼의 신음呻吟 마음 놓고 울부짖으니
산천은 예삿일로 웃고만 바라보고
우주의 타심他心, 통신通神, 자비慈悲의 산령들은 눈물지어 동정을 하나마나
다만 그 임이라 그리 덥지 않더라도 미온루微溫淚 한 방울만 이 혼 위에 떨구소서.
심상찮은 이 증세를 임이 사뭇 모르지만
목숨 필경 빼앗을 때 정신 보존시키리까.

가슴은 좀 선뜻하였습니다. 그 마지막 말 때문에. 모닥불 위에 물 한 바가지 끼얹은 듯 가슴속 열이 조금 내린 듯하였습니다.
이 순간을 이용하자! 미손의 정신은 이런 때 재치가 있다는

자신이 생겼습니다.

천변만화적인 그때를 따라 사람을 전혀 딴사람으로 만드는 내 마음을 내가 믿을 수 없는데, 남인 그의 마음을 어찌 믿겠습니까? 그의 마음이 변하는 그 날의 미손의 고통은 과연 어떻겠습니까? 노스님의 말씀대로 자타가 하나로 화한 불변심을 알아얻어 영원한 안전지대에서 영생하게 되어야 할 뿐입니다.

생사를 초월한 절대 경지를 지향하는 데 미처 이르기 전인 인과법으로 보더라도 일체 존재가 무시겁래無時劫來로 살아오는 동안의 일만 생각해보더라도, 누구하고는 어찌 부부생활을 아니 하였겠으며 부모 자녀가 아니 되었겠느냐. 금생에서 가장 가까운 부부가 내생에는 불구대천의 원수가 될 수도 있다는 그 말씀이 살려줄 사람을 물속에서 만난 것처럼 불현듯 생각났습니다. 숙명적 기회에 그는 미좌를 만나고, 미좌는 그를 만나게 될 것뿐임을 알게 되었습니다.

그럴 듯한 다른 남녀가 만났더라도 서로 그만큼 열이 올랐을 것이라고 생각하였습니다. 미좌가 예쁘고 그가 잘나서가 아니라, 서로가 각자의 애적 업력일 뿐임을 느끼게 되었습니다.

서로 만나 재미롭게 일생을 마치고 난다 하더라도 죽을 때에 확립된 정신이 없다면 혼미한 혼이라 사선을 넘어서는 업신만 남아서 암컷을 만나면 그는 미좌로 보고 따라갈 것이요, 미좌 또는 수컷인 누구를 만나든지 그로 보일 것이며, 그동안에 마음이 변하였다면 다른 남자로 보일 것이 아닙니까? 사람 될 정신을 수습하는 공부는 하지 않고 짐승의 정신인 업혼만 가지고 있었던 까닭이 아닙니까? 암수 짐승이나 되고 말 장래, 이 얼마나 무시무시한 일입니까? 이런 생각이 난 것은 들었던 말씀의 효율 보다도 깜냥으로 해온 정진력이란 것을 알았습니다. 추진력은 정신 신축伸縮의 자유력이 아닙니까?

정진력은 우주를 만들고 옮기고 할 수 있기 때문입니다. 그러나 미손은 아직 영원화의 정진력을 얻지 못하고 오직 시간적 정진력 곧 일체화의 기분뿐이기 때문에, 어떤 그 시간을 보증 못하는 것입니다. 다만 조금 뭉쳐진 정진력만 치우쳐서 선악 간에 일을 저지르게만 되었습니다. 그래도 이 시간만은 잠깐 전환기에 들 힘이 있습니다. 그러나 조금 후에라도 그가 나타나 이 기분에 압력을 가할는지 모릅니다. 그때 그의 애소哀訴하는 듯한 눈길이 스르르 이 기분을 휘감으면, 이 기분은 끓는 솥에 눈 녹듯 그만 사라져버리지 않으리라고 어찌 보증하시겠습니까? 그리고 그와의 일은 설사 피할 수 있다 하더라도 이 몸이 정연료이 한평생을 평범하게 남아 중노릇할 자신이 없는 만큼, 병든 이 몸은 떼어버리고 그 대가로 새 정신을 얻어야 할 것을 확인하였기 때문에 수술해버릴 그 준비는 다 되었습니다.

그리고 노스님께서는 "이 육체적 생사는 생명이 의복을 갈아입는 것이며, 자신의 진생명을 파악한 정말 인간은 각 국토에 맞는 색조로 어느 때나 마음대로 갈아입을 시공적인 한 벌 옷을 지어 생사자재生死自在하게 된다"라고 하셨사오니, 그 옷 한 벌을 밑천으로 가장 작은 한 조각이 되어 의복인 이 육체적 생명을 이바지할 차비를 한 것입니다.

노스님께서는 "너는 호기심이 만만한 소녀의 몸인데, 네 결정심이 어느 정도인지 모른다만 하늘을 덮고도 남을 복이나 있으면 이 일생 동안 중노릇을 할 것이요, 중노릇 잘하면 금생에 반드시 성공할 것이지만…"이라고 하셨습니다. 과연 어느 사이엔가 이런 장애를 만났습니다.

미손은 다겁루생多劫累生에 지난 생을 아득하게 잊었을 뿐 아니라 모태 때 일까지 어디 생각납니까? 지난 생의 그 극수적인 세월 동안 무한적으로 그런 편지를 주고 받았겠지만, 금생은 생전 처음으로 받는 것으로 놀랍고 기뻤던 신비적 편지에 대하여 왕궁을 버리고 달아난 행동보다도 더 큰 희생적인, 키스와 포옹을 그리던 마음을 버리고 애욕의 결산, 애련哀戀의 영이 별로 이 편지의 주인공에게는 반야般若, 지혜 동무로만 만나게 해주소서 하면서 속으로 빌며 편지를 불사르고 말았습니다.

노스님께서는 원력의 힘이 극에 이르면 도력道力을 당한다고 하셨습니다.

노스님께서 내 원수는 나뿐이라고 하시던 말씀이 다시 생각납니다. 내 생명의 원수인 나는 내 스스로를 이겨야 하겠습니다. 대아의 반동분자인 소아는 수술을 해서 전체를 살려야 하겠습니다.

다시 말씀드리면 미손은 이제 사신서원捨身誓願으로 불법 즉 한 줄기의 활로를 놓치지 않기로 하였습니다.

진묵震黙스님의 노래老來에 시봉侍奉한 그 사미도, 십오 세 처녀로 진묵스님의 시봉자 되기로 서원을 세우고 물에 빠져 죽어 남자로 다시 태어나서 진묵스님께 도를 배우지 않았습니까? 미손도 육체적인 이 한 목숨을 칼로 만들어 천만 목숨을 죽여 없애려는 살귀에게 내어던지고, 미좌의 업신은 영구적인 생명선으로 뛰어들기로 하였습니다.

스스로도 미덥지 못한 마음이지만, 이 마음 변하기 전에 결행하지 않을 수 없사와 나아가 뵈옵지 못합니다.

백천만겁의 무궁한 시간에 비하여 가장 짧은 한 토막이오니 일막의 생활이라 한들 그 얼마나 걸리겠습니까? 곧 다시 뵈올 것이오나⋯ 마지막이라는 느낌에 솟아오르는 눈물을 막아 보려고 씀벅거리며 누르건만 미손의 뺨에서는 비 오듯이 눈물이 흘러내리고 있습니다, 더구나 미손의 가장 짧은 이 한 생에 노스님으로부터 받을 그 가르침을 다 받지 못한 그 유감이 통절하여⋯.

할미 쥐의 말보다 쥐약 섞긴 빵 부스러기를 귀하게 여겨 죽음을 당한 쥐새끼처럼, 사랑의 단물은 깔끔해 물보다도 더 무섭다던 노스님의 말씀을 지키지 못한 미손의 죄를 이 후생에서부터는 길이 신봉하겠습니다.

노스님은 "생봉사별生逢死別이란, 새들이 밤이 되면 한 나뭇가지에서 주둥이를 맞대고 잠을 자고 나서 아침이 되어 해가 뜨면 먹을 것을 찾아 동서로 날아가버리는 것 같다"고 하셨으니, 미손의 이 행동을 생각하여 노스님께서는 만족이든 불만이든 노안老顔에 한 가닥 미풍이 슬쩍 지나가버리고 말리라고 상상하옵니다. 부모님들에게는 출가 때에 하였던 말과 같이 한 부모에 대한 불효로써 만 부모에게 효성을 다할 정신을 얻으려 함이오니 과히 슬퍼하지 마시라고 하였습니다.

무지한 부모님은, 차라리 죽어 없어졌다면 뼈저리게 불쌍한 그 안타까움은 겪지 않을 것이라고 하였으므로 한 번 더 큰 고통을 치르고 나면 잊어버릴는지도 모르겠습니다. 다만 불법이나 불보살님들께 죄송한 것은 정말 불보살님이 인정되라고 몸까지 버리는 것을 중 된 것이 후회된다고 할까 하는 것입니다. 그러나 불보살님은 천 사람의 비방을 받더라도 한 사람 중 되는 것이 기쁠 것입니다. 동무들에게 이런 경우나 심경을 잠시라도 당하지 않도록 한 사람도 빠지지 말고 불법회상佛法會上에서 다시 만나자고 알리는 것입니다.

미손이 그를 매력 있게 느낀 것은 중보다 나은 신심이 있었습니다. 아마 입산하게 될 줄로 아옵니다. 노스님은 미손의 결정심인 원력이 어느 정도로 세워졌는지 염려되실 것입니다. 설사 확립된 정신이 못 되어 몽매한 영가로 방황하더라도 큰스님네와 노스님의 천도[薦度, 救援]를 믿고 안심하고 가옵니다.

걸어다니는 악업신惡業神인 애욕은 내버리고 부처님의 제자요, 노스님의 손상좌인 정업신正業神을 담은 깨끗한 시체는 노스님 앞으로 도로 갈 것입니다. 영원에 비하여 일순간인 백년 일생사도 큰일이라는데, 영원한 생사 경계선에서 반짝 빛나는 터럭 하나가 영생적인 길을 가르친 것입니다. 그 터럭에 절하면서 그 터럭은 정진법을 가르쳐주신 노스님이 길러주신 것입니다.

노스님께 다시 합장한 채로 이 몸과는 이별하겠습니다.

십이 월 이십칠 일 밤 열두 시 십 분
미손 상서

몸이 건강하여야 수행을 잘 한다고 친정에서 약 먹고 쉬라고 보냈던 손좌는 엄마 아빠의 애끓는 눈물바다를 어찌 건너는지 여무지고 매력적인 입을 꼭 다문 채 잠드는 약에 일어나지 못하도록 깊이 취하여 돌아온 것이다. 생전에 전할 말을 대신한 유서를 안고서…. 살아서 정신이 거의 들지 않는다면 한 목숨쯤 버리는 것은 무방하지만 목숨을 끊어야 할 만큼 된 사랑, 죽음으로야 이겨낼 사랑, 아, 얼마나 강한 사랑인가.

아직 무상복전無上福田에 행운아인 많은 젊은이들이지만 이런 일을 보면 그들의 장래를 위하여는 과연 야박하기 그지없는 일이다. 짐승은 자웅, 인간은 남녀 서로 좋았다 미웠다 그물에 얽혀서 범인들은 영원히 헤어나지 못하지만 거기서 뛰어날 가장 큰 결심으로 출사한 중에게도 또한 제일의 강적은 사랑이로구나. 이 육체가 영혼의 의복이다. 천천만만千千萬萬 벌의 의복이 준비되어 있으니 그리 아까울 것은 없지만 그래도 막상 당하고 보니 애처롭게 느끼지 않을 수는 없는 일이다.

물질적인 이 마음은 유동체라 스스로 바로 뒤집어놓을 수도 있을 뿐 아니라 시시각각으로 흘러흘러 쉬지 않는 것이 시간이라 사랑이 아무리 강력한 적이라 해도 시간이 흐르는 대로 점차로 해소되는 것이니 우선 지그시 누르고 정진하여 가면 명랑할 때가 올 것이 아니냐.

더구나 육체쯤 없애버리더라도 진생명인 본정신을 죽여서 안 될 줄 아는 그 총명은 아름답던 그 육체와 함께 승단에 가장 빛나는 존재로 나타날 날이 머지않았을 것을. 아까운 일이다! 인재 드문 현승단現僧團에도 큰 손실이다.

나의 가르침이 너무 치우쳤던가?
어쨌든 유감된 일이다!

예전 어른들은 자개적 통제력으로 개인 생활을 하면서도 또는 홀로 굴 속 같은 데서도 다 성취하였지만 근대인들은 단체적 통제력으로 잘 지도할 선생이 붙들고 한걸음 걸어가게 해야 할 이때에 조직이 정미롭고 통제력의 실력을 가진 승단이 어디에 있는지조차 일반적으로는 모르게 된 것이니, 급선무는 완전한 불단, 승단이 복구되게 할 일밖에 없는 것이다. 그리 되면 숨어서 때를 기다리던 큰스님들도 예서 제서 출현할 것이 아닌가? 예전에는 각자가 어느 정도 독립적 정신이 미리 서 있었건만 성도 전에 속가 출입을 엄금하였는데 지금은 경제 바람에 막 불리는 중들이 승단적 미비 때문에 경제 조건으로나 모든 다른 사정으로 속가 출입이 잦은 것이 적은 장애가 아닌 것이다.

견물생심이라, 그런 경계에 당하게 된 내 손좌도 속가에 자주 출입하게 된 그 탓일 것이다.

그러나 비상경계에서 이런 결정심이라도 가진 비구, 비구니가 우리 승단에 그리 많이 있지 않음이 오히려 유감일 뿐이다. 그리 잘한 일은 못 되지만 정신의 영원한 생명을 노리는 살인귀가 닥치게 된 막다른 골목에서 피신하지 않을 수 없는 순간에 부득이 저질러진 일이기 때문이다.

불佛을 향하는 마음

나를 버려야 나를 얻는다

세상에서는 신앙을 가져라, 교육을 받아라, 인간 개조를 부르짖는다, 하면서 개척과 개혁, 발견과 발명, 희망과 행복과 자유와 평화를 크게 내걸고 계몽을 위한 깃발이 예서 제서 쳐들고 나서는 것 같다. 이제야 비로소 인간 문제가 해결되어 세상을 꾸며 놓고 이 불안하고 혼란한 생활을 안전하게 할 새로운 계획이나 있는 듯이 웅성대고 있는 모양이다. 그러나 일체 생령生靈을 살리고 이 일 저 일을 근본적으로 개혁할 근원인 '하나'를 먼저 발견할 것은 모르고 있다.

세상에서 개혁이니 개조니 하는 것은 어디까지나 부분적인 일로서 끝나는 날이 없다. 우리에게는 무엇보다 근본적 개조법의 발견을 요하는 것이다.

근본적 개혁법인 이 '하나'는 하나까지 끊어진 하나, 즉 하나 전인 하나다. 그 하나란 나머지 없이 차 있는 만공滿空이다. 이 하나는 내 생각이 하나로 뭉쳐진 것을 말한 것으로, 오 분간만 뭉쳐진 생각 하나로 계속할 수 있으면, 인간적 욕심이 거의 없어진 현실인 것이다.

그동안은 소아적인 나를 버린 인간이다.

아무튼 이 법은 정신적으로라도 모두 다 버려진 그 인간만이 가지는 오직 하나밖에 없는 하나의 법이다.

생각이 일어나기 전 즉 생각의 시발점인 생각의 뭉치인 하나를 도로 찾으려면 부동된 일체 생각이 사라져 근본 뭉치로 돌아가 한 뭉치가 돼야 하는데, 우선 이런 저런 산발적 생각의 주인공인 소아적 나를 아주 부정해버리게 되어야 대아적 인간을 이루는 시발이 된다. 그런 하나는 미처 모르더라도 우선 내가 그런 깃발을 들고 나설 인간이 되었느냐부터 알아야 할 것이다.

너도 나도 다 가지는 인간이라고 아무 근거도 없이 긍지를 가지고 있다. 더구나 시공적 주재자라고 자신한다.

그러면 인간은 어떤 것인지 더욱이 주재자라 할 만한 근거는 어디 두었는지 그것부터 알아보아야 할 것이다.

그보다도 더 직접적인 내가 어떤 것인지나 알아야 할 것이 아닌가!

내가 무엇인지도 모르는 인간이 어찌 인간이며 인간이 무엇인지도 모르면서 인간의 지도자연하는 엉터리 인간들이니, 그 깃발 아래로 모이는 허수아비 인간들이야 말할 것도 없는 것이 아닌가!

그러므로 인간이라고 공공연하게 외치고 다니기는 하면서도 인간인 내가 나를 안다 할 자신은 가지지 못하고 자신을 못 가진 인간이니, 인간에 관한 일을 먼저 알아야 할 것을 모르게 되는 그 무지 때문에 우리 인간은 오늘날에 이런 부자유하고 불안하고 의심나고 빈곤한 생활을 하게 된 것이다. 그중에는 행복스럽다고 느끼는 인간도 없지는 않을 것이다. 그러면 그 행복을 보증할 수 있느냐 하는 문제에 부딪쳐 과연 뚜렷한 확답을 제시할 수 있을 것인가?

행복을 머금고 뜬 눈이 채 내려 감기기도 전에 닥치는 불행이 우리를 엄습한다.

대가를 낼 까닭도 노력할 필요도, 먼 데까지 갈 까닭도 없이 이 자리, 이 시간에 금시에 얻어질 '내 이것'을 두고 위에서 늘어놓은 '저것'에만 정신을 기울이고들 있다.

그것이 큰 탈이다.

아무튼 내가 전자에 말한 하나, 그것 하나를 몰라서 온갖 차질이 생겨 인간으로는 못 살 세상을 사는 것이다. 그것이 우주적 무지다. 무지가 죄라는 그 한 말이 우주적 명담이다. 그러면 우주적 무지를 면하고 알 것 그 하나는 무엇이냐?

그것은 곧 나다.

지금 나라는 이 말부터 생각해보자. 나라고 말하는 그 말 이전에 이러니 저러니 늘어놓은 말은 누가 다 했느냐?

내가 금시 다 하지 않았는가. 내가 한 말이니 내게서 우러날 것이 아닌가? 내게서 우러난 것이니 그 말은 다 내 것이 아닌가. 내 것은 내가 쓸 수 있지 않은가. 그런데 내가 왜 못 쓰는가?

지금 말하는 이 말의 주인공은 나의 분신이다. 말하게 하는 원주인공인 나, 즉 하나로 만들어진 나를 하나로 쓰지 못하는 까닭이다. 생각이 하나가 못 되어 쪼가리 말이기 때문에 말만 늘어놓고 살 수는 없는 것이다.

생각은 즉 정신, 정신의 집결인 정신 통일이 안 되어서 산산이 부서진 파편으로 쓰는 그 정신[魂, 業]이기 때문에 불행하면 불행 하나에 빠져버려서 불행한 생활만 하게 되는 것이다.

불행의 반면인 행복도 주야晝夜의 시간과 똑같아서 행불행이 주야의 운행과 함께 되돌고 되돌아 끝이 없는 우주의 원칙대로 밤을 이동하듯 불행을 잘 조리할 수 있는 것을 모르고 불행에 울고만 있는 것이다. 더구나 불행과 행복이 표리도 하나가 될 뿐 아니라 행불행을 느끼는 그 생각의 주인공이 나 하나뿐이기 때문에 내게 있는 온갖 것은 내 생각이 모두 알려주지 않는가. 무한량 무한대의 그 생각 하나가 내 것이니 내가 내 마음대

행복과 불행의 갈피에서

로 쓸 무가보無價寶가 즉 내가 아닌가!

온갖 것은 내가 만들어놓은 내 것이라 내 것인 환경에 휘둘리는 인간이 되어서야 어찌 인간이라 하랴!

가령 내가 불에 던져지게 되었다면 내가 만든 일체가 하나 된 그 불이니 내가 불로도 얼음으로도 무엇으로도 내 마음대로 만들어버리게 된다. 그런데 우리는 내가 나를 버렸으니 내 생각은 내 것이라는 것을 알 까닭이 없는 것이다.

내 생각을 내 것이라는 것을 모르니 나를 알 수 없고, 나를 알 수 없으니 자연 위에 늘어놓은 바와 같이 가아假我의 생각에 놀아날 수밖에 없었던 것이다.

직접적인 내가 그 온갖 보배인 것을 모르는 그 무지가 오늘에 이러한 도탄에 빠지게 한 것이다.

하나, 즉 나를 모른다면 우주를 다 얻어 봐도 불만은 그대로 남는다.

정신적 빈곤이 면해지지 않은 때문이다.

세상에서 떠드는 것이 필수품 아닌 것이 없지만 돈 장만하는 법을 모른다. 단지 돈부터 장만해놓아야 된다는 말이다. 사실 돈처럼 고정적인 무엇은 없다. 그러나 있다!

행복을 무지개로 비하지만 모든 희망이 다 그렇다. 붙잡아지지는 않지만 없는 것도 아닌 것이다.

우리는 나의 하나 즉 나의 '화수분'을 잃어버리고 외계로 헤

불佛을 향하는 마음

매며 무엇을 찾는 짐승과 동류인 인간이다. 즉 나를 상실한 생령이다. 마치 물에서 생긴 벌레가 물에서 기어 나온 후 마른 땅에서 기갈에 죽어나는 상태같이 가련한 짐승들이다.

아무튼 영원히 마르지 않는 원천인 한 줄기의 정신은 다 지녀 있으니 무슨 일에든지 한 마음으로, 외곬으로 진행하여 끝까지 나가면 내 본체요 본고향인 안전지대에 이르게 된다.

생령이, 혼신이 하나로 성범聖凡, 유정무정有情無情, 각 국민, 관민 등이 일체로 살게 되는 것이 자연이요, 원칙적인데 지금 세상에는 자신들이 본고향을 떠난 실성한 인간들인 줄을 아는 인간조차 없게 되었다. 그러므로 나를 잃어버린 지 오랜 인간이라 나와 거리가 아주 멀어졌다. 나와 거리가 아무리 멀어졌다 하더라도 그래도 인간의 형체라도 가졌다면 한 조각 정신이라도 짐승보다는 좀 나을 듯도 하건만, 상상은 내가 하고 꿈은 내가 꾸는 것이니 내 상상과 내 꿈이 내게 있기 때문에 내가 상상하고 내가 꿈을 꾸게 된 것이 아닌가. 그런데 왜 내 꿈 내 상상은 내 것이라고 확인할 줄도 모르게 된 것이냐? 내 꿈이 내 것이라는 것을 모르며 내 상상 내 꿈을 내가 곧 현실화시킬 수가 없을 뿐 아니라 내 상상과 내 꿈은 나와 멀리 있는 딴 것인 줄 알고 상상이야 해보지만…. 꿈은 꾸어 보건만… 하고 실천할 엄두도 내지 않게 된 것이다.

우리는 분열된 상상으로의 존재인데, 분열된 상상 한 조각으로 쓰기 때문에 우리의 꿈은 실현되기 어려운 것이다. 말하자면 쌀은 밥 짓는 재료 한 가지로 한계가 있지만 상상의 뭉치 즉 상상하게 하는 상상인 무한계의 상상, 그 상상으로 실현시킨다면 내가 상상하는 대로 쌀 한 톨이 배고플 때는 쌀이 되고 목마른 때는 물이 되고, 내가 상상하는 그대로 현실화하게 한다.

상상은 나의 것, 즉 일체 요소의 뭉치인 나기 때문이다.

이 세상은 나의 본체의 분열이요, 나의 분신이요, 나의 피조물이다.

우리는 나의 피조물의 예속으로 살게 된 인생이라는 것을 먼저 알게 되어야 한다. 그리고 남에게 얻고 배우고 할 것이 없음을 알게 돼야 한다. 학문도 나의 창작이요, 온갖 일도 모두 내가 만들었던 것이니 하나의 일의 근본 한 글자의 뜻을 깨달으면 일능이 만능으로 되어 자유로 살게 된다.

이 세상에는 한 일一 자 하나 모르는 학자, 직접적인 내가 나를 모르는 무식자 즉 하나도 모르면서 다 아는 체하는 지성인들이 많은 것이다.

이 나는 상상 전에는 절대 능력자인 나의 생적 행동력이다.

나를 알아 얻어 쓰는 인간 중에 근세 출세하였던 석가모니불은 일체 우주와 온갖 생령을 대표하여 "천상천하에 오직 홀로 내가 높다"고 하였다.

벌레도 자기 근본을 파악하였다면 그런 말을 할 자격이 있다.

생은 절대 평등권을 가졌다는 까닭이 그것이다.

홀로 높다는 내가 일체의 나 즉 일체 하나화한 나, 즉 공동적인 나인지라, 너라는 상대가 아닌 절대적인 나기 때문에 무아[無我, 空]다.

이 나는 환경의 지배를 벗어난 무상적인 자유의 나로 생사의 지배도 받지 않고 수화水火에 빠지지도 타지도 않고 유무에 갈리지도 않고 온갖 우주가 무너지고 존재적 생령이 다 없어져도 오직 홀로 남아 멸함이 없다.

아무래도 없어짐이 없어 오직 홀로 남건만 볼 모습은 있지 않은 생의 씨다.

볼 모습 없는 이 생의 씨는 절대적 인생이기 때문에 불멸이다. 불멸의 생임으로 생의 작용인 이 현실 생활도 언제까지라도 계속되어 다하는 날이 없을 것이다.

이 나는 볼 모습은 없어도 각자적인 내 본체, 즉 나의 각자적인 자신의 나이기 때문에 내 작용인, 보이는 모든 우주가 모두 나 하나의 소유다. 그러므로 내가 앉으면 엉덩이 밑, 내가 누우면 허리 밑, 내가 서면 발밑, 내가 걸으면 걸음걸음의 그 자리, 그 땅이 다 내 것이 되고 또한 하늘, 땅, 해, 달 어느 하나하나가 다 나로 된 내 것 아닌 것이 없게 되어, 내 체온에 맞지 않는다고 느낄 때 태양이 열의 가감을 조절하게 된다.

내가 먹으면 밥이 되고 내가 마시면 물이 되고 내가 입으면 옷이 되고 돌멩이 하나에게라도 그때그때마다 내 원대로 내가 생각하는 대로 무엇이든지 안 되는 것이 없다. 내가 사귀면 원심도 적의도 다 녹고, 독사도 미균도 독소가 사라져버리게 된다.

그런 인간이 구원을 얻은 인간이요, 구세주가 된 것이다. 그런데 근대 인간들은 그만 이런 무한량적 화수분인 상상을 가진 나를 그만 잃어버린 것이다. 나를 잃어버린 줄조차 모르고 나의 분열이요, 나의 부동체의 한 조각인 나를 나로만 알고 그래도 이 나에게서 온갖 것을 얻으려고 헤매는 것이다.

산산이 부서진 한 조각의 자만으로 어느 경계에서나 자기 채점은 후하게 하다가도 정말 자신 가질 일에는 나를 상실한 지 오래된 나기 때문에 정말 전체적인 나는 될 수 없는 열등감을 가지게 된다.

이 한 조각의 나에게서는 온갖 것이 다 얻어진대야 나는 그래도 아쉬움이 더욱 간절해진다. 그 까닭은 그래도 본체에 대한 인간적 향수가 다 가시지 못한 증명인 것이다. 이 향수적 비애를 사라지게 하는 비결은 본래 나인 나로 회복되는 일 즉 우주를 자체화하는 데 있는 것이다.

다만 나의 억만 분의 일의 소아적인 나에 국한하여 나만 위하고 나의 혈연이나 나의 애인 등만 알아주는 편파적이요, 단편적인 이 생각은 버려야 한다.

인간은 남으로부터 동물이나 무생물까지 하나로 화하게 돼야 하는데 나로 화하려면 이 나를 다 버리는 대용이 있어야 한다. 그러므로 소아적 나를 버리고 전 우주를 자신 하나로 화한 부처님이나 하느님을 특별한 존재적인 신이니 자비의 화신이니 하는 것은 그 분들이 본체인 줄을 모름이다. 그 분들에게는 너와 내가 따로 있는 것이 아니요, 유정 무정을 분별하지 않고 다만 일체가 다 자체화한 것이다. 자체가 자체를 사랑하는 것은 자비나 사랑이 아니요, 자기 보전적 본연의 작용이기 때문이다.

생은 생이라 생각할 때 벌써 생의 분열이 생기지만 생의 분열은 생의 작용이다. 그러므로 세상이나 인간의 존재나 존재적 생활은 생적 작용이라고 위에도 말한 것이다.

아무튼 생은 불멸이기 때문에 생의 작용도 멸하는 날은 있지 않은 것이다.

한 번 낳았다 죽으면 그만이라는 인생은 인생은커녕 자체의 생이 무엇인지 모르는 짐승이나 다름없는 가장 어리석은 중생인 것이다.

인간이라면 그래도 이 몸이 허가虛架인 것을 알게 되고, 자체가 어떤 존재 어느 모양으로라도 남아 있지 결코 없어지지 않을 것쯤은 알 것이 아닌가?

글쎄 누구나 다 당하는 현실 즉 낮은 밤이 되고 밤은 낮이 되고 사철이 다하는 날이 없이 봄은 봄마다 다시 오고 새해는 해마다 되풀이하고 산은 물이 되고 물은 산이 되어 그치는 법이 없고, 심지어 초목까지도 몸은 죽어 없어도 씨가 있고 뿌리가 남아서 봄마다 봄마다 푸르러지는 것을 목도하고 살지 않는가.

해와 달이 교체적으로 언제나 나타나고 부귀빈천이 돌고 돌지 않는가. 그리하여 산하대지와 일반 생령의 생적 생태가 영원에서 영원으로 상속하는 것을 체험하지 않는가? 그리고 인간은 만물의 영장이라 하고 물질은 불멸이라 하면서 어찌 그 영장은 없어지는가?

아무튼 이러한 윤회적 수레바퀴에서 현재 살고 있는 인간으로 그렇게도 생각이 없는가?

현재 인간은 불교에서는 윤회설을 말하고 있다지? 하는 식으로 내게는 아무 관계도 없는 먼 남의 일같이 여긴다.

아무튼 자기들이 그렇게 된 것은 인간적 정신 즉 자기 정신을 상실한 지 너무나 오랜 까닭인 줄이나 알았으면 싶은 것이다. 더구나 그런 인간들이 학자, 교사, 지도자연하게 된 이 세상이니 어찌 한심하지 않을 것인가?

누구는 사색하는 것이 인간이라고 말하였는데 그것을 철언哲言이라고 인용하고 있는 것이다. 그러나 사색하는 것이나 생각하는 것은 생의 본능으로 초목까지 다 가진 생적 작용에 지나지 않는 것이다.

굼벵이도 먹을 것을 위하여 또는 암컷 수컷이 서로 못 잊어 자체의 체온을 맞추려고 꿈틀꿈틀하는 것이다.

인간이 제일 지혜로운 존재로 자처하게 된 것은 단편적이나 올바른 생각을 가졌으므로 생각하고 사색하는 그 시발점으로 되돌아 자신을 찾을 수 있는 정신, 즉 그 단편을 한데 모아서 단 하나로 화할 수 있는 그 생각을 가진 때문이다. 다시 말하면 생각은 내게서 시발된, 내가 생각하는 대로 쓰이지 않는 것은 산산조각으로 부스러뜨려 쓰게 된 까닭임을 알고 생각을 하나씩 나머지 없이 정리시켜 한데 뭉쳐서 생각하게 하는, 내 자체로 돌릴 수 있는 그 지혜를 가진 까닭이다.

생각이 하나 되어 하나를 너머의 존재인 만공적 나와 합치될 때 나의 대능력의 큰 힘은 곧 발휘[覺]되는 것이다. 그때야말로 천상천하에 제일 높은 인간 즉 일체화의 내가 된 것이다.

생각 즉 정신이 모아지는 그 척도대로 인격을 이룬다. 즉 정신의 기준대로 행동하게 된다.

아무튼 하나화한 인간만 되면 일체 문제는 해결된다.

인간이 되어 인간 생활이 개막해야 생활의 안정을 얻을 것인데 이 세상은 인간이 못 되어진 인간만 살기 때문에 이렇듯 혼란한 것이다.

인간으로 살아본 지 너무나 오래된 인간들이라, 아주 쉽고 간단하게 해결될 일이 매우 어렵다고 그만 체념해버리고 지금은 영원한 숙제로 미루어두기까지 된 것이다. 더구나 하나까지 넘은 단지 하나의 내 근본적 소식을 반겨주는 이조차 없기 때문이었던 것이다.

짐승이나 사람은 본래 조상은 같건만 분열적 정신때문에 짐 승은 짐승끼리의 말만 서로 알아듣게 되고 사람은 사람의 말 외 에는 들을 수 없게 된 괴겁壞劫 즉 말세이다.

인간이면서 인간인 부처님의 말씀은 이해조차 못 하게 된 것 이다. 그 까닭은 전체적 정신을 가진 참인간인 부처는 모르고 그런 인간은 나타나지 않는 것으로 아는 단편적 정신으로 이루 어진 현대 인간인 우리들만 살기 때문이다.

부처가 곧 나다. 부처가 나라는 것을 알기는커녕 상실된 내 말을 되찾아 주는 글 즉 인간인 부처님의 경이나 전해주는 말씀 을 읽어 볼 호기심이나 들어볼 매력조차도 없어지게 된 이 시대 인간들이기 때문에 인간 문제는 해결 지을 수 없는 문제로 체념 하게까지 된 것이다.

인간이라면 같은 인간끼리의 생각이 다르지 않을 것이요, 생 각이 다르지 않은데 어찌 관점이 어긋날 것인가?

관점이 어긋나지 않는다면 정신적 노선이 하나일 것이 아닌가?

그런데 산짐승, 물고기가 한데 모여 제각기 제 고장 이야기, 제 생리적 생태를 지껄이듯이 인간끼리 모인 곳에서 각 면 각 각도로 인생관이 다른 것을 느낄 때, 이것이 인간적인 올바른 생각의 한 조각도 못 가진 인간이면서도 인간 자체를 찾을 인간 적 정신의 시발점으로 지향하지도 않는 증좌가 아닌가?

더구나 인간이라면 만물 가운데 가장 존귀한 존재요, 우주적 주재자로 자처하면서 자체의 문제를 큰 문제로 삼게 된 것이 우선 인간이 되지 못한 것쯤은 알게 될 것이 아닌가?

더구나 내 문제를 내가 해결 지을 수 없는 일의 원인을 좀 알아볼 것이 아닌가?

아무튼 인간 문제를 논의하기 전에 우선 내가 인간이 아님을 알게 돼야 할 것이다. 그런 생각이 되면 어떻게 하면 인간이 되겠느냐 하는 긴박하고 간절한 생각이 날 것이다.

긴박하고 간절한 그 생각이 하나화하여 여념이 없다면 이미 성성적적惺惺寂寂한 공인 인간적인 본체에 이른 것이다. 그 본체는 생의 원천이다. 생은 움직이는 것이다. 본생은 큼이다. 그리고 그 반발인 "큼이다"의 생적 큰 작용이 생긴다.

생적 작용의 현실상은 다 껍질이요 우상이다.

부처님이나 하느님도 생각하면 벌써 우상이요, 형상 즉 해소되는 물질이라 생각하기 전 공에서 그 실상이요, 알맹이를 알아 [覺] 얻어 운동하게 되는 것이 부처님, 하느님의 인간적 작용이다.

작용하면 곧 생과 생적 작용이 하나로 같이 움직이게 된다. 다만 분리됨으로 현실상은 우상이라는 것이다.

생은 생적 작용인 느낌이 있기 전인 만공적 작용임으로 현실이 되어 생각하는 것은 이루어지지 않는 것이 없다.

생을 여의지 않은 현실체를 가진 인간이 인간이다.

기적이니 신통력이니 하는 것은 인간적 예사로운 행동이다. 그것은 그 생각의 파편 하나만을 의존하는 중생인 지금 우리에게는 그런 부분적 생각의 현실에 의해서만 살기 때문에, 그러므로 전체적 생적 작용을 기적이니 신통이니 하게 되고 가능한 일이 된 것이다. 더구나 그런 자유로운 인간의 행동을 믿지조차 못하고 도리어 비과학이니 비현실적이니 하는 염치없는 말을 하게 되고, 듣는 인간들까지 아무 근거도 없이 통쾌하게 웃어대는 것이다. 더구나 진실한 교인, 불교 신자는 거의 있지 않고 예수교 신자로 고개 숙이고 자기 책임이나 수행하고 지내는 청년이나 학생을 보면 병신같이 여기고 모멸하게 되고 심지어 지성인이 많아지는 날에는 종교쯤은 후퇴하리라는 무지한 사람들까지 있게 된 것이다.

잠깐 모이는 회합에도 장소, 시간, 사건 등을 분명히 내세우지 않을 수 없거늘 하물며 만물 가운데 가장 귀하다는 인간이 자기의 살아갈 일에 설계도조차 명백하게 못 그린 것은 한심한 일이 아닐 수 없는 것이다.

그림자는 물체와 하나요, 껍질은 알맹이의 의복임은 인간적 상식 이하의 것이 아닌가? 그런데 말이라는 껍질 속에 현실이라는 알맹이가 어찌 없을 것인가?

학교 못 다녀 본 인간을 무식하다지만 학교가 있는 줄도 모르는 무식보다 더 무식한 것은 종교가 무엇인지 모르는 일이다.

아무튼 종교가 무엇인지 아는 인간이 거의 없다고 할 무지한 지금 세상이니 얼마나 어두운 세상이겠는가!

종교를 안다는 인간들도 종교가 믿음의 대상을 의지해 모이는 것으로 알고 있다. 마치 휴가 때 친정에 다녀가는 식의 화합인 줄로만 아는 것이다.

종교를 그보다 낮게 여긴대야 생활의 총체가 종교인데 도리어 생활의 방편으로 알고 있다. 종교는 의지하지 않고 자율적으로 살 만한 인간이 되는 공부를 시키는 인간학적 최고 학원인 것이다.

세속에서는 생령은 서로 의지하여 살게 마련이라고 단정하고 사는 것이다.

의지하는 데서는 도저히 하나화하기 어려운 것이다. 너와 내가 있는 생리적 권내에서는 고락이란 반복적 감각을 면할 길이 없는 것이다.

상대적인 생활에서는 윤회적 괴로움을 면할 길이 없는 것이다.

믿고 의지하는 그 테두리에서 벗어나 독립적 정신을 확립하여 너와 내가 하나요, 이것저것이 둘이 아니요, 고락은 교체적 환화幻化인 것을 깨달아서 환경이란 소용돌이에서 몸과 마음의 균형을 얻어 유유하게 살아가게 되는 것이 종교의 구경究竟인 것이다.

세상에서도 진선진미의 가장 좋은 법을 말로 글로 행동으로 다 가르치고 있는데 구태여 종교에 귀의하는 뜻은 표현할 수 없고 모습조차도 있지 않은 전지전능적 생명력을 얻을 수 있는 불출구의 진리를 가르치기 때문인 것이다.

그러나 땅에 넘어지면 땅을 의지하고 일어나는 것같이 어두워진 중생은 믿음을 기반으로 해야 하기 때문에 예수교를 종교적 초단계로는 인정하게 된 것이다. 그러므로 믿고 있는 예수교 신자도 종교가 무엇인지 모르는 인간보다는 나은 성공이 있고 그리고 각자적인 내 정신 하나로 인간 문제는 해결되는 일이라, 믿음의 하나화가 즉 본 나와 하나화하기 때문에 믿음이 단일화되어 삼매三昧화하면 기도 성취나 사업의 성공이나 또는 무슨 일이든지 이루는 기본이 되는 것이다.

그러나 믿음에 테두리 안을 구경인 줄 아는 종교는 그 테두리 즉 종교라는 조직체나 종주라는 우상을 넘어서의 일체 생령의 근본 즉 각자 작은 본체에 이를 생각을 못 하는 것이다.

따라서 가르치기조차 못 하게 되니 구원의 출구를 찾기 어려운 것이다.

이 몸과 혼까지 사라져야 하는 일 즉 다 바쳐야 다 얻어지는 원리원칙조차 인식하지 못하는 것이다.

세속적 생활을 그대로 계속하는 속인이 언제, 하나를 이루어 자유로이 살게 되겠는가?

이 일은 씨가 썩어 없어져야 새싹이 나고 모든 초목이 낙엽이

불佛을 향하는 마음

되어 썩은 거름으로 새 초목이 길러지는 원리와 같은 일이다.

나를 버리고 남을 따라 헤매는 객체를 나머지 없이 없어져 본체와 합일되는 그 순간이라야 완전한 생명을 얻은 인간이 되는 것이다.

인간이란 완전한 대칭이다.

남이 있고 다른 것이 있고 편, 불편을 둘로 알고 천당 지옥을 따로따로인 줄로만 알게 되고 생사가 하나인 줄을 모르고 마불魔佛이 따로의 존재인 줄 아는 인간이라면 그것은 쪼가리 인간인 줄을 알아야 할 것이다.

나라고 느끼는 그 느낌을 너라는 나의 반쪽이 떨어져버리기에 벌써 잃어버리는 감각인 줄을 철저히 인식해야 인간 될 가능성이 있는 것이다.

우선 너와 남이 있는 것은 분명한 현실인데 나 외에 나는 없어 우주가 나밖에 다른 존재는 아니라 하니…? 하는 의심부터 생기면 그 의심하는 그 생각을 되돌려 의심의 시발점 즉 의심하게 하는 내 본생각에 이르면 앞뒤 생각은 끊어진 생각의 뭉치 즉 이것저것, 너 나 하나로 모든 느낌이 다 사라져버린다.

생각이 다하고 마음 갈 곳이 없는 그 자리 즉 시공의 제재를 안 받는 그때를 마음대로 가질 수 있다면 나의 생명 전체인 온 우주는 내 것이 된다.

우주의 원리원칙도 다 나의 피조적被造的 규율이라는 것을 알게 되어 우주적인 내가 나를 임의로 쓰게 된다.

아무튼 공이라든지 무라든지 그것은 일체의 근본이요, 일체 즉 하나다. 하나만 얻으면 유[有. 現實]는 다 내 것이다. 내 것은 지금 이 시간에 내 앞에서 현실화된다.

실현 아닌 이하의 존재는 있지 않다.

나 하나 즉 우주가 자체화한 인간은 움직이는 찰나 찰나가 우주적 행동임으로 만물이 그 행동의 의존으로 움직인다.

우주가 하나로 된 인간끼리 모이면 생각이 하나 되고, 보는 뜻이 하나 되고, 사건에 대한 의견이 하나 되고, 이해관계에 균등하고 안위를 같이 받고 온갖 사무를 볼 때 관점이 다르지 않고 좋으면 좋은 대로 언짢으면 언짢은 대로 일체 일의 하나화의 살림으로 하게 되면 그리 되어 자유와 평화와의 가정, 사회, 국가, 세계를 이루는 것이다.

인간의 일이 여의하게 못 되는 것은 모두 생각과 행동이 하나가 되어 서로 응하지 않는 데 탈이 있고 스스로의 이율배반도 나와 마음이 하나 되지 못한 탓이요, 가정 불화도 가족끼리의 의견이 하나화되지 못한 까닭이다. 사회의 혼란도 사조가 하나로 흐르지 못하고 분파되는 때문이요, 국민의 불평도 관원의 불만도 모두 관민이 일심동체로 하나가 되지 않은 것이 원인이요, 세계의 전란도 각국의 자유와 이익 분배가 하나같이 균등하게 못 된 결과인 것은 모르는 이가 없건만 각자적으로 자기가 이미 지녔던 인간적 정신이 하나로 합치되지 못하고 이기적인 쪼가리 정신으로 쓰게 된 탓임을 철저히 인식하는 인간은 극히 드문 것이다.

아무튼 전 인류가 다 인간부터 될 길을 밟아야 할 일조차 모르고 있으니 언제나 인간적 세계로 회복될는지 가탄할 일일 것이다. 결국은 하나를 이루면 못 이룰 일이 없고 하나를 놓으면 이룰 일은 하나도 없는 원리가 드러나는 것이다. 그러므로 오직 한 문제가 마지막까지 남는다. 그것은 누구나 무엇이나 하나를 이루어야 할 뿐이다.

위의 말이나 다른 나의 글들의 핵심은 다만 하나를 이루는 그것 하나뿐이었다.

오직 이 우주 전체가 나 하나라고 주장하는 글과 모순 같지만 하나를 이루는 그 계단을 밝히기 위하여 또다시 꼬집어 말하는 것이다. 그 하나는 예수교 교리나 실존주의자들의 학설이나 세상에서 말하는 진리와는 달리 획기적이다. 그들이 말하는 사랑, 선, 이데아, 코스모스, 혼, 영, 신 등은 물체다. 즉 눈에 보이는 '씨'에 지나지 않는 것이다.

불교에서는 각자적인 나의 본체 즉 생령의 원천인 그 씨를 말하지만 모습조차 없는 자성 즉 씨의 씨를 가르친다. 그러나 말로 글로 나타내는 부처, 하느님, 신, 영, 혼, 진리, 도, 나, 자성은 벌써 다른 모든 인간들이 말하는 형상화의 이런저런 씨와 오십 보의 차가 있을 뿐이다.

한 걸음 더 나가 공이라 하지만 그것도 표현화하는 데 어쩌지 못하여 대칭으로 쓴 것에 지나지 않는다. 다만 체달된 사람만이 느낌 전에 공의 느낌이 있을 뿐이다.

불불佛佛이 서로 못 보는 그 진리를 전해가는 일인데 중생인 우리도 다 같이 지니고 있기 때문에 말과 글로 마음과 마음이 응해 받을 수 있다.

씨는 씨가 다 스러져서 보이지조차 않는 데서 생이 생기는 것이다. 온갖 것의 씨는 공일 뿐이다. 공에서라야 온갖 것이 생긴다. 느끼고 보는 것은 물은 액체, 돌은 고체 등등으로 원소에서 치우쳐 이룬 일면적 존재이다.

아무튼 초목이나 곡식의 씨를 쪼개고 발겨 보라. 어디서 싹이 나서 자라는지 찾아볼 수 있는가? 그것은 씨가 생기기 전, 피도 엉기기 전인 정충과 난자 속에서도 생의 모습이 발견되지 않는가?

모습도 없는 거기서 생의 움직임인 느낌이 있어 이루고 자라는 것이다.

우리가 느끼는 데서 즉 상대성에서 찾으니, 얻으면 잃게 되고 이롭다가는 해롭게 되고 즐거우면 그만한 괴로움이 온다.

느낌 전으로 돌아가는 그것을 하나라는 대명사로 쓴다. 하나는 공의 대칭이다. 그 하나가 무한량의 보고인 생의 원천이니 그것을 파악하며 쓰게 돼야 자족의 인간이 되는 것이다.

인간이 돼야 모든 생령의 영장인 오직 하나의 나로 존재적 가치의 기준이 서는 것이다.

씨는 자라고 성하고 퍼지는 것이다.

생은 나고 살고 누리는 것이다.

생은 사를 떼놓고 있지 않고 사는 생을 여읨이 없다. 생사가 하나로 무궁한 존재인 것이다. 그와 같이 생각은 망각을 여읠 길이 없고 망각은 생의 밤일 뿐이다. 망각의 보자기 속에 일체의 기억력은 쌓여 있다.

우리는 망각의 보자기에서 빠져 나온 조각 기억을 나의 기억에서는 전체로 알게 되는 데 따라 기억의 주인공인 나의 전체를 상실하게 되었다.

생사라는 불구아와 기억과 망각의 척추 붙은 기형아의 산모는 '하나'라는 이름을 가진 창조주다. 그 창조주는 나다. 이 나는 물질적인 나요, 나라는 생각을 하기 전 내가 창조주인 참나다. 이 두 나가 하나가 되면 불구아와 기형아를 구족신具足身의 몸으로 기를 수 있는 것이다. 즉 생사와 고락과 행불행을 잘 조리할 수 있는 것이라는 말이다.

생각하기 전 내가 사업의 밑천, 문화의 소재, 농사의 농토, 노동자의 힘, 즉 각자적인 내적 본질인 나다.

지금 우리 인간은 하나화의 나로 살지 못하고 생각하는 나 개체로만 살기 때문에 한 가지 일에만 딱 제한된 부자유한 생활을 하게 된다.

온갖 개체를 하나화한 나는 우주의 내외를 하나로 쓴다.

무한계의 내 생명력을 발휘하게 된다.

물질적으로나 정신적으로나 하나만 되면 마찬가지라 물질적인 일에도 일념으로, 일념에서도 일념마저 끊어진 절대령에 이르면 물질은 정신을 여읠 수 없기 때문에 물질과 정신의 합치인 최후 승리자인 대자유인이 된다. 그러나 정신의 혼미 즉 눈이 어두워 바로 진행되지 못하고 헤매게 되기 때문에 정신력을 먼저 얻어야 한다.

아무튼 오늘에 우리 인간은 나를 모르는 우주적인 무지 때문에 우주인 나를 상실하고도 상실한 줄조차 모른다.

나를 상실하고도 상실한 줄조차 모르는 우주적인 그 무지가 우주와 인간적인 모든 문제가 구원겁으로 밀려오는 지상의 과제로만 있게 한다.

위에 거듭 반복해서 거듭 하나, 하나 하고 말하였는데 그 하나는 우주와 우주의 창조성과의 합일체 즉 나와 나의 본신의 하나화한 '하나'다.

신이여! 신이여! 부르지 말고 내 본신 즉 내 본 정신인 만능적 신을 찾으라. 그러면 나는 완전한 인간이 된다.

인간이 된 나는 무소불능적 창조주인 부처님, 하느님 같은 신이 된다.

　나를 불러 일으켜라. 나를 회복하려는 지향만이라도 하게 되면 우주 창시 전은 일체가 하나였지만 우주의 움직임으로 하나의 분열이 생겨 우주와 만상이 벌어진 것이라는 것을 알아 우주는 내 집이요, 국가는 내 방이요, 내 집은 내 방석이요, 인간은 다 내 동지요, 짐승과 새와 벌레는 다 내 가족이요, 일체 물건은 다 내 수용품需用品인 줄은 아는 데 따라 공적空的 정신이 생겨 우주의 일이 다 내 일이요, 남들의 생사고락은 직접적인 나의 생사고락으로 알아 우주적 책임감을 느껴 대 분발적 노력을 하게 된다. 그리하여 우주적 무지는 해소되어 우주는 평화와 자유의 열반경涅槃經을 이룬다.

공空으로 돌아가라

"천상천하에 오직 나 홀로 높다天上天下唯我獨尊"라고 석가 부처님이 각자적인 나를 대표하여 외쳐주신 것을 알아야 한다.

나는 우주의 머리요, 꼬리요, 중심이다. 그리하여 우주적인 나는 영원을 돌고 돌고 또 돌아 영원을 상속한다. 언제나 정신의 기반으로 사는 존재를 인간이라 한다. 정신은 나를 여의지 않기 때문이다.

언제나 나에서 시발한다. 나는 나와 가장 가까운 거리이지만 나를 떼어놓고는 끝이 다한 거리까지라도 갈 수가 있기 때문인 것이다. 나를 여읠 수 없는 나는 나를 여읜 남을 만날 수 없으나 나와 연결된 남이니 남의 생사고락을 나도 같이 하게 된다. 그리하여 나는 일체 생의 책임자인 가장 귀한 존재로의 위치를 보지하게 된다.

나라고 생각하기 전의 내가 참나다. 생각하는 나는 너를 만든다. 너는 또 다른 너를 만들어 분열이 시작된다. 생각하기 전의 나는 분열을 일으키지 않기 때문에 언제나 나와 너가 하나로 행동하게 되며 그러므로 탈선되지 않는다.

이하의 나는 하나가 시작되기 전의 하나인 수에 들지 않는 하나다. 숫자적 하나는 둘 셋으로 분열시킨다. 나와 정신은 둘이 아니다. 우리는 산산이 조각난 그나 그 정신의 의존이다. 나와 정신은 상응하게 되어야 내가 내 생활을 하는 존재다.

나와 정신이 합치적 행동을 하는 인간이 참된 인간인 것이다. 즉 하나화의 인간을 말함이다. 나와 정신이 합치적인 하나화의 행동을 하려면 물질적인 이 정신의 본질적 정신을 파악하여 쓰게 되어야 한다. 물질이 생명인 줄 아는 존재는 물질이란 쓰레기에 묻혀 나까지 그 속으로 끌어들여 인간성을 잃어버리게 된다.

우주의 주재자가 인간이 아니라 인간이 곧 우주 자체다. 우주의 창조주는 무아요, 무아의 피조물은 현 우주물인 나다. 무아가 참나다. 너의 대상이 아닌 너와 나의 통일인 일체화된 내가 나다. 나라고만 하면 너라는 반쪽이 이지러진 내가 되기 때문이다. 내가 나를 만들고 또 만들어진 나는 너라는 대상을 짓는다.

나라고 생각하기 전은 전체적인 나 즉 일체 생이요, 생의 작

행복과 불행의 갈피에서

용이 나라고 생각하는 나를 만들고, 그 나는 너를 만들고 그 너는 온갖 수용품인 참나라는 현실상을 만든다.

우주, 인간, 나, 정신, 생각, 마음, 도, 자성, 불성, 혼 등은 이름만 다를 뿐 한뜻이다. 글자로 나타나는 것은 여러 생령의 본체의 껍질이요, 나라고 생각하는 나는 나의 존재를 알릴 뿐이요, 정신이라는 것도 느끼는 정신은 물질적인 한 조각의 정신이다.

내 자체는 언제나 이율배반이라는 순역順逆의 이중 작용을 한다.

내 생각이 배가 고프다고 느끼기 때문에 밥을 모아들인다. 그다음 생각은 소화 즉 없애버리는 이율배반적 행동을 한다. 제삼의 생각은 소화된 찌꺼기까지 내게서 내쫓아버린다. 나는 나의 반역자인, 내 권속인 내 생각들 때문에 또다시 곡식을 심고 가꾸어 거두는 고역을 치러야 한다. 또다시 먹어야 생존을 부지하게 되기 때문이다.

어리석은 나는 배고프다는 나에 대한 반역자인 생각들에 순응하여, 먹고 썩히고 배설하고 그 배설물에 의존하여 또다시 먹을 것을 만들지 않을 수가 없게 되는 것이다. 그리하여 시종이 없는 노역자가 된다.

내가 생각의 적이냐, 생각이 나의 적이냐? 나는 생각 때문에 살고 또 죽어야 하고 생각은 나 때문에 기멸의 반복을 계속한다. 나는 생각 때문에 수난의 존재로 영존해야 하고, 생각은 나 때문에 언제나 수고하게 되는 것이다. 나와 생각의 머리와 꼬리가 서로 붙어 생사의 수레바퀴에서 영겁으로 맴도는 것이 인간의 생활이다. 나와 함께 우주와 생령은 생사와 기멸이 상속되어 미래세가 다하지 않는다.

나는 생이다. 생은 불멸이다. 생의 작용인 생활도 끝나는 날은 없다. 나는 생각을 위하여 순응하게 되고 생각은 나를 위하여 끊임없는 노역을 하게 되니, 나와 생각은 서로 이利와 해害를 상반으로 주고받고 있다. 내게 목숨을 바치는 자가 장차 내 목숨을 노리게 된다.

이를 바라거든 먼저 주어라, 얻는 것이 곧 잃는 것이다. 다 버리면 다 얻어진다.

돕는助 자가 해치는害 자가 된다. 생각은 내 것이다. 꿈은 내가 일으키는 생각이라 내가 실현시키는 것이다.

사랑이 곧 원수다.

슬픔의 어깨 너머로 기쁨이 웃고 있다. 기쁨의 발꿈치에는 슬픔이 따른다.

적이 곧 이아적利我的 존재다. 나의 이율배반적 행동은 곧 나의 순응이다.

불합리가 즉 합리다. 나의 생활은 윤회와 변화와 집산의 되풀이로 시작과 끝은 없다.

주야의 날과 춘하추동의 철과 신구의 해와 생로병사하는 생사와 성주괴공의 변화 작용은 생령이 영원에서 영원으로 타고 다니는 명암의 쌍두마차다. 생령은 생사와 고락의 명암의 쌍두마차를 여읠 수 없는 영원한 나그네이다.

우주는 나의 자체라고 말한다. 속이 마른 알맹이요, 겉이 마른 껍질이요, 그림자다. 즉 속마른 우주의 본질이요, 겉마른 현실이다. 다만 생사와 고락이 서로 엇갈리는 현실에서 어긋남이 없는 생활을 하려면 말 탄 사람이 몸의 중심을 잃지 않는 것과 마찬가지로 정신적 균형을 잃지 않고 살 힘을 가진 존재라야 인간이다. 대립적인 입장, 상반적인 생활 궤도에서 탈선되지 않을 정신력을 가져야 영원한 편안을 얻는다. 탈선되지 않을 정신이란 너 나가 다 한 생명줄에 의존한 존재임을 확인한 존재의 정신력이다.

관민이 한 몸이 되고 부모 자녀가 한 마음이 되고, 부부 동기가 한 뜻으로 된 국가, 사회, 가정에는 자유와 평화가 있다. 누구나 명암의 쌍두마차를 탄 생령이다. 주야의 명암이나 생활의 고락이 모두 같이 붙어 다니는 되풀이의 원칙인 줄 알게 되어야 고통 없이 살게 된다.

지금 우리 인간은 전체적 정신은 상실하였다. 우리는 누구나 다 나를 상실하였다.

우리는 모두 다 기억력 상실자다. 천만 조각으로 부서진 가장 작은 한 조각 정신[魂]의 체력은 만능이므로 인간이 정신을 떼어놓고 살 수 없다는 것은 알면서도, 마치 돈 가지고 무엇에 써야 할지를 모르는 것처럼 자기 정신을 가지고도 마음대로 쓸 줄 모른다.

혼이 쉬고 쉬면 모든 혼이 모인, 혼의 대휴식처에 이른다. 혼이 쉬고 쉬어 하나화한 자리가 혼의 대휴식처이다. 우주적 대무식은 '하나'가 무엇인지 모름이다.

누구나 다 나의 것들과 나를 하나화하지 못하여 불평불만이 있다. 집단적 생활에는 더구나 한 정신으로 살게 되어야 한다. 장소를 같이하고, 보는 데, 듣는 데 관점이 통일되고 이익을 균등하게 나누고, 고락을 함께하게 되면 목적지에 무난하게 이르게 된다. 하나만 이루면 온갖 어긋남과 모든 차질과 여러 혼란한 사건이 모두 평화 일색으로 되어버린다.

하나화 하는 비결은 남을 억제하지 말고 나 스스로가 남과 동화되는 데 있다.

'하나'는 생령의 본체다.

혼이라 하는 것은 낮에는 몸의 의존으로, 생각으로만 돌아다니다가 밤이면 육체의 기능을 잃고 잠들었을 때는 흔히 자기의 혼체를 따로 나타내어 자유 행동을 하다가 생명의 옷인 육체를 벗으면, 생전에 지은 업의 기준대로 천상, 인간, 짐승, 지옥 등으로 그 곳에 해당한 옷[肉體]을 갈아입고 또다시 생활이 계속되는 것이다.

천당도 극치적 물질문화 세계이며 현실계다. 자기가 지은 업의 척도대로 천년이고 만년이고 한바탕 좋은 꿈의 생활이다. 천당 생활도 지나고 나면 허무감을 아니 느낄 수 없게 된다.

혼이 대휴식처에 이르면 비로소 전체적 정신력을 얻는다. 혼이 대휴식처라는 것은 일체 혼의 합치적 혼 즉 생각이 뭉쳐져 한 생각도 없는 생각의 통일체다. 한 생각도 없는 무無는 나의 본체이므로 나는 내 본체만 회복되면 내 생각대로 다 이루어진다. 모든 문제는 무에서만 해결된다. 무는 우주의 본체요, 생명의 본원이다. 생각은 내가 하는 것이므로 내 것이 분명한데 우리는 생각이 내 것이라는 생각조차 못 하기 때문에 우리는 내 생각을 누구나 다 같이 지녔건만 내 생각대로 무엇이든지 현실화 시킬 수 없게 되었다. 생각은 나의 표현이다. 생각은 곧 현실이다. 망설임 없이 내 생각대로 결행[決行]만 하면 못 이룰 것이 없다. 믿음을 터라고 한다면 실현은 건물이라고 할 수 있을 것이다. 정신을 떼어놓고 하는 일은 없고 동시에 두 정신이 두 일은 할 수가 없는 것이다. 한 정신으로 일하고, 또한 일은 외곬으로 해나가라. 나라고 하면 적어도 나만은 내 마음대로 하게 되어야 나라는 의의가 성립되지 않는가. 내가 나를 마음대로 못 하는 우리는 나를 상실한 인간인 증명이 되는 것이다. 정신력을 얻는다는 것이 내가 나를 회복한다는 말이다. 근본적인 나는 의식하기 전의 나다. 근본적인 나는 의식적인 존재가 아니다. 근본적인 나의 분신은 생각하는 나로부터 일체다.

전체적인 나를 회복한 인간이 가장 높은 인간이다. 석가 부처가 말한 유아독존적인 나다. 우주는 나요 우주를 삼라한 만상은 내 혼의 파편이다. 각 혼의 변화 작용이 각 우주를 만들고 개체를 낳고 생활을 짓는 것이다.

근본적인 나와 변화 작용이 합치되면 구체화된 정신으로 구현화의 현실을 창조한다. 변화 작용인 혼은 나 곧 생각하게 하는 근본 혼의 분열이요 부동체이다. 온 우주는 나의 부동체요, 만유는 나의 분열적 존재이다. 분열된 혼을 남김없이 모으고 부동체를 기운조차 가라앉힌 그 자리가 생각하게 하는 생각 즉 모든 혼이 합치된 대휴식처다. 대휴식처는 유정, 무정의 생명의 본체다. 생명은 불멸체다.

생명의 생활도 그침이 없다. 생명력은 전지전능한 물체 이전의 존재이므로 모습조차 보이지 않지만 만능적 작용을 한다. 생명의 존재 가치 기준은 생명력을 얻어 임의로 쓸 수 있는 존재에게 세워진 것이다.

생각이 즉 마음이라 마음이 일체를 지은 것이다. 일체는 마음을 떼어놓지 못하는 것이다. 지금 우리가 쓰는 마음은 조석으로 변화 작용을 일으키는 것이다.

이 물체의 본체가 일치를 조성한 것이다. 산산조각으로 부서지는 이 마음의 합치체가 창조주다. 마음이 다한 곳에 서야 창조주의 전체적 능력을 빌휘하게 된다. 마음의 본체는 일체의 요소가 모두 갖추어져 꽉 차서 빈틈이 없으므로 건드리지 못하는 부동체이며, 느낌조차 끊어진 존재지만 일반 생령의 씨가 되어 있다. 내 씨를 살리는 생령이라야 생령이다. 있다고 존재가 아니요 꿈적거린다고 생활이 아니다.

생명력으로 살고 생명력을 발휘하는 생령이라야 생령적 가치가 있는 생령이다. 오늘의 인간은 자기가 자기의 생명력을 모두 상실하고 한 조각 생명력으로 살고 있다. 오늘의 우리는 한 조각 생명력의 의존이라 전체력을 발휘할 수 없는 줄을 모르고 인간은 자기의 당연한 행동력인 만능을 기적이니 신통이니 하는 것이다.

오늘의 이 사바세계에는 생명력으로 사는 인간을 믿어줄 생명력을 가진 존재도 극히 드물게 되었다.

생명은 오직 한 줄기로 되어 있다. 일체 생명은 한 넝쿨에 붙은 열매다.

생명의 본줄기는 하나이지만 그 갈래와 줄기는 입을 가지고는 세어볼 엄두조차 낼 수 없는 무량수로 벌려져 있다. 생명의 본줄기는 몸이 없으나 적은 갈래는 물체이므로 한 갈래의 같은 업을 지은 중생끼리만 한 줄기 즉 같은 우주 같은 족속으로 붙어 산다. 동업 중생끼리의 줄기는 일련적一連的이므로 한 우주 한 족속이 스러질 때 차례로 없어진다. 또한 마찬가지로 이런 존망存亡이 영겁으로 계속된다.

한 줄기에 붙은 같은 생명체로 너 나 할 것 없이 남이 죽을 때 나도 죽는다는 것을 모르는 이 사바세계의 생령들은 서로 죽이는 일을 예사로 하게 된다. 마음은 나의 사도使徒이므로 내가 시키는 대로 순응하게 된다. 자비와 사랑이 없는 것이다. 너와 나가 연결된 하나로 서로 돕는 것은 나 자체를 위한 일이기 때문이다. 내 마음을 순응시킬 수 없으므로 내가 불편한 것이다. 내 마음만 극복하면 지옥에서도 편안하게 참고 살 수 있다. 행복이나 편안을 다른 데서 구하지 말고 내 마음을 내 것으로 만들어 쓰게 하라. 우주도 다 내 소유요 내 마음도 내 것이다. 내 마음으로 하여금 우주의 온갖 것을 가져다 쓰는 때라야 가장 부유한 때다. 행불행과 빈부가 다 나의 마음의 작용이다. 내 마음을 내가 부릴 수 없는 때에는 우주에 있는 온갖 것을 모두 다 가진다고 하여도 내 마음 저 깊은 곳에서는 아쉬움이 그저 남는다.

마음은 생의 원천이요 고향이다. 영원에서 영원까지 향수에 젖은 삶을 사는 중생은 마음을 상실한 탓이다.

우리는 먼저 내가 내 마음을 부릴 수 없는 인간은 인간이 아님을 절실하게 느끼게 되어야 인간 될 가능성이 있다는 것을 알아야 한다. 내 마음을 내가 발견하여 쓰는 것이 인간이다. 마음을 떼놓고 살 세상은 없지 않은가?

천당을 가야 편하고 지옥을 가서는 못 견디겠다는 그런 마음을 버리고 먼저 환경에 휘둘리지 않을 마음을 가져야 할 뿐이다. 나무 등걸이라도 망설임 없이 능력자로만 믿고 마음으로 기도하면 나무 등걸은 반드시 기도의 대가를 지불해준다. 기도는 내 것을 도로 찾는 일이다. 생각하는 이 마음[魂]은 물체가 눈으로 보인다. 보이는 물체이므로 몸으로 감각하고, 귀로 듣고, 입으로 먹는다. 혼은 둔감한 육체를 벗어난 영리한 존재라, 좋고 맛있는 음식을 더욱 느끼고 설법도 잘 납득한다는 것이다. 혼은 제사 때, 천도식 때 불려와서 잘 먹고 설법을 듣고 제도를 받는다.

개체적 혼은 한 자리에 둘이 서지 못한다. 동시에 두 생각을 못 한다. 생각 즉 혼을 모아 일체 혼을 만드는 혼의 휴식처는 산산조각의 개체적 혼을 하나씩 정리하여 하나로 만들어야 한다. 동무도 애인도 혼의 자장가를 불러주는 이를 사귀어라. 혼은 언제나 쉬는 자리에 앉아서 고요하게 질서 있는 행동을 하면 탈선될 일이나 차질이 생기지 않는다.

혼이 쉬는 자리는 느낌조차 끊어지고 마음과 생각이 다한 공계空界다. 공空은 절대다. 실개[悉皆]다, 정正이요, 진실이요, 진리다. 공에서 행하는 것이 정당이요, 공에서 보는 눈이 바르고, 공에서 듣는 귀는 그릇됨이 없다. 공에는 상상할 수 없는 것까지 꽉 차서 빈틈이 없다. 공만 얻으면 유有는 다 내 것이다. 공은 생의 공동 소유이다. 공은 벌레의 것도 된다. 공을 여읜 생령은, 물에서 저절로 생긴 벌레가 제 몸이요, 세계요, 생활인 물 밖으로 나와 헤매는 셈인 것이다. 얻고 싶고, 하고 싶고, 먹고 싶고, 만나고 싶고, 보고 싶고, 가고 싶거든 나의 고향인 공으로 돌아가라. 공은 나다. 나에게는 없는 것, 못 하는 것도 없다.

공은 본 자연이다. 루소는 공의 소식을 몰라 자연, 자연하고 부르짖으며 버둥거리다가 그만 가버렸다. 루소는 지금쯤은 느끼는 자연 그 테두리에서 벗어나서 자연의 출구를 발견하였는지도 모른다.

공이 만유의 내적 본질이요, 생령의 본체요, 혼의 대휴식처요, 생각하게 하는 나요, 우주의 창조주다. 공을 여읜 인간은 인간이 아니다. 공은 마음의 마음이요, 일체 생의 씨다.

생령은 공에서 떠나 살게 되면 항상 구하고자 하는 마음이 그치지 못한다. 인간이 공을 여의기 때문에 자족하지 못하는 것이다. 인간이 언제나 아쉬움이 가시지 않는 것은 공이란 자기 본고향에 대한 향수적 고민 때문이다. 가장 만족한 생을 누리려거든 공을 여의지 말아야 한다. 가장 높고, 귀하고, 부하고, 자유롭고 편한 생활을 바라거든 본고향인 공으로 돌아가라.

공을 여읨이 없는 현 생활이건만 늘 구하여 괴로운 생활을 하는 것은 마치 밥통 안에서 주리는 것 같은 일이다. 공이 즉 만(滿)인 것을 모르는 그 무지 때문이다. 공만 얻으면 만유는 자동적으로 내 것이 된다.

우리의 가장 큰 무지는 무진장의 보고인 공을 내가 지니고 있다는 것을 모르는 것이다. 보고 중에서 가장 가치 없는 이 몸을 보배로 알기 때문이다. 장차 썩어질 이 몸은 생명의 껍질이다.

공에는 시종도, 생사도, 고락도 없는데 느낌이라는 이변이 생사와 고락을 만들어낸 것이다. 생사와 고락은 공의 존재를 알리고 가치가 생기게 한 것이다. 금덩이가 보배지만 깨뜨려 만드는 데 가치가 있고 소용품이 된다.

공은 일체의 바탕이므로 공을 가지면 못할 것이 없다. 짐승이라는 말은 공이 자기의 자기 즉 본마음을 찾아 쓸 줄을 모르는 존재의 일체를 가르침이다.

금덩어리 전체를 다룰 줄 아는 자가 기술자임과 같이 공을 남김없이 파악하여 쓰는 존재가 부처요, 하느님이라는 인간이다. 부처님이나 하느님이라는 선생에게 귀의하는 뜻은 공인 내 전체적 정신력을 잘 다루는 일 즉 우주 창조자인 기술자 되는 법을 배우자는 것이다.

부처님이나 하느님은 공을 파악하여 그 재료로 우주를 창조한다. 예수교에서 마음이 가난한 자는 복이 있다는 말씀과 불교에서 몸과 혼을 남김없이 살라서 느낌이란 여운까지 없이 하는 말씀이 다 같이 공에 체달하라는 말이다.

예수교의 교주도 공에 체달은 못 하였는지 성경에 명확한 해설이 없는가 한다. 공은 이론이나, 글이나, 말이나, 표정으로 얻어지는 것이 아니다. 다만 각자가 이 자리에서 시공의 제재를 안 받는 공의 시간, 즉 느낌까지 끊어진 경지, 즉 적적寂寂하고도 성성惺惺한 그 시간을 얼마든지 마음대로 가질 수 있어야 하는 것이다.

그런 경지에 체달되었다면 한 생각을 일으킬 때 우주가 일어나고, 한 생각이 소멸될 때 우주는 사라지는 것이다. 내 한 생각의 기멸起滅을 따라 생사와 건괴建壞가 있게 된다. 우주가 자체가 되어 신축伸縮을 마음대로 하는 인간이 인간인 것이다. 우리는 인간이면서 인간이 무엇인지 모르는 것이다.

공만 얻으면 만유는 모두 내 것이 된다. 공만 얻으면 만유의 주재자요, 생령의 으뜸인 인간적 가치 기준을 세운 존재가 되는 것이다. 공만 얻으면 천당 지옥이 다 나의 처소요, 선악적 행위에서 탈선되지 않는다. 공은 결합과 해소의 이중 작용을 영원에서 영원으로 계속하여 다하는 날이 없다.

부정이 긍정이요, 긍정이 부정이다. 대진리는 대모순이요, 극선은 극악이다. 마불魔佛이 하나요, 중생과 부처가 둘이 아니다. 너와 나도 하나다. 생사도 고락도 하나다. 영생은 영멸의 상태다. 일체의 것은 표리로 여읠 수 없는 하나로 된 존재이기 때문이다.

공의 것이 아닌 것은 없다. 몸도, 혼도, 나도 다 공일 뿐이다. 공은 빈 공이 아니기 때문에 나라는 생각을 일으키고, 생각의 집적인 일개 혼을 이루며, 혼이나 몸은 물체이므로 변화적 작용으로 모였던 사대원소[地, 水, 火, 風]로 돌아갔다가 또다시 혼의 기준대로, 무슨 형체로든지 몸은 혼의 그림자이고 혼은 생명이 심부름꾼이다. 그러나 현대 인간인 우리는 거꾸로 몸은 혼의 감옥이고 생명은 혼의 심부름꾼이 된 생활을 하게 된다.

신이니, 영이니, 하느님이니, 부처님이니 하고 생각하는 존재는 우상이다. 그 우상이 가진 정신 즉 나의 정신의 정신을 믿는 것이 진실한 믿음이다.

생각하는 것은 현실이요, 생각하기 전이 현실의 본체다. 본체는 볼 모습이 없으므로 공이라고 한다. 현실의 일체가 다 공의 안에 있다. 일체를 내포하고 있는 공이니만큼 일체 작용을 임의로 일으킨다.

젖먹이가 똥을 싸서 뭉개다가 장성하면 온갖 자유로운 행동을 할 수 있는 것처럼, 공을 얻어 운용할 수 있는 완전한 인간은 예사 행동으로 되는 것을 모르는 중생들은 기적이니 신통력이니 하는 것이다. 생각은 표현 즉 그림자이다. 인간은 정신적인 삶의 밑천을 먼저 장만하여 인간 생활이 개막되어야 유유하고 올바른 생활을 하게 된다.

정신력을 잃어버린 인간은 자신을 배반하고 이적 행위만 하게 된다. 정신적으로 생활의 기반이 서지 않은 인간은 자기 마음도 믿을 수 없고 자기 정신도 의지처가 못 되므로 항상 아쉽고 불안한 삶을 살게 된다.

우리는 오직 정신만이 삶의 밑천임을 확인하지 못하고 있기 때문에 농토 없이 농사짓는 농부 같은 헛된 노고가 많은 삶을 살게 된다.

필목을 짜는데 씨와 날이 합해야 하는 것같이 정신과 물질은 종횡으로 여의지 못할 생활 요소이다. 생각하는 것은 물질을 생각하기 전의 정신이지만 그 정신은 모습이 없으므로 공이라, 무라 하게 된다. 무는 존재적이 아닌 것이다. 물질의 내적 본질이며 존재적이 아닌 정신은 씨의 정체와 같아서 모습은 나타내지 않고 다만 온갖 것으로 자체를 표현하는 작용만 할 뿐이다. 다만 존재와 현실이 있을 뿐 현실 외에는 있음이 없다.

긍정될 것은 현실밖에 없지만 믿을 것은 못 된다. 무상無常하기 때문이다. 낮인가 하면 밤이 되고, 밤인가 하면 낮이 된다. 만났나 하면 헤어지고, 헤어졌나 하면 또 만난다. 불행이라 느낄 때에 기쁨이 온다. 기쁘다고 느끼다가 금방 슬픔이 닥친다. 낳았나 하면 죽고 죽었다고 할 때 이미 낳게 되는 것이다.

무상의 안에는 항존恒存이 있다. 허무의 반면에는 진실상이 있다. 못 믿을 나의 안에는 우주가 무장을 하고 대들어도 이길 수 없는 강력한 내가 있다. 강력한 그 나는 우주 창시 전 즉 부처님이니 하느님이니 하는 이름조차 생기기 전, 생령의 피도 엉기기 전인 공에 이미 갖추어졌던 나다. 그 속은 비었지만 온갖 것을 모두 다 가지고 있는 것이다. 그 나는 불변의 생명체다. 삶의 지

행복과 불행의 갈피에서

배도 아니 받고 죽음이 데려가지도 못한다.

아주 빈 곳에 아주 빈틈없이 차 있다. 빈손이어야만 다 쥘 수 있는 것이다. 한 생각도 안 가진 때여야만 모든 생각을 부리는 생각의 주인공을 발견할 수 있다.

한 글자도 몰라도 한 글자 속에 내포한 모든 진리와 학리와 우주의 본질을 깨달을 수 있다. 학문은 배움보다 깨달음에 의의가 있다. 학문은 배우는 것을 목적으로 하지 말고 한 글자 깨닫는 것을 목적으로 해야 한다. 학문은 인간이 되자고 배우는 것이다. 학문은 진리 탐구를 목표로 하지만 느끼고 생각하고 글로 쓴 그 진리는 벌써 진리는 아닌 비진리이니라. 불출구의 진리가 진리다.

학교의 교육으로 배우고 종교 교육으로 깨달아 환경에 휘둘리지 않는 사상적 기반이 확립되고, 사업적 방안을 명백하게 정하고, 일관적 노력을 하게 되어야 인간적인 생활을 하는 존재가 된다.

배워서 얻는 것은 없다. 각자가 이미 지니고 있던 현실의 본체이기 때문에 주었던 것을 받고, 잃어버렸던 것을 깨우침 받는 것뿐이다. 종교의 종주에게도 상실된 내 정신을 회복하고 잊어버린 내 행동을 다시 찾는 방법을 배울 뿐이다.

이 현실상은 꿈이다. 행불행이 되풀이되는 이 생활은 곧 길흉을 반복하는 꿈인 것이 사실이다. 인간이 꿈에 탐착하여 자체의 생활이 꿈인 줄을 모르고 실감적으로 울고 사는 것이다.

낮 꿈은 현실적이다. 더욱 탐착하기 때문에 더 명백하고, 밤 꿈은 과거, 미래의 꿈을 혼동시키며 기억력을 상실하고 지내기 때문에 같은 현실적인 꿈이지만 희미하게 느끼는 것이다.

꿈에서 나타난 일은 아주 상실되어 억천만 번 되풀이한 꿈이라도 도무지 기억하지 못하는 것이다.

기억력이 상실된 증명으로는 죽을 때의 고통은 어느 정도 짐작하면서도, 날 때의 고통은 감쪽같이 잊어버리고 있는 것으로도 알 수 있다. 즉 핏덩이가 엄마의 골반의 뼈까지 어그러뜨리고 그 좁은 문을 기어이 통과할 때, 깨지는 듯하고 터지는 듯한 그 최고극말적인 고통을 겪은 아기의 일은 전연 동정할 줄을 모른다.

현실 생활이 꿈이라 영화의 장면이 금방금방 바뀌듯이 꿈의 한 장면 한 장면이 되돌아오지만 명확한 현실은 현실이므로 생사와 고락을 아니 느낄 수 없는 것이다. 아무리 꿈이라 해도 영구한 내 꿈이므로 아니 꿀 수는 없는 것이다. 어차피 아니 꿀 수는 없는 꿈이요, 꿈 생활이라고 무책임하게 지낼 수도 없는 것이다. 더구나 꿈을 부인할 수 없는 것은 꿈꾸는 것이 내 생명이며 꿈을 부인하는 것이 곧 내 생명을 부인하는 셈이 되기 때문이다.

꿈은 내가 꾸는 것이며 꿈꾸게 하는 정체가 나에게 있을 것이므로 내 정체를 파악하여 꿈을 조절하게 되어야 내 정신을 내가 쓰는 존재가 되는 것이다.

내 꿈은 꿈의 시발점이 내게 있는 것이니 온갖 꿈의 무리들이 모여 있는 그 시발점을 내가 찾아 모두 다 현실로 등장시킬 수 있다.

꿈 즉 상상은 무한대의 자유가 있어 그 꿈을 저해할 아무도 없는 것이다. 어떤 엄청난 꿈이라도 내 꿈은 내가 현실화시킬 수 있다. 내 꿈의 자유와 함께 내게는 한계가 없는 자유와 행동력이 있다.

생적 절대 평등한 권리는 꿈의 세계에서 얻는 것같이 현실계에서도 얻는다. 꿈이 즉 현실이기 때문이다.

우리들은 어떤 경우에 있어서든지 언제나 나로서의 정당한 자신력을 상실하기 때문에 이미 지닌 자기 능력을 못 믿고 큰일에는 인간의 능력으로는 할 수 없다는 열등감을 갖게 되었다.

그러나 무한량의 자제력을 지닌 꿈의 세계의 주인공은 바로 나인 것이다.

만유의 주인공으로서의 자격을 회복하려면 일체를 하나화한 존재 즉 나와 꿈과 현실이 분열되지 않은 통일된 생활을 하려고 노력하는 데 있다.

공 외의 것으로 상상할 수 있고 이론화된 것은 현실이며 따라서 모를 것도, 못할 것도 없다는 것을 아는 것은 상식이다. 모를

것도 못 할 것도 없는 것이 인간이다. 남이 달라는 것을 다 줄
수 있는 것은 인간적 책임이다.

생각은 꿈, 꿈은 현실

– 현실은 나의 반영이다

이 우주라는 대침상에서는 모든 생령이 각자적인 자기의 업. 혼대로의 다른 꿈을 꾸면서[生活] 영원에서 영원이란 시공적 수레바퀴에서 돌고 돌면서 그 끝이 다하는 날이 없이 계속된다.

다시 말하면 생은 불멸인 까닭에 생의 작용인 생활 또한 끝나는 날이 없는 것이다. 즉 생의 작용인 생활은 꿈이며, 생각이다. 이것은 주야라는 흑백의 수레바퀴에서 영원으로 영원을 상속하여 가는 현실이다. 생적 작용인 이 꿈 외에 또 다른 생활이란 절대로 있을 수가 없는 것이다.

아무튼 꿈이란 생각인 줄을 누구도 모르지는 않건만 생각과 꿈이 내 것이라는 생각은 하지 못하는 것이다. 꿈이 생각이요,

생각이 꿈인 줄 알면서도 밤에 꾸는 꿈이 낮의 생각의 작용인 줄을 모르는 것이다. 밤의 꿈이 낮의 생각의 작용인 줄만 알면 낮 생각이 밤 생각과 다르지 않음을 알 것이다.

그러나 밤에 꿈을 꾸는 온갖 생활이 낮 생각과 다르지 않음을 경험하면서도 생각의 작용인 꿈이 즉 현실임을 모르는 것이다. 더구나 현재 생각하는 것이 곧 내 앞에 실현되지 않기 때문에 생각이 즉 현실인 줄 모르는 것이다.

범인은 분열된 생각으로 분열적 생활을 하기 때문이다. 그러므로 다시 생각을 한데로 모아 노력하여야 현실화되는 것이다. 현재의 생각은 현실의 재료에서 그치는 것이어서 요리를 하지 않으면 현실화되지 않는 것이다.

아무튼 꿈은 내가 꾸는 것이고, 또 내 것이 분명하건만 범인인 우리는 내 것인 내 몸을 내 자유로 실현시킬 수 있는 길을 알지 못하는 것이다.

마치 쌀이라는 재료를 가지고 밥도, 죽도, 미음도, 술도, 강정도, 과자도 다 만들 수 있는 것같이, 생각이라는 하나를 가지고 먼저 우주가 일어나고 모든 생령이 생기고 온갖 살림살이가 벌어지는 것이건만 그걸 모르는 것이다.

느끼기 전에, 생각하기 전에 일체가 다 배포되어 있었기 때문에 현실은 생각과 함께 일어나는 것이다. 있었던 현실이 내가 생각함으로써 내 앞에 나타나는 것이다.

아무튼 우리네 인간의 생각의 시작은 우주와 인간을 복잡다단한 세상살이 속에 몰아넣었다. 일어나면 멎었고 멎은 것은 다시 시작의 근본이 되었다. 여기서 성주괴공成住壞空이라는 환環을 이루었고, 이것은 멎음의 꼬리가 시작의 머리를 물어 결국 결말이 나올 길이 없이 되어 우리의 생각으로 헤아리기도 어려운 세상살이를 만든 것이다. 그러나 그 생각의 시작은 애초부터 꿈의 연속이었던 탓으로 꿈속에서 누리고 겪은 모든 것은 깨고 보면 허망하다. 다만 생각은 쉼이 없다. 생각이 또 일어나기 전에 꿈을 되풀이한다. 또다시 생각은 끝이 나고 꿈은 깨어진다. 이런 되풀이는 끝장이 나지 않고 우리에게 실망과 허망을 연속시킨다.

아무튼 생각은 시작이요 꿈은 결과다.

그러나 결과라는 그것이 마지막이 없다는 것은 영원한 수수께끼인 것이다.

수수께끼는 원래 풀기 곤란한 것이지만 재미도 없지 않다. 그렇다고 좋은 것도 못 된다. 풀기 쉬운 듯한 속임수에 걸려들기는 쉬우나 풀기는 좀체로 어려운 것이다. 그러나 수수께끼로 알면 그만이다. 본래 수수께끼란 재미로 풀어보다가 안 풀린다고 도박처럼 큰 손해를 보이는 것도 없고 법률처럼 상벌이 붙은 것도 아닌 악의도 선의도 붙지 않은 때문이다.

그러나 풀고 못 푸는 그 문제보다도 수수께끼에는 실생활 즉 긴박한 현실에만 붙어 있기 때문에 그것이 크나큰 문제가 될 뿐이다.

아무튼 문제는 그 수수께끼에 있는 것이 아니다. 그 수수께끼를 풀고 못 푸는 것은 결코 문제가 아닌 것이다. 본시 내 생각은 나 하나가 한 생각으로 만드는 현실인 줄만 알면 그 현실은 내 것이기 때문이다.

현실은 평화와 자유보다 회의와 불안이 더 많은 것이고 그것이 내 생각이 만든 것을 몰라서 그것이 피치 못할 어려운 문제가 되는 것이다. 그러므로 생각이 올바르고 참되면 생각의 균형과 생각의 진실이 해결 지을 수 있는 것이다.

생각의 진실이란 생각을 분열시키지 않는 것이다. 깨어 있을 때의 생각도 꿈의 생각도 현실인 하나인데 깨어 있을 때의 생활은 진실이요, 꿈만이 허망한 줄 안다. 또 꿈이 깨어 허망할 때도 모두 자신의 한 생각으로 된 꿈이며 현실인 줄을 모르는 꿈의 생활과 깰 때의 생활을 달리하는 것에서 우리의 수수께끼와 고민은 생기는 것이다.

영화를 감상하는 때도 그렇다. 영화에서는 희비를 보고 느끼면서도 잊어버리면서 내 현실만을 실감하려고 드는 것은 영화나 현실이 모두 내 생각 하나의 작용인 것을 모르고 자꾸 그것으로 분열시키기 때문이다.

어떠한 경우에서도 한 정신력으로 살게 된다면 마치 나무가 줄기(핵심)만 튼튼하면 가지와 잎사귀의 많은 권속은 언제나 비바람에 부딪치고 날마다 폭군인 태양의 곤란 중에서도 싱싱하게 살아갈 수가 있는 것과 같은 것이다.

나무의 줄기 즉 핵심은 사람의 생각이 곧고 참된 것 즉 강력한 정신력 같은 것이어서 그런 인간은 험난한 세파에 부딪쳐도 힘 있게 왕성하게 살아갈 수 있는 것이다.

그리고 나무의 줄기가 성하게 되는 것은 뿌리가 풍부한 영양을 섭취하여 힘 있게 왕성하게 되어야 하는 것같이 인간 살이도 인간의 생각의 풍부한 영양이 있어야 하는데, 인간적 정신의 정신이 고요히 쉬는 공부 즉 분열된 정신을 거두고 거두어 한데 묶어놓는 일이다.

사실 생각, 마음, 감각, 관념, 느낌, 상상, 꿈은 다 같은 말인데 사람이 공연히 분별심으로 각각 다른 이름을 만들어 여러 가지 맛을 느끼는 것이다.

더구나 생각이 꿈이요, 꿈이 생각이요, 생각이 현실인데 그것조차 조각으로 잘라놓아 일거리를 만든 것이다.

거듭 말하게 되는 바이다.

생각 하나가 인간을 만들고 삶을 장만하여 그것을 현실이라 하는 것이다.

모든 탈은 오직 내 생각이 내 것인 줄 모르는 데 있는 것이다.

내 생각이 내 것인 줄 모르기 때문에 생각하는 현실이 나의 반영인 줄을 모르고 나의 반영인 줄을 모르기 때문에 생각이 즉 꿈이요, 꿈이 즉 현실이라는 것을 모르는 것이다.

내 생각이 내 것인 줄만 알면 꿈의 자유와 함께 수수께끼는 풀린다.

내가 나기 전 즉 태초 전에는 한 세계 한 인간이었는데 내 생각의 분열로 미지수 같은 별다른 세계와 상상으로도 세어 볼 수 없고 다만 공空이나 헤아릴 수 있는 이류異類 중생이 우주 안에 꽉 차게 버려져 있는 것이다.

이 사바세계를 중앙으로 하여 위로 극치의 문화계를 천당이라 하고 아래로는 비문화 세계로 미처 인간이 못 된 존재들이 살고 있는 것이다.

꿈이 같은 중생은 다 동업[同業, 同魂] 중생이요, 이류 중생이라 하는 것은 꿈이 다른 생명 즉 혼이 다르기 때문이다.

꿈이 같다는 말이 즉 생각이 같다는 말이다. 생각이 같기 때문에 옳고 그른 것도, 기쁘고 괴로운 것도, 희고 검은 것도, 크고 작은 것도, 체온에 맞고 안 맞는 것도 똑같이 느끼기 때문에 부모 형제 친척으로, 같은 민족으로 같은 권내에서 같이 살게 되고 짐승이나 생물이나 무생물이 또한 각각 제 업대로 집단적으로 또한 개체로 끼리끼리 같이 기고 날고 머무는 것이다.

아무튼 생령은 다 같이 절대 평등권적 존재로 근본 씨는 하나이기 때문에 사람은 사람으로만 살게 되고, 짐승은 짐승으로만 계속되어 영원히 같은 존재로 있는 것이 아니라 생각 즉 혼은 언제나 변모되는 문제라 금생에는 사람의 옷, 몸이 입혀졌다가도 타락이 되어 금생에 가지고 있는 이 정신대로도 보존되지 못한다면 내 생애는 악도에 떨어져 짐승이나 지옥 중생이 되어 다른 꿈의 생활을 하게 되는 것이다.

즉 선악 간에 혼(마음, 생각)이 변모되는 대로 몸을 달리 가지게 되어 다른 생활(꿈)을 하게 되는 것이다.

혼이란 생각 즉 습관의 집적인데 낮에는 몸이 깨어 행동하니까 몸을 의지하여 생각으로 움직이다가 밤에 행동력을 중지시키고 잠을 잘 때는 생각 즉 혼이 몸을 따로 가지고 밤 꿈으로 독립적 행동을 하는 것이다.

혼이 몸을 버리고 다른 생활을 할 때는 금생에 지은 그대로 무슨 몸이든지 받아 가지고 생활을 이어가다가 몸과 혼은 물질이라 또다시 다른 생활로 바뀌게 된다. 주사晝思, 야몽夜夢, 사혼死魂은 같은 하나의 물체라 기억력이 과히 상실된 인간이 아니거나 몸뚱이에만 애착을 가지지 않은 인간으로 식識이 과히 어둡지만은 않은 인간이라면 자기의 현실 생활의 전, 후생 일은 몇 억천만 번을 거듭했기 때문에 과거에 살아온 그 일쯤은 알고 있는 것이다. 그런데 지금 이 시대 인간들은 기억력이 상실된 지도 너무 오래되어 입으로 세어볼 엄두도 못 내고 있는 것이다. 그 오랜 동안에 죽고 살고, 살고 죽는 삶 즉 죽는 일이 그 몇 번일 것인가? 그래 그 일을 그렇게도 감쪽같이 잊어버린 것은 과연 어이 없는 일이다.

요새 어떤 종교에서는 천당설까지 부인한다니 생각이 있으면 현실이 있다는 것도 모르는 종교가 다 있다. 심히 답답한 일이다.

지금 세상에서도 정신을 수습하는 공부를 하는 수도인들이 없지 않지만 식이 없는 인간들이라 가장 쉽게 알게 되는 이런 일도 알기 어렵고 알게 된다면 도리어 도道에 장애가 된다 하여 금단이 되는 것이다.

아무튼 생자는 무궁한 이 생명을 포기할 수는 없는 것이다. 천당, 인간, 지옥으로 윤회적 생활이 상속되는 것이 마치 영화 필름의 장면이 금방 금방 교환 이동되는 것같이 이 일생이 지나고 나면 또 한 생이 바로 닥쳐 끝을 볼 날은 있지 않은 것이다.

이것이 한 장면 한 장면 지나가버리는 꿈이요, 지나다가 또 지나가버린 그 꿈을 다시 되풀이로 꾸게 된다.

어쨌든 이 꿈을 다 꾸어 마치는 날은 있지 않은 것이다.

천당 살이가 좋지만, 한바탕 좋은 꿈을 꾸고 나면 무엇할 것인가?

천당 살이란 꿈을 꾸고 나면 천당의 대상인 지옥과의 거리가 한 걸음 한 걸음 가까워지는 것을….

지옥의 꿈이 지루하고 진절머리 나더라도 꾸고 나면 또 즐거운 천당의 서광이 비추지 않는가?

어차피 아니 꾸지 못하는 꿈! 길몽이거나 흉몽이거나 꾸어지는 대로 꿀 수밖에 없는 꿈이다. 그러면 이 꿈이 생의 즐거움인가 슬픔인가?

수수께끼에 지나지 않는 꿈의 일을 누가 알 것인가?

그렇다고 사는 대로 살고, 지내지는 대로 지내게 될 그러한 허망한 꿈인 인간 살이는 아닌 것이다. 허망은 진실의 대상이다. 현실이란 꿈은 사실 가장 엄숙하고 정확한 영구적인 인간 생활이다. 꿈과 현실을 허망하게 생각한 것도 내 생각이 하는 것이다. 실은 꿈과 현실은 엄숙하고도 영원한 사실이다.

그런데 우리가 이생을 이생에서 끝나는 것으로 알았기 때문에 이 세상이 너무나 무상하고 세월의 덧없음이 서글프기만 하여 아래와 같은 탄식의 글귀나 읊을 뿐이었던 것이다.

천지 몇 번째며 영웅英雄은 누고 누고.
만고흥망萬古興亡이 수후잠에 꿈이어늘
어디서 망령의 것은 노지 말라 하느니

부생浮生이 꿈이어늘 공명功名이 아랑곳가!
현우귀천賢愚貴賤도 죽은 후면 다 한가지라
아마도 살아 한 잔 술이 즐거운가 하노라.

이렇듯 실없고 무책임한 소리를 하는 그들이 스스로 우쭐한 인간들을 초월하여 물욕 없는 깨끗한 삶을 산다는 고고한 인생으로 자처한다면 적어도 인간적 초보 상식쯤은 가져야 장차 참된 인간이 될 가능성이 있을 것인데….

물질이 불멸하는 것은 현실이 증명하는 것이니 불멸한다면 그 알맹이인 본질 즉 생명이 없어지지 않는 것은 그림자를 볼 때 반드시 물체 있는 것을 모르지 않는 것 같은 일이다.

현실상이나 생각은 표현 즉 껍질이니 그 알맹이가 있을 것을 알 것이 아닌가?

보라! 산하, 대지는 천년만년이 지나도, 천만, 억만 년이 지나도 영영 없어지지 않은 것을…. 이것을 안다면 이후 또한 그러할 것이 생각되지 않는가?

그것이 물질은 아무래도 없어지지 않는다는 현실이다. 이러한 산하, 대지가 꺼지고 또 꺼져서 꺼져버렸다는 느낌조차 사라져도 소멸될 수는 없는 일체 생명의 근본 씨는 남아서 멸함이 없는데 더구나 가장 존귀하여 산하, 대지의 주재자라면서 그 인간 자체가 죽으면 그만인 줄 안 인간인 우리는 얼마나 근시안적 존재인가. 하물며 그 이상의 상상인 꿈을 꿀 수 있으면서….

내가 꾸는 꿈 즉 내 것을 부인하는 것은 나를 부인하는 것이다.

아무튼 현대 사람들의 근기根機는 더욱 천박해져서 자기들의 생명의 길고 짧은 것조차 헤아릴 길이 없고 잘하고 못하는 그 결과도 알아 볼 길이 없이 다만 식, 색, 명예, 권력 등등의 욕구로 골육이 상잔하게 되어 형제를 죽이려고 칼을 갈고, 부모를 없애려고 총을 만들고, 세계를 멸하려고 핵무기를 쌓아놓는 세상이 된 것이다.

악몽만을 스스로 만들어 악한의 장면만을 연출하는 것이다.

이리 되어 위대한 과학자의 위치는 잔행의 발원지가 되고 인류의 평화와 자유를 위하여 협상한다는 그 장소는 권력자의 이득을 주는 국제적 교제장에 지나지 않게 된 것이다.

세상이 이만큼이나 악화되고 그친다면 오히려 다행이겠지만 억천만 분의 가장 적은 한 조각인 우리의 상상으로는 상상도 못할 극한적인 악세로 점차적으로 더욱 더 악화되는 것이 괴겁壞劫 즉 말세에서 생기는 우주의 원칙이요, 자연 법칙이다.

세월이 흐르는 데 따라 사는 집과 사람이 함께 노쇠하는 것 같은 일이다.

아주 종말이 오는 세상에서는 둘이 다 복수적 행동력을 일으켜 원심 있던 인간이나 동물이 지나가면 저절로 탁탁 튀어서 머리를 깨치고 눈을 멀게 하는 날이 오는 것이다. 아무튼 괴겁의 마지막에는 세상이 천재지변으로 생지옥을 이루어 서로서로 물어뜯고 할퀴는 잔인성만 가진 인간이 된다 한다.

일체 생명은 생로병사, 모든 우주는 성주괴공인 각각 사대

원칙적 궤도 안에서 돌고 돌고 또 돌아 마지막이 없게 되는 것이다.

우주가 처음 건립될 때는 인간의 수명이 팔만 사천 세였는데 백 년에 한 살씩 감해진다고 한다. 그런데 이만 세에서부터 악의 움이 트기 시작했는데, 지금은 일반적으로 칠십 세를 정명定命으로 치게 되는데 우주가 아주 무너지게 되는 때는 사람의 수명이 십 세 전후로 정해진다는 것이다.

다 소멸되어 여운까지 없어져 우주가 개공皆空하는 그때가 나의 본체인 생명의 본고향으로 혼의 대휴식처가 된다. 가장 안전지대요, 없는 것이 없고 못 할 것이 있지 않은 자족의 내 본 집인 거기를 여의지 않은 인간이라야 완전한 존재 즉 구족체를 지닌 참인간인 것이다.

즉 움직이지 못하게 꽉 차 있는 곳은 일체가 합치된 완전체라서 느낌이 없기 때문에 공이라 한다. 여기서는 얻지 못함이 없고, 이 보고가 각자적인 인간의 내 것인데 그중에서 한 조각 보배에 애착을 느껴 전체적인 내 것을 잃어버리는 것은 중생의 가장 어리석음이다. 분열된 생각 즉 꿈의 파편으로 살지 말고 꿈의 전체적인 빈 생각 즉 혼이 쉬는 곳에서 행동하면 내 혼이 원하는 대로 이루어지는 것이다.

모든 생각이 끊어진 무념을 못 가진다면 한 성공도 가지지 못한다.

무념 즉 공을 얻어 쓸 줄 아는 그 인간은 우주의 창조주로 일체 수용품이 자체화하였기 때문에 입고, 먹고, 마시고 할 분주를 따로 가질 필요가 없고 무엇이나 모를 것, 못 할 것이 없으면 괴롭도록 하게 될 노고가 없이 살게 되는 것이다.

그러나 대진리가 대모순이다.

본 고향이란 타향의 대對가 아닌 절대적인 고향이다. 인간의 본체는 객체의 대가 아닌 일체화의 본체다.

내 고향을 여의지 않는다는 것은 고향이다, 아니다 하는 느낌을 가지지 않는 존재를 말하는 것이다. 즉 고향과 나는 하나화 되어야 한다는 말이다.

내 고향이니 내 본체니 하는 느낌은 벌써 고향과 이반되고 본체를 여읜 것이다.

본 고향은 느낌이 끊어진 불변체요, 본체는 부동체인데 느낌이라는 이변이 생겨 우주와 만상을 이루는 이상이 생기고 생로병사라는 사고를 일으킨 것이다.

그러나 불변체나 부동체는 또한 이변의 의존이라 이변이 없다는 존재를 알릴 길이 없고 효과를 나타낼 수가 없는 것이다.

다 비었다는 것이 빈틈없이 찬 것이요, 부동체는 대폭발의 전체적 존재다.

그러므로 빈 것이나 찬 것이나 간에 절대경에서라야 해결되는 것이다.

고향과 내가 하나화하는 것이 절대경이어서 아집이 없어진 자리다.

대휴식처라는 것도 대뇌고의 대가로 사서 얻은 절대경이지만 만일 대가를 생각한다면 아직 휴식이 되지 못한 경지다.

그러므로 인간 만사가 허무하다고 느껴 절정에 이르면 그 반면인 가장 명확한 실재를 발견하여 엄숙한 현실을 긍정하게 되는 것이다. 그러나 허무와 긍정이 다 떨어진 빈 곳에서 응분의 현실 생활만 하게 되어 자족을 얻는 것이다.

아무튼 꿈이야 꿈이지만 이렇듯이 분명한 현실인 세상살이가 어찌 허무하다고만 느낄 것이냐? 배고플 때 밥 안 먹고 견딜 것이냐? 추울 때 옷 안 입고 살 것이냐?

그렇다고 실재라고 긍정할 무엇을 잡을 것이 있는 것도 아니다.

시간으로 말하더라도 과거는 지나갔고 미래는 오지 않았고 현재는 과거와 미래가 교차되는 찰나이니 어느 것이 시간이냐? 실제 생활이라는 현실도 또한 어떤 것이 현실이냐?

즐거움도 금시 슬픔으로 변모되고 사랑의 미소가 홀연하여 당장 살기 찬 눈매로 대들게 되는 세상사, 더구나 내 마음조차 이러쿵저러쿵 믿을 수 없으니 과연 어느 것이 실재인가?

그리고 좋으니 언짢으니, 미우니 고우니, 과거니 현재니, 하고 느끼는 그것은 무엇이냐?

좋고 언짢고, 밉고 고움 역시 이러쿵저러쿵 내 느낌에 따라 이래지고 저래지는 감정이란 무형체 그것을 어찌 실재라 할 것인가?

그러나 일체의 책임자는 있다. 그것은 느낌이다. 그것의 파생으로, 그것의 파편으로, 그것의 분열로 생과 향상과 생활과 생사고락이란 파란곡절이 생기는 것이다.

그러면 그 느낌의 배후에는 무엇이 있을 것이 아닌가?

그것의 배후에는 이 위에 말한 혼의 대휴식처 즉 본고향이니 본체니 하는 그것이 있다. 그러므로 돌고 돌고 또 도는 영원의 수레바퀴가 우주라는 말이다.

그러나 그 자체, 그것은 시작도 마침도 없고 빛도, 냄새도, 느낌조차 없는 진공계眞空界이다.

진공계가 모든 물질의 내적 본질이다. 진공계에서 가느다란 움직임인 느낌이 생겨 생을 만들고 그 파생이요, 분신인 천지 만물을 낸 것이다.

진공계에서 우주와 만상이 생겼으니 진공이 즉 원만인 것이다. 만이 즉 공이요. 공이 즉 만이다.

원만은 어른거리기만 하면 분열이 생겨 상대적인 복잡다단한 현실계가 벌어진다.

다시 말하면 진공은 본자연으로 무형 무체인데 어디서인가 미동적인 움직임인 느낌이 슬그머니 일기 시작하여 홀연히 동서남북에서 회오리바람이 불게 되어 우주와 삼라만상이라는 잡념 즉 복잡다단한 꿈의 현실상이 생겨진 것이다. 잡념을 거두면 일체는 소멸된다.

다시 간단히 말하면 한 생각이 일어나면 우주와 삼라만상이 벌어지고 생각이 그치면 우주와 삼라만상이 소멸되는 것이다.

즉 상발想發 상멸想滅이 건괴建壞요, 생사다. 상멸이 일체 생령의 본조상인 본자연이요, 만능의 생명력이요, 일체요, 소를 갖춘 창조성이요, 마불의 합치요, 믿는 나와 믿어지는 대상 즉 소우상과 대우상의 하나화요, 꿈과 실상이 둘이 아닌 일체화 즉 대상이 끊어진 절대적의 원만체요, 상멸은 원만체의 분열이요, 복잡한 잡념이요, 다단한 꿈이요, 생사와 고락의 어지러운 생활이다. 이 위에는 같은 내용을 여러 모양으로, 가장행렬체假裝行列體로 설명했으니 가장의 어느 모양이나 인연 있는 대로 정체란 무엇인지 짐작되어 나의 정체를 알아 얻을 생각이 날 것이다.

이제는 우리 인생이 자기의 본신을 알아 얻어 쓰는 법을 적어 보겠다.

이 지구상에 사는 우리 인간은 원만체의 분열 중에서도 가장 적은 한 조각 꿈의 의존인 중생 중에서도 제일 적고 비열한 인간 즉 인형을 겨우 가지고 사는 존재다.

그러나 이류 인간인 다른 존재보다 더욱더 큰 노력이 있어야 현상 유지 즉 이 인형인 몸이라도 내 생에 다시 받게 되는 것이다.

그러나 이 인형을 그대로 보전하는 일보다 좀 더 완전한 인간이 되어야 할 것이 아닌가?

그것은 인간 생활이 개막되기 전일부터 장만하여야 한다.

생령은 어차피 생을 포기할 수 없는 것이 절망적인 사실이다.

생령은 날 때 이미 사형을 받고 나는 것이 사실이 아닌가?

시계추가 오가는 재깍재깍 소리는 사형수인 우리 생령이 사형 집행장으로 한 걸음 한 걸음 끌려가는 발짝 소리가 분명하지 않은가?

숨 한 번 들이쉬고 내쉬지 못하면 벌써 사선을 넘어 내생 생활이 벌어지는 것이다.

내생 생활은 이 생활의 연장일 뿐이다.

지금 이 몸을 가진 이 자리에서 내 생각 즉 이 정신을 스스로 감정하여 보라. 어떤 생각이 비중이 높은가? 인간적 정신의 비중이 다른 여러 가지로 생각하는 그것보다 조금이라도 높으면 인간 몸을 도로 받을 것이다.

만일 인간적인 양식보다 지저분한 여러 생각 즉 다단한 꿈의 생활의 비중이 털끝만큼이라도 무겁다면 짐승의 껍데기가 씌워질지 지옥의 죄수가 될지 모르는 일이니 얼마나 무섭고 두려운 일인가?

금생, 이 한 생은 우리의 영원한 생에 비하여 가장 짧은 한 토막이다.

이 한 토막인 생활 즉 백 년 안으로 끝마칠 이 동안에 정신을 못 차린다면, 또 오고 또 오는 생활이 걱정되는 줄을 안다면 이제는 인형이라도 가졌으니 더 타락되지 않을 노력을 해야 할 것이 아닌가?

아무튼 아무리 한 조각 정신을 가졌고 기억력을 상실한 인간이라 하더라도 이 말은 각자적인 내 말이니 짐승의 혼을 가진 인간이나 지옥으로 갈 악심을 가지게 될 만큼 매몰이 극심한 존재가 아닌 바에는 반드시 응함이 있을 것이다.

인신만이라도 받아내기가 천만겁의 어려운 일이라니 이 몸 받았을 때 이 말씀 듣는 이 순간부터 정신을 바짝 차리지 않을 수 없는 일이다. 더구나 극치의 문화 세계인 천당에서는 향락享樂에 도취되어 정신을 수습하지 못하게 되고 지옥에서는 고생에 못 이겨 정신의 여유가 없고 짐승이 되면 어두워져서 말귀조차 못 알아듣지만 이 사바세계는 고와 낙이 절충되어 정신 차릴 겨를을 가지게 될 것이다.

우주가 모두 무너지고 천지가 괴공壞空하고 생명이 다 전멸되더라도 오직 홀로 남아서 도무지 손상되지 않는 영원의 존재인 불변체 즉 생명체가 있는 것이다.

그러므로 그 생명체의 주인이요, 온갖 생령의 으뜸이라 하는 이 인간은 생명의 의복인 이 몸을 임의로 갈아입게 되어야 하는 것이다. 즉 죽음을 쉽게 이겨 넘기는 경지인 것이다.

적어도 죽음에 대한 대비는 누구나 하여야 하는 것이다.

죽음에의 대비란 생의 어느 때나 꿈 즉 생각의 정적에 이르는 그 공부를 하는 것이다. 일념불란一念不亂이 되는 것인데 혼의 고향으로 인간이 고요히 쉬는 자리라 어지러운 생각은 생사고를 받게 되는 것이다.

다시 말하면 누구나 생각이 없는 때는 없는 것이다.

그 생각의 시발처 즉 생각이 일어나던 그 곳으로 생각을 돌려 생각의 본처로 들어가면 일체 생각의 뭉치가 드러난다. 생각의 뭉치가 생각의 주재자 즉 생각하게 하는 생각이다.

거기서 한 걸음 더 나가면 생각의 주재자 즉 정적靜寂의 내가 대활동력[覺]을 일으킨다. 생각하게 하는 생각이 행동력을 일으켜 몸소 행동되는 것이다.

생각하게 하는 그것이 몸뚱이는 없이 중중누현重重累現의 현실상을 낮추는 그 정체다.

그 정체가 각자적인 내 자체이다.

그러니 그 자체가 누구에게나 여의어지지는 않을 것이 아닌가? 그런데 자체의 행동력은 왜 상실되었을까? 그 일을 의심하게 되어야 할 것이다.

그러나 자체를 잃어버린 지 너무 오래된 오늘날 우리 인간은 자체가 따로 있을 것을 모르는 것이다. 더구나 자체를 상실한 이야기를 들려주어도 곧이 듣지 않는 것이다.

자체를 상실한 줄이나 알아야 의심할 생각을 하게 되고 의심을 하게 되어야 자체를 회복하여 인간이 될 것이 아닌가?

그러나 저러나 위에서도 같은 말을 많이 했지만, 인간이 되는 법은 그리 어렵지는 않은 것이다. 지금 생각하는 이 생각의 반면인 생각하기 전 때로 돌아가면 그만이기 때문이다. 즉 내 생각을 내가 전환시키는 일이니까.

그러나 내 근본 생각을 오래 떠나서 가짜 생각인 한 조각 꿈의 생활로 오래 익어진 우리, 노쇠한 세월과 지쳐진 역사의 끝의 자손이 혼미한 오늘이 우리 인간이다.

그러므로 내가 내 생각을 돌리는 일도 그리 쉬운 일은 못 되는 것이다.

세상에서도 진선진미의 좋은 도리를 말로, 글로, 표정으로, 행동으로, 학교에서, 가정에서 다 가르치는데 하필 불교에 귀의하여 입산수도하는 것을 행선의 도리라고 할 까닭이 여기에 있는 것이다. 즉 오래오래 이겨온 역사 깊은 나의 전 생활을 먼저 청산한 후라야 하기 때문이다.

그것은 무엇으로도 표현할 수 없는 불출구의 진리 즉 상상하면 벌써 어그러지는 우리의 생명의 본원이요, 생각하는 내가 생각하기 전의 나를 알아 얻어 쓰려는 데 있는 것이다.

행복과 불행의 갈피에서

그 목적을 체달하려면 양적인 물질적 영역 안에서는 상대성 원리에서 벗어날 길이 없고 다만 한 생각도 없는 그 자리 즉 내적 본질인 무에서만 해결되는 것이기 때문이다.

그러므로 세속에서는 양을 늘리는 공부를 하지만 수도하는 중은 양을 줄이는 것으로 일을 삼는 것이다.

그 까닭은 끝없는 예로부터 모든 학자와 종교인과 지도자들이 사색으로, 연구로 찾아보고 글로, 이론으로, 듣는 것으로, 각 면 다각적으로 알아보아도 해결할 수 없는 지상 과제로 남겨둔 인간 문제 그것을 해결하기 위함이다.

그런데 가장 지혜로운 인간이라고 자칭하면서 인간 자체의 일을 문제시하는 것부터 석연치 않은 일인데 더구나 인간이라면 같은 인간으로 관점이 다르지 않아야 할 것이 아닌가? 관점이 다르지 않다면 다 같은 인간적인 어떤 올바른 노선이 나서게 될 것이 아닌가? 그런데 왜 각면적인 이론으로 갑론을박을 하게 하는 것인가?

마치 산짐승, 물고기, 새가 모여서 산짐승은 산짐승대로 산으로 뛰어다니는 말을 하고, 물고기는 물고기대로 물에서 헤엄치는 일을 이야기하고, 새는 새대로 공중으로 날아다니는 제 말만 지껄여대는 것 같은 일이다.

동업同業 즉 동혼同魂중생인 같은 인간이 왜 각각 다른 주의 주장을 할 것인가?

우선 그 일로 보아도 너도 나도 다 아직 인간은 되지 못하였다는 증좌이다. 그래도 우리들은 인간이라며 균형적 생활권을 가졌다는 등, 생은 절대 평등권을 지녔다는 말이나 글은 쓰고 있지 않은가?

우선 나라면 나만은 내 마음대로 행동하게 되어야 나라는 의의가 설 것이라는 그런 상식쯤은 가지게 되어야 할 것이 아닌가?

우리가 "내가 하기에 달렸지", "내 마음 먹기에 있지" 하는 말은 다 할 줄 안다. 그러나 말뿐이지 마음대로 되지는 않는다.

물건도 내 물건은 내 마음대로 쓰는 것인데 직접적인 내 것인 내 말이 내 마음을 따르지 않으니 나는 나에게 배반을 당한 존재가 아닌가?

만물의 주재자인 가장 높은 위치를 가진 인간이 만물을 지배하기는커녕 내가 나를 부릴 수 없는 존재를 무슨 인간이라 하겠는가?

우리는 참된 나는 스스로 버리고 객체인 거짓 나의 꿈속에서 몽유병자로 지내는 것이다. 내가 꾸는 내 꿈을 내가 주재할 나를 상실한 인간이기 때문이다.

그러면 나는 어떤 것이냐?

인간 문제를 해결하여 인간의 대표자가 되신 석가여래 부처님이 산석産石에서 두루 일곱 걸음을 걸으시고 사방을 돌아보시고 오른손은 하늘을 가리키고 왼손은 땅을 가리키며 "천상천하유아독존天上天下唯我獨尊"이라 하신 그 독존의 나가 참나이다.

그 나는 누구의 나가 아니라 공동적인 나이다. 너니, 나니 하는 상대적인 나가 아닌 나며, 우주가 창시되기 전에 이미 있어진 나로서 일체 요소가 갖추어진 창조성을 가진 나의 본질이다. 이 생명의 원천인 나는 불가능이 없다. 그 본체와 그 행동력은 낳으면서부터 바로 발휘되는 것이다.

현실의 증명으로는 천하가 다 알게 된 월남국 도시인 사이공에서 틱꽝득釋廣德이라는 승려가 출세간적인 불법이 다른 종교법의 압력으로 위축을 당하게 된 때 불법을 살리기 위하여 스스로 자기 몸에 휘발유를 끼얹었고 자기 손으로 성냥을 그어 붙여서 온 몸이 불 속에 파묻혀 지글지글 타면서 연기가 무럭무럭 솟는데도 몸이 조금도 움직이지 않을 뿐 아니라 표정마저 다르지 않은 채로 단좌하여 염불만 하였는데 화장을 할 때 심장만은 세 번을 다시 태워도 타지를 않기 때문에 그 심장을 정중하게 잘 모셨는데 각국에서 예참 오는 신도들이 매일 답지한다는 것이다.

한계 없는 생명력을 지닌 인간의 예사 행동이라 신통할 것도 없는 것이다.

그보다도 더 헤아리지 못할 현실적인 행동을 하는 인간이 지금도 있지만 믿지조차 않는 근세 인간들에게는 알려지지 않는 것이다. 그러므로 불보살들이 모든 사람들에게 믿어질 때를 기다리고 나타나지 않는 것이다.

물질의 본질인 본생명력은 자체가 없으면서 온갖 행동은 임의 자재하게 할 수 있는 증명은 얼마든지 있는 것이다.

생명력은 몸도 생기기 전, 혼도 이루기 전, 피도 엉기기 전에 있는 형체가 없는 존재 즉 존재 아닌 존재요, 있지 않은 있음인 것이다.

우리는 일체 생명력 중에서 한 분자적 생명력에 집착하여 가장 적은 그 국토의 영주가 되어 그나마 봉쇄하고 사는 제일 미몽의 족속인 것이다.

우리는 원정신이 상실되고 따라서 기억력이 가장 미약하기 때문에 모태 때의 일까지 잊어버린 것이다.

그래도 우리는 인간은 인간이 아닌가?

내가 나를 잃어버린 일은 등하불명燈下不明 격으로 미처 못 살핀다 하더라도 직접적인 내 현실 즉 내 몸이 있는 것은 사실이니 내 몸의 존재 전후 일이나 좀 규명되어야 생활에 대한 설계도가 세워질 것이 아닌가?

그리고 인간이 살아갈 차비는 무엇인가 좀 알아보고 그 차비를 차려놓아야 우선 안도감으로 살아갈 것이 아닌가?

가령 등산을 할 때나 또는 잠깐 다녀올 여행길에서 잠시 천막 생활을 하더라도 며칠이나 지날 것이며 그동안 살 준비는 무엇 무엇으로 분량은 얼마면 된다는 예산이 있지 않은가? 그런데 인간이라면 그래도 이 몸으로는 짧게 살지만 원생명은 끝이 없다는 그 일과 잘 짓고 못 짓고에 따라서 잘 살고 못 살게 된다는 인과보응적 인간적 초보 상식인 그런 믿음이라도 가지게 되어야 살 의욕과 용기가 생길 터인데 이 한 세상 살고 나면 그만이라는 생각으로 어떻게 노력하고 웃고 떠들며 사는지?

생각 있는 인간이라면 헤아릴 수 없는 일인 것이다.

그러나 잘 살고 못 사는 일이나 천당, 지옥에서 사는 생활은 각자적으로 해놓은 그 척도대로 누리고 겪고 나는 꿈이다. 그 꿈을 꾸고 나서 생각하면 허무하지만 허무함을 생각하는 그 생각이 꿈 자체라 그 생각이 되돌아 그 꿈을 반복하는 것이다.

생각이 꿈이요, 꿈이 생각이다. 생각이 현실이요, 현실이 꿈이다.

현실은 세상법이요, 지옥법이요, 천당법이다. 지옥법과 세상법과 천당법의 합치가 불법인 것이다.

일체가 다 한 법이다. 일체 법의 대칭 대명사가 불법佛法이다.

세상법이니 천당 지옥설이니 일체화의 불법이니 하고 한 법만 주장한다면 상대편인 다른 법은 잃어버리는 것이요, 조각법이 되는 것이다.

아무튼 현대에서는 진리의 별명을 불법이라고 공증한다.

불법은 우주, 도, 창조성, 자성, 나 등등의 대명사로 쓰게 되는 것이다. 불법은 좋은 것만이 아니요 언짢은 모든 것도 다 불법

안의 것이다. 독사나 벌레나 허공까지도….

느낄 수 있는 온갖 물질과 그 본질도 느끼지 못하는 모든 것이나 그 본질까지도 다 불법이다. 느끼는 것은 유요, 느끼지 못하는 것은 무다. 유, 무 합치가 불법이다.

유는 한계와 시종이 있고 느끼지 못하는 것은 시종도 없고 한계도 없는 것이다. 한계 있고 없고 간에 모두가 다 불법이다.

불법을 이룬 인간은 완전이다. 부처님이다. 즉 인간이다.

유는 세계법인 물질로 불법의 껍질이요, 무는 불법의 골수라 불법의 골수는 불변체지만 불법의 껍질인 세상법은 물질이기 때문에 흥망성쇠가 있는 것이다. 우주도 존재도 다 물질이기 때문에 건괴가 있고 생사가 있는 것이다.

지금 이 시대에는 불법의 외형은 아주 쇠퇴되어 중이나 승단을 볼 때 형식만 볼 줄 아는 세속 인간의 생각으로는 환멸을 느끼게 되는 것이다.

인간이 인간적인 자기 정신 생활을 하는 때를 불법이 성한 때라 하고 인간이 인간적 정신을 잃어버리고 동물적 생활을 하는 이 시대는 불법이 가장 쇠망한 때다.

불교의 성쇠가 역사의 흥망이라는 그 증거로는 가까운 옛날인 우리 조상이 살던 최고문화시대 즉 삼국시대를 역사가 알려 주는 것이요. 석가 불멸이 백 년 후로 선포된 불법이 이천 년 전까지 연장되었던 로마 제국의 문명 등이다. 로마에는 그래도 불법의 초단계인 천주교의 권위를 로마 왕이 아직도 가지고 있는 것이다.

천주교의 예수교 교주인 예수께서도 각자라는데 이천 년 전에 유태국에 나서서 그 민도대로 잠깐 설법하신 소범위의 그 법은 천주교나 예수교에서는 전체로 알고 예수님이 가르침을 축소판으로 만든 것이다. 불경에서는 예수의 가르침이나 행적을 구체적으로 찾을 수 있다는 것이다.

아무튼 예수를 믿는 이들도 존재적인 천당과 천주와 예수의 내적 물질인 그 진리를 알아 얻기 위하여 좀 더 심오한 데로 들어가게 되어야 할 것이다.

가르치는 그 법에 의존을 끝내면 천당 지옥, 어떤 경계에서도 내 정신력으로 영원히 살아가는 자율적인 생활력을 얻어야 할 것이다.

그리고 세상 법에도 상벌의 경중이 있는데 한 세상 잘 믿고 못 믿는 것으로 영원히 지옥이나 천당으로 가면 그만인 것이 아님을 알아야 할 것이다.

천당도 현실계로 극치의 문화 세계일 뿐이다. 선은 악의 대요 천당은 지옥의 대다.

진선진미의 행위와 그 척도대로 몇천 년이고 만 년이고 받고 나면 그 대상의 생활이 오게 되어 마침내 지옥까지에 이르는 것이다.

더구나 지금 이 정신의 연장으로 의복(이 몸)만 갈아입을 뿐, 지금 이 나가 내세의 그 나인 것이다.

지금 이 자리, 이 대에 스스로 이 정신력을 잘 길러서 천당에 가서 극치의 환락을 누리는 그 천당 생활에서도 지옥고를 받는 그 고생 중에서도, 그래도 내 정신이 혼미해지지 않도록 정진하게 되어야 할 것이다.

만일 정신력이 못 미치면 천당락을 누리는 그 환희경에서 얼떨결에 천년만년이 지나가는 것이다.

천당락을 누리고 난 그다음에 살 밑천은 남지 않게 된다. 생산 없이 까막까막 하는 부자의 파산 선언을 받는 그 경우와 같은 비참한 생활이 닥칠 것을 생각하지 않을 수 없는 것이다.

아무튼 한바탕 즐거운 꿈을 꾸고 나면 무엇을 할 것인가?

우리는 무궁무진한 세월을 두고 두고 여망 없는 여행자 노릇을 아니 할 수 없는 것이다.

여행의 길에는 깊은 물, 높은 산이 가로막힌 것이다. 평지도, 험한 길도, 화원도, 가시밭도 닥치는 것이다.

다만 내 눈이 밝아서 그 시간과 거리를 잘 헤아리고 노비를 충분히 장만하고 노정을 잘 알아서 내 다리의 힘으로 쉬엄쉬엄 다닐 뿐인 것이다.

부처님이나 하느님을 믿는다는 것은 그 길 가는 가르침을 받을 정신을 말하는 것이다.

부처님이나 하느님이니 하고 이름하는 존재는 다 우상인 것이다. 부처님이니 하느님이니 하는 우상이 지닌 그 알맹이인 본정신은 우리도 같이 내포하고 있기 때문에 길가는 법을 가르침만 받으면 우리도 앞잡이에서 벗어나 자율적으로 걸어가게 되고 모르는 인간의 길잡이가 되는 것이다.

종교의 본목적은 의뢰심을 버리고 자율적 인간이 되자는 것이다.

우리는 물질계의 애착으로 그 진리를 잃어버렸기 때문에 우선 이 정신을 가진 몸과 혼을 버리고 먼저 알아 얻어 쓰는 그들에게 나를 다 바치는 그 정신으로 배워 얻어야 하겠으므로 귀의하게 되는 것이다.

땅에 넘어지면 땅에 의지해야 일어나기 때문에 소우상인 우리는 대우상에게 귀의해야 하는 것이다.

귀의한다는 본의의本意義는 내 자체 즉 자성으로 돌아간다는 말이지만 먼저 대상인 대우상에의 소우상인 이 몸과 혼을 나머지 없이 다 바쳐버리게 되어야 대·소우상이 다 무너진 합치에서 대아를 이루는 것이다.

우리는 스스로 내 정신을 내 본체와 이반시켰던 것이다. 내가 쓰고 있는 이 정신을 돌려 본체와 일단화되어야 전체적 정신을 찾은 존재 즉 완전인이 되는 것이다.

우리에게는 모두 똑같이 생적 자유와 균등한 생활권이 주어
졌기 때문에 우리가 스스로 아집의 소아적인 마음을 돌려 귀의
하지 않으면 부처님도 하느님도 어쩌지 못하는 것이다.

그러므로 부처님께서도 믿지 않는 중생은 제도할 수 없다고
하신 것이다. 그런 까닭으로 아직도 중생이 남아 있는 것이고,
또 미래에도 남게 되는 것이다.

하나님도 아담과 이브를 에덴 동산에 두고 선악과를 따서 먹
지 말라 하신 것은 믿음을 길러 인간성을 보전하려는 목적이었
던 것이다.

아무튼 물질과 본질은 가치의 비중이 다름이 없는 것이다.
그러므로 천주교나 예수교의 교리로 물질의 극치를 이룰 수 있
다면 불교의 최고 교리인 물질의 본질을 발견하기는 쉬운 일이
지만 인간 생활의 순서적으로 보아 물질의 본질인 인간의 정신
력을 먼저 얻어야 하는 것을 주장한 불교 교리가 타당하다는
것이다.

아무튼 하느님도 각자적인 자기의 바탕대로 만들어주었을 뿐
근본적 창조주는 아니다. 근본적 창조주라면 선악이 창조적 의
도에서 나왔을 터이니 선악의 책임을 져야 할 것이 아닌가?

만약 악인이 지옥고에 견디지 못하여 내가 본래 세상에 날 마
음이 없었거늘 나를 태어나게 해서 이 못할 노릇을 시키는가?
하고 하느님을 원망한다면 하느님인들 무엇이라고 답변을 할

것인가?

내가 중이니까 불교 교리만 구원을 얻을 도리라는 말을 쓰는 것도 아니다.

다만 우주적 원리원칙과 인간이 되는 철저한 법을 세운 것이 불법에 귀의하여 중이 되었고 중이기 때문에 불법을 알리려는 것뿐이다.

논외인 예수교 교리를 말하는 것도 지금이 세상에서는 예수교 발판 위에 선 셈이니 구원의 출구를 찾아 헤매는 인류에게 지금 서 있는 그 발판을 더욱더 넘지 않으면 구원의 출구가 나서지 않는다는 것을 알리는 나의 부르짖음인 것이다.

자세히 말하면 예수교의 가르침은 나를 그냥 두고 다만 믿는 것으로만 구원을 얻는다고 생각하는데, 나 없이 어떻게 구원이 되는 것인가?

더구나 대우상인 신앙의 대상에게 소우상인 나의 몸과 혼마저 나머지 없이 다 바쳐 대우상과 합치되는 그 경지 즉 일체화에서도 한걸음 더 나가 일체적 활동력을 얻어야 완전한 구원을 얻은 인간이 된다는 것을 강조하려 함이다.

또한 우리는 구원 얻는 법을 배울 뿐 결국 나는, 내가 구제하는 것이다.

우리는 부족함이 없는 자기 자체를 스스로 이반하고 외계에서 행복과 자유를 찾아 헤맸던 것이다. 그러므로 내 본고향으로 돌아와야 안전지대를 얻게 될 뿐이다.

지금 우리 인간이 사는 생태는 마치 물에서 저절로 생겨진 벌레가 생활의 근거인 물에서 기어 나와 한 방울 물도 없는 마른 땅에서 삶을 찾아 헤매는 셈이다.

우리는 우리 자체의 생활 차비가 나머지 없이 이제 다 갖추어져 있기 때문에 선악 간 환경이야 어떻든지 내가 있는 그 자리 그 시간이 나의 현실이요, 응분의 생활이니 내가 앉은 좌석, 선 입장, 누운 그 자리가 나의 응분의 생활이라 내가 내 현실에 충실하여야 할 것이다.

내 응분의 생활을 충실하고 지성스럽게 일관하게 해나갈 뿐이다.

전날의 추억도 훗날의 염려도 없이 다만 현실에 시공 전체적 노력이 있으면 시공이 내 것이다.

그러나 일관한 정신으로 잡념 없이 노력하여 순수경에 이르는 데는 사전에 정신력이 준비되어야 하기 때문에 불교 교육이 필요한 것이다.

세상에서도 긴절한 일이 무엇임을 가르치고 참되고 올바른 마음을 기르는 법이 없지 않고 지극히 좋고 가장 아름다움을 다 가르치는 교육원이 있지만 종교에서는 마음의 마음이요, 교육의 교육이요. 온갖 좋고 아름다움의 근본으로 나타낼 수는 없으나 모두 다 이 현실화를 기필한다.

아무튼 종교 교육으로 정신의 기반이 튼튼하여야 생의 의욕과 용기가 생겨지는 데 따라 일의 힘을 얻게 되니 자연 회의와 불안이 없이 되어 일은 결국 성취되는 것이다.

그러므로 사상적 방향이 세워져서 정신력이 길러져야 일의 방안도 세워지고 자기의 할 일도 무엇인지 알게 되어 인간이 갈 노선을 찾게 되는 것이다.

그리고 믿음의 대상의 문제보다도 믿는 내 정신이 아주 나머지 없이 순일화하면 믿음으로 되는 성공은 되지 않는 것이 없는 것이다.

더구나 믿음의 힘인 순수한 정신은 믿어지는 대상을 구원할 수도 있는 것이다,

가령 나무 등걸을 대하여 능력자로 믿어 망설임이 없다면 그 나무 등걸이 나의 믿음화하여 능력을 발휘하는 것이다.

그러므로 어떤 부인이 "관세음보살, 관세음보살" 하고 고성 염불을 하는데 정신이 부실한 노부인이라 관세음보살이란 이름을 잊어버리게 되어 며느리에게 물었더니 장난이었던지 "뒷집 김 첨지, 뒷집 김 첨지" 하고 부르더라고 하니 그 말대로 뒷집 김 첨지, 뒷집 김 첨지, 주야로 불러 관세음보살님께 대한 향심이 일념화되어 그 일념까지 사라진 삼매경에 이르러 필경 관세음이 자기와 둘이 아님을 알아낸 것이다.

세상에서 구하는 한 가지 일의 성취도 그 대가의 지불이 어려

운 것인데 성불 즉 완전한 인간으로 일체 소원을 한꺼번에 이루려 하는 대욕구와 그 대가를 얼마나 치러야 할 것인가를 생각해 보아야 할 것이다.

얻고 싶은 그 대가가 털끝 하나만큼 모자라도 얻어지지 않는 것이다.

다 버려야 다 얻어지는 것이 원리원칙인 것이다.

근세의 대선생님이신 만공스님께서는 이 육체와 혼을 나머지 없이 살라버려서 등걸같이 되어야 한다고, 등걸이 되더라도 썩은 등걸이 되어야지 성한 등걸은 초동이 집어간다고 하신 것이다.

우리는 개체적인 쪼가리 존재, 이 한 몸이 나의 전체인 줄 고집하기 때문에 너와 나, 이것저것, 선과 악, 지옥, 천당이 모두 일체화된 내 물건을 다만 한 개씩밖에는 더 쓸 수 없기 때문에 달리 쓰게 되고 이것이 저것이 되는 일은 비현실이라는 것이다.

그 까닭은 내가 나를 모르고 내가 나를 모르니 내 생각이 내 것인 줄을 모르게 되고, 내 생각이 내 것인 줄을 모르니 내 말이 직접적으로 들려지지 않는 것이다.

말은 표현 곧 껍데기니, 곧 껍데기는 알맹이 때문에 있는 것이니 말의 알맹이 즉 현실이 있을 것은 확인되지 않는가? 현실이 있을 것이 확인된다면 무엇에나 어디에나 억천만 말을 다 붙일 수 있으니 그 말의 실현이 직접적으로 될 것이라는 것은 상식 이하의 일이 아닌가!

내가 나를 알아 내가 일체화의 나를 이루려면 이 육신과 업신 즉 혼魂과 법신法身 즉 무형적 본체가 합치되어 일치적 행동[覺]을 하게 되어야 하는 것이다.

생각하는 이 나는 상대적인 나다.

생각 전후의 내가 하나된 그때는 대우상인 믿음의 대상도 무너지고 종교라는 권圈도 여의게 되는 것이다. 그때는 대해탈을 얻어 우주가 자체로 화한 경지인 것이다.

아무튼 내 자체가 우주화하면 우주의 생리와 기능을 자체의 생리와 기능으로 쓰게 되고 우주의 원리원칙의 운용권이 내 것이 되는 것이다.

우리는 개체의 의존인 존재이기 때문에 온갖 일용품도 하나로 지정되어 있지만 무엇에나 다 사실로 일체의 요소가 모두 갖추어져 있는 것이다.

가령 수건이면 수건 하나로밖에는 지금 우리는 달리 쓸 수 없지만 만일 우주가 나로 화한 인간만 되면 우주 안의 것은 다 자체라 수건이 필요하면 수건이 되고, 목이 마르면 물이 되고, 배가 고프면 밥이 되고, 심심한 때에는 동무로 화하게 되는 것이다.

더구나 누구나 지금은 기억력이 상실되어 모르지만 옛날에는 그런 만능적인 행동력을 가지지 않았던 존재는 없었던 것이다.

그런데 현대 우리들 중에는 자칭 지성인이니 또는 지도자연하는 인간들이 이런 말을 믿을 정신력도 못 가지기 때문에 도리어 아무 근거도 없이 비과학적이니, 비현실적이니 하고 참된 인간적 지식을 가진 인간들을 비웃는 것이다.

같은 족속들은 멋도 모르고 통쾌하게 어울려 공명하는 것이다.

없어져버리는 도리가 있다면 오히려 큰 문제는 안 되겠지만 피치 못할 삶을 위하여 알지 않으면 안 될 일을 어째서 외형으로 보나 정신으로 보나 알아듣지 못할 것 같지는 않은데 멀뚱멀뚱하고들 있게 되는지 안타까운 일이다.

그런 인간들은 인간적 정신을 상실한 지 너무나 오랜 까닭이다.

인간이란 생生 자체를 말하는 것이다. 생은 움직인다. 움직임은 생활이다. 생활은 꿈꾸는 것이다. 즉 생은 꿈, 각覺은 꿈꾸는 것이다. 다시 말하면 생은 움직임 즉 꿈을 꾼다.

꿈을 꾼다는 것이 생각한다는 것이다. 생각이 현실 생활이다. 현실 생활은 자체의 움직임인데, 자체가 자체의 움직임이 자유롭지 못한 것은 자체가 아닌 것이 아닌가.

이 말을 믿고 안 믿는 그 일이 문제다. 지금은 제법 인간인 체하지만 자기 자신의 일을 남이 말해줘도 마음에 조금도 응함이 없이 된 정신이라면 내생에는 소아적 인신이나마 다시 받게 될지가 의문이기 때문이다. 짐승도 인신으로 변하는 때 인신으로 짐승이나 또 다른 비문화적인 존재로 변하게 된다면 그 얼마나 비참한 일이겠는가?

차라리 반대로라도 일관하여 끝장을 보게 되면 알아볼 도리도 있는 것이다. 지형의 원과 같이 진리도 둥글다.

무슨 생각으로든지 생각의 마지막, 즉 생각의 통일에서는 생각하게 하는 만능적인 내가 발견되게 되기 때문이다. 그때라야 전체적 정신이요, 전체적 생명력을 얻은 때라 그때는 상발과 함께 임의 자재하게 된 세계에서 자유롭고 편안한 생활을 하게 되는 것이다.

젖먹이가 똥싸 뭉갠 그 자리에서 뒹굴다가도 자라면 뛰고 달리는 것을 우리가 보듯이 이것은 아무런 기적도 신통력도 아닌 것이다.

그런데 인간들은 경계를 당할 때마다 자기에 대한 채점은 다 후하게 하면서 왜 자신을 가져야 할 때는 "인간은 어차피 불완전한 것"이라는 둥 "인간의 힘으로 어찌 그리 될 수가 있느냐"고 하는 둥 열등감을 왜 가지는지 모른다.

현세 연구자들은 절대적인 데서만 해결할 도리를 연구의 대상을 두고야 연구하는 그 법으로만 해결하려 하고 생각하는 나 즉 물질적인 나와 상대적인 정신으로만 해결을 지으려고 한다. 이것이 무리다. 그러나 해결지은 인간들의 글이나 말은 믿지 않는 이 세상이기 때문에 믿을 정신이 들기를 기다리고 인간[佛]들이 아직 나서지를 아니 하는 것이다.

대진리가 대모순이요, 합리와 불합리가 하나다. 그러므로 누구나 한 사건을 자기 주견대로 합리화도 불합리화도 시키게 되는 것이다.

학리나 교리도 그러한 것이다. 그러므로 누구나 이것이 진리다. 저것이 구원의 도리다, 하고 떠들어대는 것이다.

인간들은 인연대로 그때그때 그 어느 산하로든지 많이 모이게 된다.

그러면 그 진리나 그 사조로 한동안 세계를 풍미하다가 또 다른 학자나 지도자가 다른 진리와 사조를 합리화시켜 들고 나서면 먼저 진리와 학리를 고집하면 학자나 지도자는 후퇴하게 되는 것이다.

그리하여 일인 후퇴 일인 등장의 교체로 해결 지을 날은 없었던 것이다.

마치 닭과 계란이 서로 모체라고 주장하는 일 같은 것이다.

아무튼 느낄 수 있는 교리, 학설, 진리 즉 말로, 글로, 생각으로, 표정으로 나타낼 수 있는 도리로는 무슨 문제든지 해결되지는 않는 것이다.

입에서 나오면 벌써 진리가 아니다.

예수께서도 "나는 진리요, 생명이요, 길이다" 하셨는데 그 어떤 것이 진리일까? 예수냐? 예수의 말씀이냐? 기록의 글이냐? 기록되어 있는 성경이냐?

다 아니다. 우리가 다 내포하고 있으니 마음과 마음이 서로 응할 수 있을 뿐이다.

부처님도 사십구 년 동안 설하신 법이 팔만대장경으로 전해 내려오지만 부처님 자신이 그 설법을 마설(魔說 즉 표현이라는 껍질)이라 아는 사람에게는 휴지 조각에 지나지 않는다고 하신 것이다.

그러므로 인간학의 최고 학부인 참선하는 선방에서는 불경을 배우는 중에게 불경이 일체 학문과 모든 학설과 교리, 철리의 종합적이요 구체화의 진리이지만 이론법이라 생사고를 면하는 근본법이 못 되는 것이다.

이론이 늘고 생사법을 이기는 경이나 볼 바에는 차라리 세속 학교에 다니지 하필 중이 될 것이 무엇이냐는 것이다.

가령 어디를 목적하고 가려는 때 직접 같이 갈 사람이 있는데, 몇 시에 어디로 가는 차를 타고, 어느 정거장에서 내려 몇 번지를 찾으라는 이정표만 들여다보며 가지 않는 사람이 있다면 올바른 정신을 가진 인간이라고 못 할 것이 아닌가?

아무튼 느낄 수 있는 것으로는 해결되지 않을 것을 먼저 알고 나서 "나도 인간이 될 수 있다" 하는 자신을 가질 수 있는 정신력을 못 가졌다면 어차피 영겁으로 살아야 할 무궁한 그 전정이 아득하게만 되는 일이니 얼마나 무시무시한 일인가?

좀 야박하지만 지금 우리가 생명적으로 껴안고 있는 사랑, 행복, 희망 그 외 무엇이나 모두 내어던지지 않으면 만능적인 근본 나는 찾을 길이 없으니 어찌할 것인가!

지금 내가 아깝게 여기는 한 조각인 그 무엇이라도 내 정신에 남았다면 참나는 찾을 수 없는 것이다.

참나는 무가보無價寶인 것이다.

일생이라는 백 년 안에 그칠 그 생명을 살리고 죽이는 일이나, 잘 살고 못 사는 일도 큰일이라 하지 않는가?

그런데 무한극수적인 기나긴 목숨이 죽느냐 사느냐 하는 어마어마하게 큰 문제 해결의 그 열쇠를 쪼가리인 가장 작은 나 하나만 다 바치면 내 것이 되는 것이 아닌가?

정말 한 가닥 살길이 오직 나를 소멸시키는 이 한 길 뿐이다.

시간이 얼마든지 더디더라도 그만 좀 못 한 법이라도 그 비슷한 다른 법이라도 있으면 그래도 그리 숨 가쁘게 서둘지 않아도 될 것이지만….

다시 말하면 정말 다시 또 외치는 말이지만 오직 이 한 법밖에 달리 살 도리는 없는 것이다.

참으로 허망한 것이 현실이다. 그러나 허망의 반면에는 아무래도 긍정하지 않을 수 없는 현실이 있는 것이다. 죽을 수도 없고 여읠 수도 피할 수도 없는 현실이다.

길이길이 살아야 할 이 일에 관한 해결책은 이때 이 자리에서 각자적인 내 정신을 세우고 못 세우는 데 있는 것이다.

내 정신의 힘으로 천당 지옥 어느 세계에 살게 되거나, 죽고 살고 잘 살고 못 살고 간에 균형적 생활을 해나갈 수 없다면 무 골충이의 존재인 것이다.

아무튼 무궁한 시간으로 더불어 생로병사와 희비고락의 생활이 다하지는 않는다.

그 무량대수적인 생활 중에서 언제나 불안과 회의를 안고 살아야 한다는 그 일이 그 얼마나 큰일인가?

그러므로 해결 지을 수 없는 이 한 각 정신을 가지고라도 이 일을 해결 지어 보려고 유구한 세월을 두고 인간들은 알아도 보고, 연구도 하고, 사색도 그치지 않았던 것이다.

그러나 지금 나라고 생각하는 나와 사물을 분별하는 이 정신은 물질이라는 것을 몰랐던 것이다.

지금 느끼는 이 나는, 이 정신은 분열된 한 조각 나요, 이 정신은 나의 파편인 것을 몰랐던 것이다.

그러니 이 나와 이 정신으로 연구를 하였으니 이름만 늘고 식 識만 흐려질 뿐이었던 것이다.

다만 나라고 느끼기 전의 나, 정신이라고 생각하기 전의 정신 즉 나의 전체요, 정신의 통일을 얻기 위하여 이 나와 이 정신을 아주 살려버릴 대용기를 내어야 할 뿐이다.

이 정신, 이 나만 사라지면 이미 지니고 있던 본 나와 참된 내 정신이 드러나는 것이다.

내생은 오고 오고 또 와서 샘물과 같이 계속되는 것이다. 샘물이 한 줄기로 계속되는 것같이 사실은 이 나가 그 나가 되고 이 정신이 그때로 연장될 뿐이다.

그러므로 영원의 삶을 얻는 이 귀한 법을 들은 이 자리, 이 시간에 납득되지 않으면 또 어느 때에 다시 들어볼 것인가?

그러나 어린이에게 수준이 높은 학설을 말해 주는 것같이 지금 이 시대에는 알아 들리지 않는다는 것이다.

그러므로 인간의 대표자인 석가모니란 부처님[覺者, 完人]이 사십구 년 동안 인간 문제를 해결 지을 그 해설로라도 팔만대장경으로 편집되어 지금까지 전해 오건만 그것조차 읽어볼 생각을 하는 인간이 극히 적기 때문에 먼지 옷을 겹겹이 입고 어느 절 다락방이나 구석에 쌓여 있게 된 것이다.

그러나 불법이 다시 부흥될 조짐으로 요즈음에는 그 법설을 동경하는 인간들이 더러 생기게 되어 팔만대장경이 국어로 번역되어 출세하게 되었다는 희소식이 들리게 되었다.

그 장경에는 학리, 교리, 천리, 진리의 종합설로 허공에 뼈 생기는 일, 불 가운데서 사는 생물의 생태까지 모두 들어, 맞춘 대진리의 이론이요, 일체 사물을 다 취급할 만한 교리인 것이다.

그 이론이 정법 자체는 아니지만 우리 인간은 이미 내 것이 되어 있기 때문에 나의 그 껍질을 보고 나에 응하여 이룰 수 있는 것이다.

아무튼 종교의 본 목적은 누구를 의지하지 말고 독립적인 자재한 정신으로 사는 자율적인 인간이 되자는 것이다.

종교의 종교인 불교에서만 이러한 최고의 법설이 구체화되어 있는 것이다.

속세계에서도 가장 좋은 말을 글로, 말로, 표현으로, 행동으로, 교육으로 다 알려줄 수 있는데 구태여 종교 교육을 받아야 한다는 것은 표현할 수 없는 진리 즉 느낌이 생기기 전인 자성[自性, 本我]을 회복하여 환경의 지배를 벗어난 최후 승리자로 자유와 평화를 얻은 인간이 되어야 하기 때문이다.

생각하기 전의 나, 없는 것이 없는 나를 잃어버린 인간은 구하는 것도 하염없고, 바라는 것도 그지없는 것이다.

그러나 한계가 있는 물질 안에서 바라는 것, 구하는 것을 남김 없이 모두 다 내 것이 된다 해도 그래도 내 가슴의 안인 저 깊은 속에서는 아쉬움이 느껴진다.

피곤한 몸은 몸의 노력을 쉬게 하는 잠을 자야 하고, 괴로운 혼은 혼의 노력인 생각을 끊어야 하는 것이다. 혼의 건강 즉 혼의 통일력을 회복한 대편안은 생각을 쉬게 하는 데 있는 것이다.

부처님의 팔만대장경이나 위에 늘어놓은 여러 말씀이 모두 혼의 대휴식처인 무의 세계에 인간은 이루는 그 방법론이다.

그러나 말로 나타나는 말, 식으로 벌려놓은 이론, 글로 알려진 것은 한쪽 진리다.

그러나 누구나 이미 지닌 자기의 정신이요, 내포된 자성이어서 마음과 마음이 응할 수 있기 때문에 건드릴 수는 없지마는 상징적인 표현법으로 글을 쓰고 말을 하게 된 것이다.

아무튼 무에 체달되어야 할 뿐인 것이다.

그러나 믿음이란 기반이 없으면 이룰 수 없는 것이다.

인간이 인간이 못 되는 것은 가르칠 선생을 만나기 어렵고 더구나 믿음 즉 가르침을 받을 정신력을 갖지 못하기 때문이다.

더욱더 어려운 것은 가르침을 받을 대상에게 내 몸과 혼을 다 바쳐, 바쳐진 여운까지 남지 않아야 할 그런 결정적인 생각을 하는 인간이 없는 것이기 때문이다.

몸과 혼 즉 마음을 다 바쳐 대상과 나는 함께 사라진다. 즉 공空이 되는 것이다. 공에서라야 완전한 나 즉 인간을 발견하게 된다. 나의 생각 즉 꿈이 현실로 실현되는 사람이 이 나를 마음대로 쓰는 인간이다.

우리가 못 쓰는 것은 꿈과 현실을 분열하여 거리를 멀게 만든 까닭이다.

생각이 창조주다. 생각이 부처님이나 하느님이나 인간을 다 창조한 것이다.

온갖 생령의 본질은 공이다. 공을 파악하여 쓰게 되는 인간의 생각은 생각하는 대로 현실화시키는 것이다.

세상에는 이념·마음·생각·상상·감각·관념·느낌들이 같은 한 말을 공연히 분열시켜 백미적으로 맛을 보는 것이다. 그리고 물질 즉 현실인 줄을 모른다.

생각은 현실이기 때문에 현실인 온갖 생령을 창조한다. 생각이 또한 피조물이다. 그것은 생각하게 하는 생각의 본질이 있기 때문이다. 생각하게 하는 것은 생각하기 전 즉 공이다, 공이기 때문에 존재적이 아니다. 다만 생각과 함께 나타나는 현실이 무엇 무엇, 누구누구를 만들기 때문에 생각을 창조주라는 것이다. 사실은 공이 창조주요 본체다.

우리 인간은 본체를 회복해야 인간인 것이다. 본체를 따로 찾을 것이 아니라 현실만 남김없이 모두 버리면 본래 지니고 있는 내 본체가 드러나는 것이다.

현실은 안 가진 것이 없이 다 가져도 한계가 있고 공은 빈틈없이 꽉 차서 넘치는 무한량의 나의 온갖 것이다. 그러므로 현실인 이 몸과 혼과 생각은 아주 전부 버리게 되어야 몸과 혼과 생각의 창조주요, 생활의 기구인 종교, 사상, 문화, 학문, 정치, 경제의 원동력인 나의 생명을 얻어서 쓰는 한 인간이 되는 것이다.

불교니 예수교니 하는 권내에서도 부처님이니 하느님이니 인간이니 하는 우상도 넘어서야 한다. 아무튼 나의 본체요, 본고향에서 안주하는 생활에서야 마음대로 뜻대로 생을 누리게 되는 것이다.

마음대로 사는 생활에는 불평과 부자유가 있을 리 없고 의심과 불만이 없어지기 때문에 자족의 생활을 하게 되는 것이다.

생활의 본질은 본래 시종도 없고 생사고락도 있지 않은 부동체인데, 부동체의 이변 즉 움직임으로 생이 생기고 생이 움직이므로 생활이 생기고 생활이 생기기 때문에 생활의 주재자인 인간이 생기고 또다시 돌아가서 생활의 주재자가 안주처에서 망념을 일으켜 생사고락이란 사고를 일으키는 것이다.

인간뿐 아니라 모든 생령은 입으로 세어볼 엄두도 안 나는 꿈의 생활을 영겁으로 되풀이하였건만 가장 자격이 있다는 인간들까지 기억력이 상실되어 그 많은 되풀이의 현실 생활을 모두 잊어버리고 심지어 금방 치른 모태 적 일도 젖먹이 적 일도 기억하지 못하는 것이다.

우선 누구나 세상에 처음 나올 때 핏덩이로 그 좁은 구멍으로 극한적 고통을 겪으며 나오지 않은 사람은 없건만 그만 다 잊어버렸기 때문에 그 고통의 상태는 돌아보지도 않고 어른인 그 산모의 난산, 순산만 묻게 된다.

아무튼 만사가 다 일리로 연결되었으므로 연륜, 주야, 사철, 귀천, 빈부, 흥망, 집산, 애증, 고락, 명암 등등이 붙어서 되돌아가기를 마지않는 현실상으로 보아 되풀이되는 것을 증명하지 않는가? 이 일이 분명히 내 현실인데 그래도 영리한 체하는 인간들이 왜 남의 일같이만 여겨 불교에서는 윤회설을 말한다지? 하고 씁쓸하게 말을 하고 있는지 과연 애달픈 일인 것이다.

불교를 어찌 알까, 하는 그것이 문제가 아니다. 다만 인형조차 잃어버릴 자기들의 전정이 딱할 뿐인 것이다.

사실 불교에서 주장하는 것은 윤회설이 아니다. 윤회를 말하는 것은 다만 목적지의 시간과 거리와 변화적 과정을 말하는 것뿐이요, 근본 목적은 자기의 생명력을 회복하여 자기에게 부과된 생활의 책임을 이행하는 자로 올바르고 참되게 살 수 있는 인간 즉 우주적인 종합적 판단력을 가진 자율적인 인간이 되자는 것뿐이다.

아무튼 생각이 꿈이요, 꿈이 현실 생활이라는 것도 직접적으로 보여주는 것이다. 누구나 원하고, 바라고, 하고 싶고, 보고 싶고, 필요한 것 등이 생각나지 않을 수 없는 것이다.

생각 즉 꿈은 꾸면서 현실화하지 않는 것은 스스로 꿈과 현실을 분열시켜 거리를 멀게 하여 연락이 잘 되지 않는 까닭이다.

사실은 이 몸의 지난 생활도, 지금 생활도, 이 몸이 죽고 난 후의 생활도 한 막 한 막 장면만 바뀌는 똑같은 꿈의 반복인 것이다.

억천만 번 되풀이한 내 생활을 건망증으로 모르게 되어 생각이 꿈이라는 것조차 알 길이 없어진 우리 인간이다.

지금 우리 인간들은 생각이 너무 매몰되어 직접적인 미래도, 과거도, 현재도 겪고 또 겪으면서도 한마디 말로는 알아듣기조차 어려우니 자연 쪼개 벌려서 여러 말을 되풀이하게 된다.

그러므로 상식 이하의 상태 즉 인간 하면 생활과 생사와 거래가 다 딸려 있는 것같이, 현실 하면 생각이 있고 생각은 생활을 하고, 생활도 한바탕씩 꾸는 꿈의 상속임은 누구나 모르지 않을 것이건만 모르는 것이다.

더구나 혼과 몸의 윤회설 같은 따위까지 문젯거리가 되는 인간 세상이라 부득이 여러 말을 늘어놓게 되는 것이다.

아무튼 이념이라거나 생각이라거나 꿈이라거나 한 말이면 되는 것인데 인간의 정신력을 한 생각으로 현실화시킬 수 없을 뿐 아니라 한 말로 확인할 수조차 없을 만큼 전능하게 되어 인간 자기들이 꿈과 생활을 분열시켜 둘을 만들고 또 생각 즉 이념과 현실을 조각을 내어 거리를 생기게 한 것이다.

열매와 껍질이 하나인 것같이 이념이란 껍질 안에는 반드시 현실인 그 알맹이가 있는 것이다. 현대 역사적 요청은 오직 분열되지 않은 합치적인 이 한 가지뿐이다.

아무튼 국가나 사회나 가정의 영고도 개개인의 무량수적 살활의 기로에서도 다만 정신력 통일인 그 뭉치가 가려내게 된 것이다.

거듭 외치는 말이지만 "오직 하나로 크게 뭉치는 데 온갖 진리는 집결된다."

큰 뭉침이란 나의 몸과 혼이 합치고 너와 내가 하나 되고 이 것저것이 단일화하고 하늘, 땅과 정물, 무정물의 통일체가 되어 온갖 것이 자아 의식이 끊어진 무아 즉 유아독존의 그 나가 된 때이다.

무아의 일 초, 일 초의 시단始端이라도 가져볼 수 있는 인간이 라야 조금이라도 균형적 정신으로 살게 되고 쓰게 된다.

그러므로 지금은 선방에서 좌선의 법 즉 어떤 마음이든지 무슨 생각이든지 일으킨 그 생각의 시발점으로 생각을 돌이켜 한 생각 한 생각씩 정리시켜서 모든 생각을 소멸시킨 무아로 들어 간다. 하지만 예전에는 물이나 불이나 무엇이든지 하나를 관觀 하여 우주 전체를 그 하나로 화하게 하는 공부를 하여, 나와 그 관점이 함께 우주화하여 일체가 뭉쳐진 데 이르러 다시 한 걸음 더 나아가 각覺인 대행동력을 얻으면 그때는 자기의 상기 상멸 로 생사 건괴를 임의 자재하게 하는 인간이 되는 것이다. 자기 정신이 입태入胎, 주태住胎, 출태出胎에도 매昧하지 않게 된다.

어떤 선사는 물을 관하는 공부를 하는데 시자侍者가 스님의 방에 들어가서는 숨소리도 없이 밤이 오는지 낮이 가는지도 모 르고 그 안에 있기만 하니 과연 괴상한 일이라고 생각되어 이 방 문틈으로 가만히 들여다보니 방 안에는 스님도 물건도 없고 물만 꽉 차 있는지라, 너무나 이상스러워 자기 보는 눈을 의심하여 물인지를 확인하려고 기왓장을 한 개 던지니 물속에 잠기고 말았다.

선사가 나와서 하는 말씀이 "내가 방에 들어서는 언제나 가슴이 답답함을 느껴 본 적이 없는데 오늘은 어쩐지 방에서 일어서면서부터 가슴에 무엇인지 가로막혀 숨이 가쁘니 무슨 일인지 모르겠다"라고 하였다.

시자가 기왓장 던진 이야기를 하니 선사가 내가 방에 들어 물이 되거든 네가 던진 기왓장을 꺼내라고 하였다.

시자가 그대로 한 뒤에는 그 선사의 가슴은 시원하게 되었던 것이다. 그러나 그 선사는 아직 물을 일체화하지 못한 때문이다. 물 하나를 일체화하면 일체를 일체화하게 되는 것이다.

즉 내가 일체화한 것이다. 그때는 온갖 것은 내 마음에 달렸고, 나 보기에 있고, 나 하기에 행불행과 자유 부자유와 생사와 고락이 내 말에 있게 되는 것이다. 내 마음을 내가 못 부리는 인간은 인간이 되지 못한 탓인 것이다.

인간인 우리는 그런 꿈을 나의 꿈으로 만들 수 있는 것이다. 내 꿈은 일체는 유심조라고 한 것이 이 말인 것이다. 분명코 나 하기에 달린 바에 내 마음으로 할 내 일을 내 상상대로 할 수 없다면 인간이라 할 수 없는 것이다.

가장 작은 한 쪼가리의 존재인 오늘날 우리 인간을 이렇게까지 미약하고 무능한 존재로 변모가 된 것이다.

뭉치의 힘은 뭉치는 힘을 내고 분열의 세력은 분열의 분열을 내어 미진 같은 작은 존재들을 만드는 것이다.

뭉침이면 못 이룰 것이 없고 뭉침은 불가항력의 존재다.

뭉침에서 깨어져 벌어진 우주와 만물과 생령은 본 인간의 수용품인 물건들인데 도리어 거기에 얽혀 사는 오늘의 인간이다.

태산도 쪼개지면 나중에는 모래 한 알로 굴게 되고 실오리도 뭉치고 뭉치면 태산을 넘어뜨릴 밧줄을 이룬다.

뭉침의 척도대로 인격을 이루고 목적의 성취가 있고 일의 힘과 용기가 생기는 것이다.

세속에서도 포용력이 있느니 너그러우니 하는 인간은 어느 정도 남이 나로 화하여진 증좌인 것이다. 그렇게만 되어도 남의 허물이나 결점을 용서할 수 있고 남을 업신여기는 마음이 생기지 않는 것이다.

상대적으로 된 세상사라 아무리 꿈살이지만 나의 분열 즉 내 분신이지만 나의 대상인 남이 있다. 남에게 잘못하면 잘 받을 수는 없다.

나 살려니 남을 해치게 된다.

그러나 꿈꾸는 자체를 파악하여 균형적 생활을 하면 마치 말 탄 사람이 자체의 중심을 잃지 않기 때문에 말이 달리거나, 뛰거나, 위태로움을 느끼지 않게 되는 것이다.

그저 즐겁고 자유로운 생활이 주어지는 것은 아님을 알아야 할 뿐이다.

꿈 자체가 허망한 것은 사실이지만 허망의 반면에는 현실이라는 정확하고 신랄한 실생활이 있는 것이다.

또다시 말이지만 우주적 원리원칙의 내적 본질은 불문율적인 절대 자유로운 휴식 경계지만 그 반면인 이 현실은 조금도 사가 없는 지극히 강박하고 공변된 생활양식으로 되어진 것으로 선악 간에 생의 일동일정은 허공까지 샅샅이 살피는 것이다.

아무튼 꿈의 내적 본질은 몸뚱이 없는 무형체다. 마치 금덩이의 가치는 아로새겨 쓰는 데 효과가 있는 것같이 꿈의 정체는 물질 때문에 표현되고 출세하게 된다.

물질의 본질은 면목이 없는 것이다. 사실은 현실밖에 긍정할 무엇이 없는 것이다.

아무튼 부동체인 생의 본체의 움직임인 느낌은 이변이 아닐 수는 없는 것이다.

느낌이 생기기 때문에 너와 내가 생기고 이것저것, 좋은 것, 언짢은 것이 있게 되고 죽어지고 또 사라지는 상대적인 물질계로 벌어지게 된 것이다.

우주의 삼라한 만상은 각자적인 내 생명의 분신이요, 내 정신의 파편이다.

구름은 자체와 함께 일어났다 사라졌다 하는 것이다. 인간의 꿈 생활도 꿈과 꿈의 정체가 따로 떨어져 있게 되는 것이 아닌 것이다. 그런데 인간들이 일어난 꿈속을 내 생명 전체로 알고 착심하는 것이다.

마치 밤낮이 하나인데 낮에는 자유롭지만, 밤은 어두워 부자유하다고 탄식하는 미치광이와 같이 인간들도 희비 생사가 붙어 둘이 아니건만 낙樂에는 착심하여 그 반면인 고苦를 못 보고 악몽의 반면에 길몽이 붙은 것을 모르고 울부짖는 것이다.

어차피 안 살 수는 없는 우리 생령이 어쩌다가 한량없이 자유롭고 평화하게 누려갈 수 있는 전제적 생명력은 어찌하여 그만 모두 잃어버렸는지 알 길이 없는 것이다.

어찌 되었는지 가장 작은 쪼가리의 생명을 생명으로 알고 가장 부자유하고 불안한 생활을 하게 된 것이다.

그런 것을 확연하게 느낄 수 있다면 그런 불행한 생활은 이미 다 지나간 과거로 청산하고 다시 자유로운 내 생활을 회복하여야 할 것이다.

바야흐로 지금부터 생활의 예산과 계획이 세워질 서광이 인류에게 비치는 것이다.

우리는 스스로 취한 괴로움에서 소이된 생활의 태산 같은 부채를 우선 갚아야 할 것이다. 부채를 청산하고 안정된 생활을 하기 위하여 먼저 생의 의욕과 용기를 내어 정진에 애를 써야 하고 일에 힘을 써야 할 것이다.

불佛이란 것이 온갖 뭉침의 대명사이다. 그러므로 로마 제국의 불교문화와 현재 우리나라의 국보가 다 불교의 유적이다. 구체적 정신이 구현화의 작품을 내게 되기 때문이다.

이 세상 인간들은 나를 버려서 남의 것을 만드는데 너와 내가 하나화한 완전체를 이루고 네 일 내 일의 구현화의 성취가 되는 그 진리를 모르는 것이다.

따라서 그 진리를 파악하여 쓰게 되어야 개인도, 국가도, 세계도 다 같은 평화와 자유로움을 이룰 것을 알 리 없는 것이다.

나머지 없는 뭉침이라는 것은 일체 꿈의 뭉침인 꿈의 주인공이 된 그 나인 것이다. 흙덩이, 나무 등걸, 굴러다니는 돌덩이까지 하나화한 뭉침의 나로 된 것이다.

사실 물 한 방울도, 티끌 하나까지도 일체 요소가 같은 창조성은 있는 것이다. 그러므로 유아독존이라고 그들도 열변을 토할 수 있는 것이다.

그러나 그들은 나의 현실인 내 위치를 명확하고 세밀하게 살펴서 바다와 태산으로 회복될 나의 질서를 찾아야 할 것이다.

내가 물 한 방울이라면 나의 현실인 지금 내 위치는 사실 물 한 방울이라는 것을 알고 바다를 이룰 때까지에 미칠 나의 역량과 거리를 헤아릴 줄 알아야 할 것이다.

위에서도 말했지만 인간의 상상 즉 인간의 꿈은 한계도, 압력도, 시비도, 제한도, 허물도, 염치도 없는 극히 자유롭고 몹시 자재한 것이다.

자유자재한 꿈이니 실현 또한 자유자재한 것이 아닌가?

그러나 꿈은 자유자재하기만 한 것도 아니다.

꿈의 자성은 하나지만 꿈의 작용은 분열이다. 상대적이라는 이율배반적인 현상을 일으키는 것이다.

꿈 즉 생은 생 자체를 분열시켜 그 분신의 희생의 의존인 것이다.

한자리에 들어앉을 수 없기 때문에 내가 앉으려면 상대편인 남을 밀어야 하고 내가 살려니 나의 분신인 남을 죽이지 않을 수 없게 된 것이다.

그러니 한 나라 한 민족이지만 남북전쟁이 일어난다면 거리 관계로 남은 북을 치고, 북은 남을 치고 서로 범하게 되지 않는가?

생은 죄다.

더구나 먹지 않고는 생을 보전하지 못한다. 먹는 것이 즉 살생이다. 승려들은 살생을 아니 한다 하더라도 승려가 먹지 않고 사는가?

승려도 식물만은 먹어야 한다. 식물은 생이 아닌가?

식물도 푸른 옷을 만들어 입고 꽃으로 몸을 장식하며 열매를 생산한다. 그것은 생의 삶을 이어갈 힘 즉 생의 의욕을 가진 자체적 노력인 것이다.

얼음 속, 돌 틈에서 봄을 기다리며 추위에 주림에 떨면서 참고 참는 것은 겨울을 겨우 지나 봄의 님을 기다림이었다고 그의 님인 봄볕이 얼마나 반가워하랴! 볕이 나서 따뜻한 날씨에는 해죽이 웃으며 고개를 고요히 들다가 바람 불고 추운 날은 죽을상으로 고개를 숙이는 불쌍한 모습을 뜻 있는 이는 이른 봄 그때마다 볼 것이다.

인간은 정말 폭군인 것이다.

인간인 승려들은 그렇듯이 애처롭게 자라는 식물들을 채 자라지도 못한 어리고 연한 것만 똑똑 끊어다 바르르 떠는 생명체를 뜨거운 물에 아주 삶아 죽여서 그래도 또 간장이니 고춧가루니 하는 독한 물건으로 더 심하게 독살시켜서 먹으면서도 양심 부끄럽게 살생은 아니 한다고 주문과 함께 외는 것이다. 다만 기어 다니고 걸어 다니는 동물의 희생인 음식을 먹지 않는 것을 가장 자비스러운 행동이라는 것이다.

세계교를 제창한다

― 김활란金活蘭 씨에 대한 제의

김활란 씨는 여자 교육을 몰랐던 그 옛날에 기이하게 여기는 여학생 노릇을 했던 것이다.

그리하여 한국이 처음 낳은 여학사요, 여자로는 공가가 제일 많은 교육가요, 국제적인 임무에도 적지 않은 실력을 발휘하는 분이다.

여인으로는 세계적인 최고상들을 받은 큰 존재이므로, 그 이름은 한국을 아는 나라에서는 모르는 인간이 없을 것이다. 그와 한 기숙사에서 자란 나도 우선권의 덕이었던지 한국에서는 최초의 여류 시인이었다.

그런데 지금의 나는 새소리 같은 속 모르는 그런 시를 읊는 세속적 시인이었던 나를 여읜 나, 즉 바위가 춤을 추게 할 시의 생명력을 기르고 있는 중僧이다. 그러나 천사불여일행千思不如一行이라는데, 생명력의 구현하는 정신과 물질의 두 가지를 합일한 실천에 있는 때문이다. 그러므로 아무리 하늘 너머의 높은 사상을 내가 가졌지만 한 가지 실천도 할 수 없는 무능한 나와, 실천적인 그와 비중을 걸어볼 수는 없는 것이다.

그러나 일전에 나를 찾아온 어떤 처사가, 일엽스님이 청춘[魂]을 불사르는 그 실천의 자동 케이스로 베트남에서 어떤 분신 순교자가 난 것이라고 말하였던 것이다.

바다에 던져지는 돌멩이 하나가 우주의 수륙을 다 돌아 많은 파동력을 가진 원리원칙에 의지하여 당연한 말인 것이다.

온갖 인간과 동물과 돌멩이의 개체의 온갖 우주가 다 같이 내포되어 있는 것이다.

사상 즉 이념은 일의 선행이요, 실천의 근본이요, 생명의 원천이기 때문에 내 사상의 조류가 우주로 두루 돌아 맞추게 된 것은 명확한 사실이다.

일체 우주는 각자적인 내게서부터 버려져 내게서 맞추기를 그치지 않는 것이다.

그리고 예수교에서 말하는 태조와 창시도 억천만 겁으로의 되풀이인 것이다.

불교에서 말하는 창시는 더 깊고 넓고 자세한 내용이지만, 그 창시도 시종이 없이 되돌아들 뿐인 것이다.

벌써 한 십여 년이 지나간 때에 어떤 교관이 나를 찾아와서,

"…활란 씨와 누구 누구 등의 여류들은 세계적 무대에서 활약을 하는데, 일엽 씨는 왜 이런 산중에 칩거해 있는 거요?"

하고 질문한다. 나는 크게 웃으며,

"창해의 일속인 이 지구가 그리도 커 보이시나요? 나는 삼천대천세계를 무대로 삼고 한 번 크게 활약할 준비를 하는 중인 걸요" 하였다.

그는 무슨 소리인지 그저 이룰 수도 없는 엄청난 소리를 하거니 하였을 뿐일 것이다.

지금 세상에는 내가 나를 파악한 인간이 극히 드문 것이다. 나를 파악하기는커녕 나를 애초에 버려버리고 아주 열등감에 사로잡혀 '인간의 능력으로야 어찌 그리 할 수가 있나…', '사람은 완전하진 못한 존재니까…' 하고 그대로의 인간뿐이거니 하여 나를 알아볼 생각조차 아니 하는 것이다.

그리고 가상적인 신을 만들어 그 신을 믿고 신의 능력이나 인정하는 것이다.

신의 나라가 있기는 있으나, 신은 신통력이 제일인 존재지만 구체화의 인간보다도 오히려 사邪된 무리들이라 완전한 인간은 커녕 우리 범인들보다도 오히려 열등한 존재다.

참된 신은 나의 정신을 지배하는 나의 전체적 정신 즉 일체

생령의 만능적 근본 생명력이다.

나 외에 다른 신이 있는 줄 아는 그것은 나 즉 인간이 무엇인지 모르기 때문이다.

우주 간에 가장 귀한 것이 인간이다. 우주의 주재자가 인간이다 하는 말은 하였지 그 말의 주인공인 내가 그 인간인 줄은 확인하지 못하는 것이다.

아무튼 우주를 주재하는 인간을 인증하는 그 말은, 나에게서 시발되었으니 그 말은 즉 나의 것이며, 나의 것인 그 말의 근본은 나 즉 우주 자체일 것이며, 우주가 나일 바에는 우주의 원리 원칙적 작용을 내가 능히 발휘할 수 있는 것이 아닌가?

우주적인 큰 능력자는 '나'라는 이 인간 외에 따로 있는 줄로 누구나 다 알 뿐, 종교인들 철학자들까지도 큰 능력자는 하느님만인 줄 알고, 지금의 우리가 임의로 못 하는 일이나 해결할 수 없는 모든 일은 신이나 영인 별다른 무엇이 있다고 믿는 것이 대다수인 것이다.

그보다 오히려 지금 시대 인간들은 말하자면 반거들충이적 인간들이 더 많은 것이다. 어리숙하게 누구를 믿지도 않고, 내가 무엇인지 알아볼 생각도 아니 하는 것이다.

사실은 이 말 저 말 할 것 없이 오직 한 말로 모든 문제는 해결되는 것이다. 즉 천만 조각으로 분산되는 내 정신을 한 뭉치로 만들어 쓰게 되는 그 일이다. 그것으로 간단하게 모든 시름은 가시고 억천 가지로 구해지는 내 욕심도 아주 만족하게 할 수 있다.

생각을 오직 하나로 쓰는 인간의 대표자인 석가 부처님은 천상천하에 오직 높은 나로 즉 나는 사생四生=태생胎生, 난생卵生, 습생濕生, 화생化生의 자부慈父라고 자처하신 것이다. 즉 습생인 구더기의 아버지도 되신다는 말씀이다.

구더기도 부처님의 새끼다. 부처님의 새끼인 구더기도 부처님(가칭이자 대명사)이 될 것이 아닌가!

우리 인생은 모두 부처의 새끼요, 구더기와 형제다. 그리하여 각자적으로 그때 그때 변모되는 정신의 기준에 따라 인간의 의복육신으로 입혀지기도 하고, 짐승의 껍질로 씌워지기도 하지만, 생의 근본은 완전한 인간인 부처였던 것은 사실이다.

아무튼 생은 불멸적인 원리원칙에 의지하여 무궁하게 살아야 하고, 생적 작용이며, 육체적인 이 세상과 현실인 이 생활도 시종이 없는 것이다.

부처님의 가르침을 받는 인간 즉 부처님의 자식됨을 확인하는 인간들은, 생적 절대 평등권적 존재인 자기를 인정하게 되어, 전지전능한 인간인 부처가 되는 공부를 하게 되는 것이다.

따라서 지금 자신은 나를 잃어버렸음을 알게 되는 것이다. 즉 내 정신을 온전히 다 갖지 못하고 한 조각 정신으로만 사는 줄을 알게 된다. 한 조각 정신으로 살기 때문에 한정된 생활 능력으로만 사는 줄도 알게 된다. 그래서 자족을 얻지 못하여 항상 불만하고 불평하게 된 것도 깨닫게 된다. 그리하여 내 스스로 나를 버리기 때문에 언제나 회의에 잠겨 헤매게 되었다는 것도 깨닫게 되는 것이다.

그때에야 비로소 내가 나를 찾아[覺] 회의와 불안에서 해탈하게 된다.

하느님을 믿는 종교인이나 믿지 않는 인간이나, 자기들이 다 같은 하느님의 새끼라는 것을 알아야 한다. 그리고 하느님이, 당신인 나를 파악한 인간으로 나를 바탕으로 하여 천지 만물을 창조하신 것을 알면, 내가 내 바탕대로 만들어졌으니 근본 책임자가 하느님이 아니요, 각자적인 나임을 알아야 할 것이다.

부처님의 자비니 하느님의 사랑이니 하는 것도, 당신의 분신이 곧 중생인 우리이므로 자신의 보전지책인 것이다.

사람들이 누구를 위한다는 것도 개체 개체가 연대적 존재이므로 남의 보전이 내 존재의 안전지책에 지나지 않는 것이다. 그리고 만약 하느님이 근본적으로 인간을 창조하셨다면 기계인 인간에게 책임을 전가하지 말고, 인간의 죄로 하느님이 지옥에 가셔야 할 것이 아닌가?

만일 하느님에게만 절대적인 능력과 소유와 권력을 준다면, 다른 누구라도 털끝만 한 책임감을 가질 까닭이 없을 것이다. 그런데 하느님이 자유를 주어 선악 간에 자기가 스스로 선택하게 하였다니, 그 자유는 선을 선택하는 자기의 행운만을 위한 자유가 아닌가? 악을 선택하게 된 인간이 절박한 지옥고를 받을 때 자기를 만들어준 하느님을 어찌 원망하지 않을 것인가?

애초에 나지 않았던들 믿고 안 믿고 지옥을 가고 안 가고 하는 그런 일들이 아주 없었을 것이 아닌가!

더구나 상벌에도 경중이 없는 것이 경우에 틀리는 일이다. 한평생을 믿지 않은 그 벌을 영원히 받게, 해를 입힌 하느님에게 얼마나 큰 함원을 할 것인가! 그리고 하느님은 모르는 것이 없으시다니, 인간에게 자유를 주면 악을 선택할 사람이 많을 것이라는 것도 모르지 않으셨을 것이 아닌가? 결국 하느님은 악희로 지옥고를 받는 중생의 고통을 구경거리로 삼으려고 하였단 말인가?

아무튼 천당에 갈 사람은 몇이나 있을 것인가!

나는 이 평생에 천당에 갈 사람을 이 세상에서 본 적이 없는 것이다.

나부터 하늘 너머의 높은 이념뿐이지, 획기적인 선행으로 천당에 갈 복을 지으려면 어느 생까지나 가게 될지 모르는 것이다. 하기야 이념이 철저하여 내 정신의 힘인 생명력 전체를 얻어만 놓아도 천당, 지옥에 임의로 출입할 수는 있는 것이다. 그러나 천당 생활을 하려면 현실적으로 진선진미적인 실천을 하여야 하며, 아무리 이념이 철저해서 못 할 일이 없다 하더라도 실천을 하지 못하면 완전한 인간인 부처는 이루지 못하는 것이다.

모든 일의 해결법은 인간되는 그 일뿐인데 인간은 이념과 실천의 쌍방을 맞추어야 되기 때문이다.

아무튼 대가 없는 얼음은 아무 데도 있지 않은 것이다. 그러므로 도를 닦는 일 즉 생명력인 정신을 통일시키는 일은 사전의 일일 뿐이다.

인간이 인간의 정신을 찾아 가지고 인간 생활이 개막되어야 할 뿐이다.

인간의 정신이란, 지금 쓰고 있는 이 정신이 아니고, 이 정신을 쓰게 하는 이 정신의 본정신을 말하는 것이며, 나의 창조성으로 모습은 없으나 행동력 전체가 내포된 공空을 말하는 것이다. 공이 즉 생각의 통일이고, 마음의 집결이다. 이 공을 얻는 것이 만사 해결법인데도 아주 간단한 이 법을 알지 못하여 인간 문제 해결을 도저히 못 하는 것으로 알거나 숙제로 미루는 것이다. 따라서 불안과 회의로 영일이 없는 것이다.

아무튼 정신 안 가진 인간은 없지 않은가! 정신은 내게서 우러나는 것이니 우러나는 그 자리로 도로 가서 찾아보면, 정신을 쓰게 하는 내가 있을 것이다. 즉 내가 쓰는 내 정신의 전 소유자가 나일 것이다. 그 일이 정신을 주재하는 통제자를 발견하는 것이다. 내 정신을 내가 통일하여, 내 정신을 내 마음대로 쓸 수 있는, 내가 된 인간 즉 대자유인이 된 것이다. 다시 말하면 생각이니 마음이니 사상이니 정신이니 하는 것의 시발점은 내게서 났으니, 그 시발점은 즉 나일 것이 아닌가?

나를 잃어버린 지금의 우리 인간의 살 길은 두 가지가 있을 뿐이다.

첫째는 사전의 일로, 하고 싶은 일 바라는 것을 다 이룰 수 있는 나라는 것을 스스로 믿어, 나를 알아 얻어 쓰기 위한 일 즉 수도를 전공하는 일을 자기의 임의로 결정짓는 일.

둘째는 사전 사후의 일을 겸하여 하는 일, 즉 내가 무엇이며 내가 쓰는 이 정신이라든지 마음이라든지 생각이라는 것이 무엇일까 하는 의심을 지어가면서, 어떤 일이고 착수하여 정신과 몸을 외곬으로 하여 끝까지 노력하는 일.

이 두 길을 걷게 되지 않으면 살길은 없는 것이다. 그야 생을 포기할 도리는 없으니 무슨 존재로든지 없어지지는 않을 것이다. 그러면 지옥에 가거나 축생이 되어도 관계없다는 말인가! 인간의 몸을 가진 이때를 놓치지 말고 앞일을 생각해야 할 뿐이다.

우리는 영원한 순력자다. 싫든지 좋든지, 의미가 있든지 없든지, 가지 않으면 안 되는 것이 우주적인 결정적 사실이다. 이 길은 누가 업고 지고 가지 못한다. 다른 사람의 눈과 다리를 의지할 수도 없고 노자 한 푼도 그저 빌리지는 못한다.

내가 내 눈으로 보고 내 노자를 가지고 내 걸음으로 걸어가게 되어 있는 것이 자연 법칙이다.

이 일을 알기만 하면 회의와 불안에 망설일 틈도 없고, 헛되이 시간을 보낼 수도 없이, 그저 그 행렬에 낙오 안 되려고 정신이 바짝 차려질 뿐이다.

알지 못하고 떠나는 여행길은 슬프다. 모르는 전정은 아득하다. 일체의 해결법은 알고 살아야만 하는 것이다.

천당을 가서도 천년만년 살고 나면 한바탕 즐거운 꿈의 한 토막이다. 세상살이란 모두가 허망하게 짝이 없는 것이다.

끝나는 날이 없는 인생이 오고갈 길은 굴곡도 많고 험하고 위태로운 곳도 늘 닥치는 것이다.

그렇다고 하더라도 가지 않을 수는 없다. 누가 시켜서 가는 것도 아니며, 그렇다고 자청한 기억도 없다. 데리고 가는 것도 끌고 가는 아무것도 없다. 그저 가게 된 길이다. 오직 나의 길일 뿐이다. 다만 자율적自律的인 나그네일 뿐이다.

어차피 가야 할 길이니, 높은 길에는 용기를 내어 가쁜 숨의 쾌감을 느낄 수 있고, 구정물을 건널 때는 찡그리면서도 웃음 짓는 정신력을 얻어야 할 뿐이다.

천당을 가서도 천년만년 살고 나면 한바탕 즐거운 꿈의 한 장면일 뿐이라고 위에서 말하였다.

지옥 생활에도 천당락天堂樂을 받을 미래적인 희망이 내포된 것이다. 고락은 항상 뒤바뀌는 것이니 잘 살고 못 사는 것도 문제가 아니다. 있다고 존재가 아니요, 꿈지럭거린다고 생활이 아니다. 내 정신으로 내가 살고, 내 생명력으로 내가 사는 것이 존재요, 생활이다.

살지 않으면 안 될 바에는 큰 바다에서 자유로이 노는 물고기처럼 생활의 의욕과 용기를 가지고 유유하게 살아가야 할 뿐이다. 생활의 의욕과 용기가 넉넉하여 산 보람이 있게 살자면 종교에 귀의해야 하는 것이다.

종교란 이 세상의 총체이므로, 이 현실과 그 내적 본질을 하나로 만들어 그것을 장만하는 일, 즉 영구한 살 채비를 하게 하는 것이다.

세상에서도 생각하는 테두리 안에 있는 진선진미의 것은 다 가르칠 수 있지만, 종교에 귀의하라는 것만은 글이나 말로 도저히 가르칠 수 없는 것이다. 그것은 종교라는 것이 생각하기 전의 불가능한 일이 없는 우주의 창조성인 그 본질, 즉 생명력을 회복하는 것이기 때문이다.

지금 이 시대 인간들은 내 생명력을 넘어 먼 예전에 잃어버렸기 때문에 생명력을 찾는 법이 있는 것조차 모르므로 의타적인 종교가 풍미하고 있는 것이다.

불교는 사실 현실만을 철저히 긍정하는 곳이다. 현실의 본질이란, 이 세상 인간들이 이미 지니고 있는 자기 것을 인식하지 못하여 쓰지 못할 뿐이다.

현실이 무상하여 시시로 달라질지언정 주야가 상속하고 사철이 바뀜과 함께 시종 없이 연장되는 것이 이 삶인 까닭이다. 가장 희망이 길고 삶이 다하는 날이 없음을 깨우쳐서 그 무량수적 생활의 준비로써 내 정신력을 기르게 하는 교리다.

죽으려야 죽지 못하는 까닭으로 노력한 대로, 잘한 대로, 애쓴 대로, 남김없이 허공이 보증하여 갚아주는 공측을 알려준다. 그러므로 미처 체달을 하지 못한 때라도 아주 안도감을 가지고 생의 의욕과 용기가 늘어가는 곳이다. 생사, 고락, 희비를 극적 장면으로 살아가게 된다.

의타적인 종교라도 철저하게 믿어 쪼가리의 나를 송두리째 살려 믿는 대상에서 바치게만 되면, 존재란 믿음의 대상과 합치되어 본연의 정신력이 회복될 수도 있는 것이다. 그리하여 전체적 대아를 이룰 수도 있는 것이다. 그러나 의타적인 종교에서는 믿음의 대상 밑에서 이대로 이 육신의 부활을 믿고자 하나, 이 육체와 혼이란 것은 물체이므로 물질은 집산적인 이중 작용으로 변화적 과정인 테두리 안에 있는 것이다. 그러므로 테두리 밖인 해탈법인 대자유세계에 이를 수는 없는 것이다.

무엇보다도 생각하는 나와 인간과 혼은 나의 파편이며 분신인 것부터 알게 되어야 한다. 나는 인간이요, 인간은 혼이 주인인데 혼을 구경의 존재로 아는 것은 종교의 요의에 아직 미치지 못한 것이다.

혼이란 이 마음이다. 인간인 나는 왜 내 마음을 내 마음대로 못 쓰는가! 그것이 문제되지 않는가? 나를 즉 내 혼을 내 마음대로 못 쓰는 것이 인간이 못 된다는 증좌가 아닌가! 혼은 즉 내 느낌이요, 내 마음이요, 정신이요, 생각이다.

내 생각은 내가 하고 있으니 내게서 일어나는 생각인 것이 명확하고, 내게서 일어난 것이면 내게 다 있는 생각인데 왜 내게 있는 내 것을 내가 못 쓰는 것일까. 그것은 생각 전체에서 일어난 이 쪼가리 생각을 내 생각 전체로 알아 그 쪼가리만 쓰고, 생각을 일으키는 본생각은 버려두기 때문이다.

지금 우리가 쓰고 있는 생각이 파편이라는 것을 알고, 그 파편의 생각을 모아 전체적인 생각으로 쓰게 되어야 한다는 것이다.

나는 이 유일의 살길을 찾아 들어온 뒤로는, 내가 전에 믿던 의타적인 예수교인에게 특히 친밀감을 느끼고 그 교에 대한 관심이 커졌다.

예수교는 나로 하여금 믿음의 씨를 기르게 했던 곳이다. 그것이 밑천이 되어 이 살길도 밟게 된 것이다. 더구나 지금도 어떤 때는 꿈에까지 나타나는 이화학당 기숙사에서 같이 자라던 동무들에게 예수교 교리를 더 오묘화한 이 불법을 알리고 싶은 충격으로, 이화 기숙사에서 기숙생들이 예배 날 정동 예배당 입문으로 행렬지어 가는 그 중간을 막고 누구든지 붙잡고 설법을 아주 열렬히 하다가 깨는 꿈이 가끔 있었던 것이다. 입산 후에도 예수교인을 만나면 더 힘찬 말을 해주게 되는데 종교적 소질이 있는 인간들이라 속인보다 훨씬 잘 알아듣는 것 같다.

근세 문명의 업적은 거의 모두가 예수교 교역의 노력에 의한 것이라고 볼 수도 있으나 아직은 정신적인 면뿐인 불교와 교류하여 사업을 이룩한다면 세계는 다른 역사적 생활을 할 것이다. 그러므로 입산하여서도 활란 씨 같은 훌륭한 벗에게 더 알리고 싶었던 것이다.

활동력이 풍부한 그가 납득을 하여 나와 함께 손을 잡고 협력을 한다면 사업의 뒷받침으로 정신력이 첨가하게 될 테니 금상첨화로 전 인류에게 얼마나 큰 공헌이 있을 것일까!

그는 구세주가 될 소질을 가졌다고 보았지만 자신을 파악하는 데까지는 아직 미치지 못하였을 것으로 생각된다. 오직 기도로 소극적인 혼이 쉬는 시간이 있었을 뿐 자기가 성취한 사업의 밑천이 무엇인지 모를 것이다.

사업의 밑천은 불가에서 가르치는 최고법인 공空에 체달하는 것임을 그에게 가르침이 없었을 줄을 알기 때문이다. 그리고 그가 이룩한 그 사업은 좀 더 수준 높은 생활을 하는 다른 세계에서라면 그저 인간의 책임을 한 예삿일로 희귀하게 여길 것도 없는 일인 것이다.

교육자라는 것은 글과 행의 현실적인 것뿐만 아니라 혼의 책임까지 지게 되어야 한다.

부처님을 아는 사람에게는 휴지 조각에 지나지 않으며, 불경에 비하여 한 부분인 신학이라는 것을 최고학으로 아는 터이라, 인간의 상식인 혼이 무엇인지도 모르는 것이다. 이 혼은 정말 혼의 파편이요, 일부분적 정신이요 마음이며, 개체적인 이 몸의 행동력이 되는 것임을 모르며, 따라서 이 혼의 파편이 즉 이 현실상인 줄을 몰라서 혼의 경지는 따로 있다는 교리를 믿고 있는 활란 씨일 것이다. 그가 자기와 사업의 그 밑천을 알면 구세주가 될 수 있을 것 같아서 그것을 알리고 싶은 생각이 간절하였던 것이다.

자기를 파악하지 못한 그는, 자기가 제자들의 혼의 책임까지 져줄 만한 능력자의 소질이 있는지도 모르며, 세계적 무대라는 곳은 산짐승, 들짐승들이 서로 먹을 몫을 다투는 듯한 그런 장소임도 알지 못할 것이다.

아무튼 우리가 쓰고 있는 이 정신 즉 이 파편의 혼은 내게서 일어난 먼지 같은 무량의 나의 부동체이므로, 이 부동체를 모두 가라앉힌 자리에는, 모든 걱정 근심, 번뇌, 망상은 다 사라지고 상상할 수 있는 것은 모조리 다 있어서, 어떤 엄청난 상상이라도 다 채취하여 쓸 수 있는 것이다. 이 묘한 비결을 그는 아는지 모르는지.

공에 이르지 못한 휴식은 다시 일어나 갖가지 번뇌와 망상을 거듭 일으켜 인간을 괴롭히는 것이다.

우리는 무수겁으로 이런 생활을 반복하는 것이다.

공은 혼의 대휴식처 즉 인간의 본고향이다. 공을 얻지 못한 세계인 이 세계에서는 바라는 것을 다 가져 봐도 가슴속 한편은 아쉬움이 남아 있어 불변의 대편안은 얻을 수 없는 것이다.

사실 삶이란 것은 이 현실 세계뿐이다. 이 세계에서 정신적인 본고향인 공으로 살게 되어야 어떤 환경에서도 유유하게 살아갈 수 있는 것이다. 몸이 쉬면 행동력을 얻고, 혼이 쉬면 원생명력을 얻는 것이다.

이 말 저 말 다 제쳐놓고 다만 간단한 한마디로 말한다면, "나를 파악하여 나의 생명력으로 살아야 한다"는 것이다.

위에서 늘어놓은 말은 모두 각자적인 내 말이지만 나를 잃어버린 지 이미 오래된 괴겁 즉 말세末世 인간인 우리들은 거리가 멀게만 들리는 것이다.

다시 말하자면 김활란 씨는 들려주기만 하면 단박 알아들을 것으로 꼭 믿었다. 더구나 그가 알아듣고 지향하는 정신만 확립된다면, 이념만 가진 나의 한편 책임을 마저 해줄 실력자라고 믿고 그를 만나기를 기다렸던 것이다.

아무리 그가 현세에서는 큰 교육자라 할지라도 생이지지生而知之하는 지혜를 가지고 있지 않은 바에는 가르침을 받지 않을 수 없을 것이다.

그는 자기가 가진 박사라는 칭호가 헛이름만인 박사, 즉 '가'

자 한 자도 모르는 박사인 줄 알 길이 없을 것이다. 그에게 학문은, 배우는 것이 아니며 글자와 학리를 초월하여 깨닫는 데 있다는 것을 자세히 설명해주려는 생각이었다.

학문의 창조주가 자기라는 것과 자기의 제자들도 일체 요소가 다 갖추어져 있는 소질은 다 가지고 있다는 것을 어찌 그가 알 수 있을 것인가! 누구나 하고 싶은 일은 자신을 갖고 한다면 반드시 이룰 수 있으니 제자들에게 가르치지는 못할 것이다. 이것이 또한 나에게는 안타깝게 생각되므로 유망한 동무인 그에게 꼭 알려주어야겠다는 책임감을 느끼는 것이다.

활란 씨는 나이 이미 육십이 넘었으니 자기는 천당으로 머지않아 갈 것으로 알고 이 세상일은 이 생으로 끝이 나는 줄로 알고 있을 것이며, 무한급수적인 자기의 앞일에 있는 것도 모르고 있을 것은 사실이니 세세생생 동지자가 되기를 바라는 나는 그와 만나볼 일이 급하게 생각되었다.

천당에 가는 일이 그저 영원이라 하면 우선 내왕이 있어야 그 일을 알 것이요, 누가 천당에 가보았나 또는 심판의 날이 온다면 오는 그날뿐인가 하는 등등이 현실적이어야 하는 것이다.

현실이 증명 못하면 나중에도 보증해주지 않는 것이다.

현실적인 증명은 못 보더라도, 소경이 소경인 줄 알고 귀머거리가 귀먹은 줄 아는 이 만큼이라도 확증되어야 하는 것이다. 그렇게 확증되었다면 현실적인 만능의 인간이 자기임을 알게 될 것이다.

현실적이라도 자기가 눈멀고 귀먹은 줄 모르는 인간은 못 보고 안 들리는 것이다.

불법은 현실적이요, 증명적이다.

지금의 과학으로는 미치지 못하는 것도 더러 증명한다. 과학을 초월한 일을 알게 되어야 한다. 즉 실험관이나 생각을 초월한 공에서 얻는 현실이다.

그리고 천당락을 받기 전에 이 사바세계에서 정신력을 얻어 가져야 천당에 가서 환락에 매혹되지 않고 정신 수습을 하게 된다.

아무튼 말은 표현이므로 표현을 그림자라고 하든지 껍질이라고 할 것이 아닌가? 그림자라면 물체가 있을 것이요, 껍질이라면 알맹이가 반드시 있을 것이 아닌가? 그리고 말이 있으면 사실이 있을 것은 당연한 일이다. 이런 상식만 가진대도 말 즉 생각은 꿈이니, 내가 꾸는 내 꿈을 내가 왜 실현시킬 수 없을 것인가?

인간이 인간인 자신을 믿는다면 현실과 꿈의 거리를 멀게 생각하지 않게 되어 한 가지 일이라도 성공하게 될 것이며, 한 가지라도 성공하여 마친다면 일체 일의 밑천을 장만하게 되는 것이다. 일능이 만능이기 때문이다. 즉 일능의 근본이 만능의 재료이기 때문이다.

인간이 가장 귀하다는 것은 살 발판, 즉 내가 살 한 길은 뚫어

놓을 줄 아는 데 있는 것이다.

지금 세상에는 자기 현실인 살 발판 하나도 만들어놓지 못하고, 짐승의 암수가 서로 따르듯 남녀가 사랑이니 애정이니 하여 서로 친해 다니다가 그로 말미암은 갈등으로 한 조각인 인간의 정신마저 잃어버리는 일들이 많은 것이다. 나는 이런 일들을 지양시킬 수 있는 구세주가 되겠다고 발원하였던 것이다. 그러나 역사적 조건으로 말미암아 쇠퇴한 불문 중에는 불법의 대의를 성취한 인간이 드물 뿐 아니라 더구나 여자로서 실천적인 사람이 극히 드문 때이니만큼 같은 불문 중에서보다 교류적인 교리와 합치적인 협조가 더욱 필요한 것을 느꼈기 때문에 더욱 김활란 씨를 믿는 마음이 굳어진 것이다.

불교 교리는 종합적 종교의 교리이며 천만 파의 종파의 합치이므로, 교류니 뭐니 할 것 없지만 쇠망한 지금에 와서는 인재 빈곤이기 때문이다.

우선 사상이 확고하게 서야 하고, 사상이 확고하면 사상적 체계가 서고, 사상적 체계가 선다면 현실화하게 되어, 현실적 증명을 확실하게 자기가 체념하고 남이 하는 것을 보게 된다.

사상적 체계가 즉 현실을 말하는 것이다. 사상적 체계란 이론과 희망이 아니고 실천적 사상이기 때문이다. 그리고 누구나 각자적인 자기의 사상인데 그 정신이 분열되었을 뿐이므로 대사상을 다시 풀어줄 때 공감된다면 듣는 자기의 직접적인 내 생각이라 실감으로부터 체달하게 되는 것이다.

내가 생각하는 것, 마음먹는 것을 감각할 때는, 내게서 우러난 감각이므로 감각을 내게로 반조反照하며 감각하게 하는 그 자체가 즉 자기의 사상이라는 것을 발견하고, 사상과 현실은 둘이 아닌 현실이며, 철저한 사상의 깨달음은 행동력이므로 곧 불가능한 일이 없는 인간으로 현실화한 행동을 하게 되는 것이다. 즉 불가능한 일이 없는 완전한 인간이 된 것이다.

불가능한 일이 없는 완전한 인간은 못 되더라도 인간만 된다면 일체 해결이 될 것을 확신하게 되므로 사상적 방향에 서게 되는 것이며, 따라서 기필코 이룰 사업의 그 방안도 서지는 것이다.

인간은 이럴까 저럴까 망설이는 동안이 가장 괴로운 것이다. 우선 사상적 방향이 서고 사업적 방안이 서기만 해도 어떤 몸으로 무슨 생활을 해도 안도감을 느끼고 살게 된다.

우주가 나 자체다. 나의 선 자리 앉은 자리 누운 자리 오가는 자리는 다 내 것인데, 어째서 살 데 없이 헤매는지 알 수 없다. 벌레도 한가하게 기어 다니면서 먹고 쉬고 연애하고 놀고, 자고 온갖 생활을 누리지 않는가. 가장 좋은 위치에 있는 인간이 왜 불평불만으로 울부짖는가?

아무튼 살 방향만 서게 되어도 생활에 안도감을 느끼고 의욕이 풍부한 행동을 할 것이 아닌가! 그러므로 사상과 현실은 하

나라는 것이다

　나는 우주의 근본이요, 생령의 씨요, 본체다. 그런데 지금 우리는 나의 근본이며 본체를 잃어버리기 때문에 생각은 하면서 실천하기 어렵게 된 것이다.

　정신의 분열이 실천적인 전체로서의 능력을 잃어버리게 되어 극히 적은 한 부분적인 능력만 가지고 살게 된 것이다.

　이 근본인 나는 나라는 감각을 떠나서 조금도 감각이 없는 무감각의 경지, 즉 감각의 전체라고도 느껴지지 않는 자리가 곧 감각하게 하는 그 자체다.

　그것을 파악하는 데는 미진수 같은 많은 감각을 가라앉혀야 한다. 인간이라면 누구나 이 일만은 통념적으로 되어야 할 것이다.

　우주와 생령이 다 같이 나의 근본을, 조상을, 고향을 잃어버렸기 때문에 오늘의 온 인류는 다 함께 도탄 속에 빠졌는데, 이 모든 인류를 살려야 할 종교인들이 도리어 종교 자체 내에서 분규가 심한 형편이니 오늘날이야말로 인류 세계의 참극이라고 아니 할 수 없다. 생명의 원천을 누구에게나 찾게 해줄 종교인들이 도리어 자기의 생명도 근원도 못 찾은 인간들이 되었으니 그럴 수밖에 없지 않는가!

　인간이라면 본래 내 개체에서 우주가 생기고 삼라한 만상이 벌어졌다는 것쯤은 알아야 할 텐데, 소위 종교인이라는 인간들은 도리어 종교의 종파를 가지고 서로 다투어, 내 교리가 제일이다, 네 교리로는 제도를 받을 수 없다고 싸움을 벌이고 있으니 얼마나 한심한 일인가!

내가 말하는 교리의 차이라는 것은 다만 단계적인 문제이며, 자기가 선 그 단계를 알고 구원 얻을 단계로 오르자는 것이다.

아무튼 사업에만 열중한 활란 씨는 자기가 선 단계도, 자기를 내적으로 반조할 여유도 넉넉하지 못할 것이다. 더구나 믿음만으로 구경究竟을 삼는 교리를 발판으로 하였으니 하느님께 기도하는 것으로 정신적 도움을 다소 얻을 뿐일 것이다. 그러니 예수만이 구세주가 될 수 있는 줄로 알고 있기가 쉬우면서도, 자신만만하여 자기 소신의 실력적 위치에서 나를 너무 엄청난 말만 하는 인간이라고 본다면, 앉은뱅이 천 리 길 가는 이야기같이 우습게만 들리지나 않을지 모르겠다.

그렇다면 나의 기대는 어긋나고 말 것이지만 그래도 나는 그에게 기어이 알려야만 되겠다고 마음먹고 있었다.

더구나 내가 학교에 있을 때 선교회에서 파견된 미국인 여교사들이, 젊었을 때는 언제나 미소 띄운 얼굴을 하고 있지만 황혼의 늘그막에는 피난처가 없는 듯한 회의로 가득 찬 어두운 표정으로 가련한 고독의 눈물을 흘리는 모습을 보고 나는 동감의 눈물을 흘렸던 기억이 남아 있다.

활란 씨도 본래 고독한 몸이었는데…. 한 마음도 없는 마음의 뭉침에는 고락 간에 일어날 아무것도 없는 공空, 즉 혼의 대 휴식처인 영원의 안전지대가 있다는 것을 활란 씨는 아마 모르고 있을 것이다. 아무리 절찬하는 찬사讚辭가 언제나 퍼부어질 위치에서 수많은 제자들의 옹위를 받고, 또 막연하게 바라는 천당(사실은 지금 오가는 곳)이 있다 할지라도, 그 가슴속에는 그래도 아쉬움이 가시지는 않을 것이 상상되기 때문에 더 간절하게 그를 만날 기회를 기다리게 되었던 것이다.

그런데 지난 달 어느 날 따스한 볕이 앞창을 비추고 있는데 사람의 그림자가 얼씬거리더니 참으로 의외의 사람이 나타났다.

한동안 잊어버리고 있었기 때문에 더욱 의외였다. 활란 씨가 방문할 줄은 정말 예상치도 못했다. 그래서 이거 웬일이지 하는 소리가 연발되었다.

주치의와 활란 씨와 같은 나이의 부인 한 분하고 세 분의 동행이었다.

나는 활란 씨의 손목을 붙잡아 끌어 앉히고 나서 동행하여 온 부인을 바라보았다.

그는 웃으며 "날 알아보겠소?" 하고 묻는 것이었다.

나는 "글쎄…" 하고 뻔히 쳐다만 보고 있는데 그는 "난 서은숙이야!" 한다.

옛 모습을 알아본 나는 "응, 은숙 씨! 알겠어. 이거 몇십 년 만이지! 그래도 별로 늙지 않았구려! 그런데 아직 시집두 안 갔다지?", "응, 안 갔어. 아니 못 갔어."

나는 소리 내어 웃으며 그 말대답은 하지도 않고 활란 씨를 다시 쳐다보며 "활란 씨는 한국에는 내 상대가 될 만한 남자가 없다고 시집은 안 가는 건방진 여자라고 비난을 받고 있다는 말을 젊었을 때 들었지" 하였다.

활란 씨는 그런 말에는 익숙해진 듯 예사로 "난 안 그런데 모두들 그래…" 하는 그의 태도는 소녀답고 겸허하였다.

살결 곱고 뺨 붉은 소녀, 언제나 살가운 웃음을 머금었던 옛날의 활란 씨는 지금도 여전히 살빛은 희고 깨끗하지만 좀 부풋해 보이는 살결에 동글납작하던 얼굴이 둥그레졌을 뿐 주름살도 별로 없는 평화롭게 보이는 얼굴과 교양 있는 자세였다. 그는 날더러,

"사오십 년 만에 보는 얼굴이지만 별로 달라진 것 같지 않은데…" 한다.

우리는 소녀 시절의 그 옛날로부터 칠십을 바라보는 석양인 이제 다시 만났건만 생의 의욕에 벅찬 마음의 주인공들이라 그런지 그저 예사로 늘 만나던 친구들끼리와 같은 화기애애하고 구애 없는 장면을 이루게 되었다.

나는 활란 씨에게 좀 다가앉으며,

"너무나 엄청난 성공을 한 활란 씨에게 난 뭐라고 축하를 올려야 할지 모르겠어…. 우리가 기숙사에서 자랄 때야 전교 학생

행복과 불행의 갈피에서

이 겨우 이삼백 명, 그중에서 대학당 학생은 십여 명쯤 될 그때에, 여자 교수를 어찌 바랄 수 있었겠소. 더구나 왜국 제정하에 매어 사는 나라 없는 민족으로서 정치적 배경이 없으니 세계적 무대에서 정치적으로 활약한다는 것을 어찌 상상이나 할 수 있었으며, 여학사나 대학 교수 같은 여인은 바랄 수 없는 일로 알지 않았소! 그저 대학 출신인 부잣집 도련님한테 시집가서 귀염이나 받을 꿈이나 꾸었을 뿐인데, 활란 씨는 대학 총장에다 세계적 무대에서 크게 활약하는 여인일 뿐 아니라 세계적인 최고상을 받을 만한 뛰어난 자격자로 우러러보게 되었으니, 그런 자격이 내포되어 있었다는 것을 소녀 적엔 누가 생각을 해보았겠소. 그런데 여행 온 사람의 라디오로 활란 씨가 병석에서 막사이사이 상금의 용도를 말하는 것을 들었을 때 "…내가 죽기 전에…" 하는 그 목소리가 거의 중태에 빠져 있는 환자의 쇠약한 소리라 나는 아직 돌아가서는 안 될 텐데… 하고 퍽 걱정되었는데 이렇게 이 산중까지 찾아올 만큼 건강이 회복되었으니 이 얼마나 고맙고 반가운 일이오."

"난 이번처럼 오래고 심한 병은 처음 앓았어. 주위의 모든 분들의 간호와 정성과 기도 덕으로 이만큼 성한 몸이 되었는데 아직도 좀 더 휴양해야 할 것 같아서 온양 온천까지 왔었는데 멀지 않은 곳에 있는 친구, 더구나 길은 같지 않지만 뜻이야 다르겠소? 그래 다리 힘도 기를 겸 찾아온 것이오."

나는 예수를 믿을 때, 중으로 더불어 웃으며 이야기하는 것만 보아도 중하고 무슨 공감이 있어 웃음까지 나게 될까 하고 불구덩이에 들어갈 사탄의 교도라고 경멸하였는데 비하여, 아무리 친구지만 "…뜻이야 다르겠소?" 하는 말을 하는 너그러운 활란 씨에게 감사하였으며 더욱이 만나기 전에 경영하던 일의 성취가 된 듯한 흐뭇한 충격을 받게 되었다.

그러나 길이 다르다는 그 말은, 교치는 기류차제機類次第대로 단계적으로 설한 바 있지만, 교리의 목표는 시작에서 끝까지 한 길이라는 것을 미처 모르는 말이었다. 그러나 공적 정신을 인정해주는 그 저의를 알게 된 나는 국집하지 않은 활란 씨를 이해함에 따라 나의 구상하는 일이 성공할 가능성이 넉넉하다고 생각했다.

더구나 우주적 사업이나, 한 개인의 사업이나, 밥 먹고 잠자는 일이 다 연극이므로 한 때, 한 세계에 나는 것은 연극하는 한 무리의 조직체이며, 종교인이거나 아니거나 한 나라에 났거나 외국인이거나 한 단계로 된 배우들이다.

석가 부처님이 났을 때도 오백 명의 한 조직원이 이 사바세계에 같이 난 것이다.

활란 씨도 길이 다르다고 하지만 우리는 직접 한 무대에서 연출하는 주역의 역할을 맡은 셈이다. 책임감을 크게 느껴야 할 것이다.

그렇게 오래도록 못 만난 사이에서 적조하였던 사적 이야기도 아주 없지는 않았지만 나는 나의 궁리가 따로 있었던 탓으로 도무지 기억되지 않았다.

나는 활란 씨에게 친밀감을 더욱 느끼면서 그의 눈치를 슬슬 살피면서 이런 말을 하였다.

"활란 씨는 내가 기숙사에서 자랄 때 남들은 무슨 책인지도 잘 모르는 소설 잡지들을 교실에서까지 몰래 보다가 선생에게 들켜서 야단맞던, 좀 다른 행동을 하던 동무였다는 것밖에 모를 거요. 사실 나는 인간적으로 좀 모자랐다는 것을, 주관을 여읜 지금 입장에서 볼 때 확실히 깨달았지만 부끄러워하지 않을 뿐 아니라 전화위복으로 오히려 다행하다고 느껴져요.

전 인류가 다 도무지 해결 지을 수 없다는 그 어려운 인생 문제를 해결하는 그 법을 이렇게 쉽고 간단하게 풀 수 있다는 것을 알게 되었으니 말이오. 즉 내가 내 전체적 생명력을 회복하여 구원겁으로 살아야 할 내 생활을 무소불능한 생명으로 살아가게 되는 법을 말입니다. 지금 우리가 쓰고 있는 이 생명은 억천만 개로 산산이 부서진 생명의 파편의 한 조각뿐이므로 내 생각을 내 임의로 못 쓰고 극히 적은 한 조각으로 제한된 한 쪼가리의 생활만 하게 된 것을 알게 되었으니…. 물건도 내 것이 무엇인지도 모르면서 어찌 내가 내 물건인들 쓸 수 있겠소. 그런 인간을 우리는 백치라고 하지 않소. 그런데 직접적인 내 것을 내 생각을 내 마음대로 못 쓰는 인간을 어찌 온전한 인간이라 하겠소!

당신들이 지금 이루어진 대 성공을 내가 안 그 밑천으로 뒷받침을 한다면 구세주가 될 것이니…. 서 선생은 의외지만 활란 씨를 만날 기회는 있을 것을 예기하고 별렀지요. 종교 강좌를 한다고 건방진 동무라고 비난하는 마음을 가지지는 않으리라 믿지만, 그래도 망설여지는 내 생각을 무릅쓰고 말해야겠어요.

소를 대해도 '발보리심, 발보리심' 염불하여 줍니다. 네가 너를 알아보아라 하는 뜻이에요.

지금 못 알아들어도 이 말을 알아듣게 되는 그 거리가 가까와 진다는 겁니다. 하물며 친한 벗에게 알리지 않을 수는 없지 않겠어요, 그런데 우리는 종교인이면서 종교를 모르고 있어요.

나는 이제 삼십 년 동안이나 참구參究한 끝에 겨우 알았으니…. 학교에 못 다닌 것을 무식하다지만 학교 있는 것도 모르는 그 무식보다 더한 무식은 종교가 무엇인지 모르는 무식이에요. 글자 모르는 사람에 대한 계몽보다도 종교 모르는 인간들에게 종교 계몽을 해야 할 것을 느꼈기 때문에 활란 씨와 같이 해 보려는 계획으로 먼저 종교 강좌를 하는 거랍니다. 아무튼 조금도 비켜 듣지 말고 꼭 직접적으로 들어줘야 해요. 정말 강요하는 말로 들을까 무서워요.

그러나 사실 누구의 주의 주장도 아니며 나의 발견도 아니고,

다만 당신들이 상실한 당신들의 말이니까요. 당신들이 이 사전의 일부터 장만하여 가지고 사업을 하였더라면 오늘날에는 학생들의 혼의 책임까지 져줄 만한 부처님과 같이 사생의 자부요, 삼생의 대도사인 절대적인 구세주가 되었을 것이에요. 활란 씨는 지금 세계적 무대에서 활약하는 최고의 위치에 있게 되어 세계적으로 선망의 대상이 되고 지도자의 지도자라고 할 수 있지만, 이 세계는 창해의 좁쌀 한 알갱이인 것이며 티끌 수만큼이나 많은 세계의 구세주들이 자기를 상실한 줄도 모르고 있다는 것을 나는 알리자는 것이오. 구세주적 자질을 가진 이를 깨우쳐 주는 것은 마치 자기가 돈을 가지고도 그 돈을 쓸 곳을 모르는 것을 알려주는 셈이오.

아무튼 나는 부처님의 자녀요, 당신들은 하느님의 자녀인 것이오. 우리는 아직 부처님이나 하느님이 회복하여 쓰는 절대적인 생명 즉 우리의 생명력을 얻어 쓰지 못하니 아직은 그 생명을 이을 직계손은 되지 못하고 다만 그의 자식 노릇이나 할 다른 우리 형제, 아니 새끼들끼리의 동물들과 다름이 없으니까요….

우리도 우리가 행동하는 그 자체를 알아 얻어 쓰게 되어야 부처님이나 하느님의 직계인 후예로 어엿한 존재인 인간이 되는 것에요. 우리는 행동은 하면서도 행동하게 하는 내 자체를 아직도 파악하지 못하였지만 부처님이나 하느님의 자녀임에는 틀림

없으며, 그러므로 자녀인 우리들도 자라면 '언니' 되는 부처님 하느님이 될 것은 기필할 것이 아니오?

사실 무어니 무어니 해도 내가 나를 모르는 일보다 더 다급한 일이 어디 있소. 그런데 할머니, 할아버지, 손자, 손녀, 높은 사람, 낮은 인간 모두 나는 하고 부르고 사는 내가 허수아비인 줄도 모르는 인간들이라는 것을 모르고 사는 우리 온 인류이니 얼마나 놀라우냐 말이오! 오늘날 민중을 살리려는 최고 정치인들이 아집에 대해서 부처님의 '유아독존'이란 말을 인정하지 되지 않았어요. 더구나 종교란 인간 만드는 교육원인데 그 교육원 안의 인간들이 교주의 특전이나 바라게 되었으니…. 그리고 철학으로 인간 문제를 해결한댔자 겉 탈[假面]의 학리가 아니면 일면적이요, 과학으로 생활 문제를 해결한다 하지만 대상이 없는 과학을 초월한 것에 대하여는 상상도 못하는 터이므로 해결이 안 되지요.

천 리 길도 한 걸음 내디디기에 있는데 당신들의 발판인 그 교리에서는 이런 명확한 사실을 미처 가르치지 못하고 있는 것이 사실이 아니에요? 이제 당신들의 잊어버렸던 당신이 내 말을 들었으니, 위치야 어디서든지 지향이야 못 할 것 없다는 생각이 들었을 것으로 믿어요. 아무튼 생은 불멸이며 생의 작용인 이 세상살이도 영원에서 영원으로 상속되는 것이지 살지 못하는 나는 내가 무엇인지 또한 알지 아니치 못할 것이 아니오. 그러

행복과 불행의 갈피에서

면 먼저 어째서 생령이 모두 생을 포기할 도리가 없는가, 그것부터 알아봐야 할 것이오. 당신들도 영원불멸은 알고 있지만 영혼이 습관의 모임이기 때문에 변모가 되고 변모되는 혼은 이 정신이라는 것을 모르기 때문에 천당이나 하느님을 별세계에 있는 별다른 존재로 알고 이 세계 밖을 바라는 것이에요.

정말 혼은 혼이라고 생각하기 전의 혼 즉 영혼의 영혼으로, 이 파편의 영혼을 합일화合一化한 영혼의 전체가 생명력이요, 정신력이라는 것을 모르는 것이에요.

아무튼 생 이전은 생의 창조주인 나이므로, 생은 내가 만든 생이며 나의 생에 대한 책임은 생자 자신이 아니 질 수 없는 것이 우주의 원리원칙이니. 나의 삶을 위하여 공비되는 시간을 가질 수 없는 것만이라도 확인되어야 생의 의욕도 생기고 긴장미도 맛보게 되어 노력하지 않을 수 없게 되는 거요. 그리고 생각하기 전은 현실적이 아닌 공으로 삶의 자료가 될 뿐이에요.

생각하는 것은 이 세상인데 이 생각의 표현인 현실상 즉 현실인 세상살이이므로 이 세상살이는 마지막이 없이 상속되는 것이에요.

아무튼 유有인 현실뿐이에요. 천당도 현실인 이 모든 세계 중의 한 부분적 세계지요. 천당에 가도 끝마치는 날이 있고, 심판을 받아 살고 나서도 또 다른 생활이 벌어지는 것이에요.

당신들도 인제 세상일은 끝마쳤으니, 천당 갈 꿈이나 꾸고 있지 말고 무궁한 장래를 기약하여 교육자의 구경究竟 목적인 구세주가 될 것으로 지향하여야 할 것이오. 사실 사업으로 이루는 일이나 사상으로 최고 단계에 이르는 거나 다 같은 비중이지만, 세속에서는 사상과 사업의 거리가 있다고 생각하기 때문에 사상을 철저하게 하는 수도를 아니 하니, 거리가 먼 사상적 엷은 바탕에 가냘픈 성취가 있게 될 뿐인 거요.

내가 가진 이 사상은 현실의 내적 본질로 현실과 둘이 아니므로 전체적 구현화로 현실 생활을 하는 사상이요, 즉 사상이 따로 있는 것이 아니고 현실밖에 없는 사상이에요. 당신들은 사업에 열중하고 있는 동안에 나는 산중에서 이론 최고 사상을 알아가지게 되었어요. 사실 우리가 사는 현실상은 영화화된 장면인 것이요, 생각하기 전이 나의 본체요, 생각은 포즈 잡을 때를 말하는 것이며, 영화화되어 행동할 때는 현실인데 이때를 실상인 줄 아는 실성한 배우들이 지금의 우리 인간인 것이에요.

그러나 저러나 당신들도 당신네가 이룩한 사업에 만족하지 못할 것이에요. 나도 아직 사상이 철저하지 못하여 구현화의 현실은커녕 한 가지 행동력도 없어요. 그러므로 우리는 아직 일면적 책임도 완수할 수 없는 불구적 인간임을 알고 애써 노력해야 해요.

사상이나 사업이나 다 직접 내가 가진 내 생명력으로 거뜬히 실현시킬 수 있는 가장 가깝고 가장 쉬운 일이지요. 그런데 그리도 멀고 어렵게 된 것은 다만 나를 잃어버린 탓이며 나를 잃어버린 사람이 다른 무엇을 구할 사이가 어디 있겠어요. 우선 나부터 알아 얻어야 할 뿐이 아니겠어요. 그러므로 나를 찾는 일이 무엇보다도 급한 일로 알고 있어야 해요.

나를 찾는 법은 도 닦는 일로 흐트러진 정신을 통일시키는 일이며, 내가 예수교 성경을 기억하는 중 '태초에 말이 있으니 말은 즉 도리'라 하였는데, 그 도라는 것이 즉 하느님도 일반 생령도 창조한 창조주인 나라고 해석하면, 불교 최고 단계인 나를 발견하는 일 즉 견성오도見性悟道하는 일 같아질 것이지만….

아무튼 이 사상을 회복하는 공부, 수도는 못 하더라도 이 사상을 지향하는 철저한 믿음이 밑천이 되어야만 사업의 대성공도 할 수 있고, 언제나 올바른 생활도 할 수 있게 되는 거예요. 사상의 꿈이 현실이요, 현실의 마지막이 사상이므로 사상과 현실은 꼬리와 머리가 마주 붙어 끝없이 도는 거예요. 당신들이 아직 미처 못 생각하더라도 당신들의 오늘의 성공도 이 사상 즉 이 정신이 밑천이 된 것이에요.

아무튼 인간의 불만은 내 마음대로 되지 않는 것과 또는 몰라 못 사는 것, 이 두 가지만 풀어지면 아무 문제도 없는 자유와 평화가 있을 것이 아니에요? 아주 간단한 일인데 참으로 몰라 못 사는 것이에요. 나를 알기만 하면 직접적인 내 정신을 내 마음대로 쓸 것이 아니에요. 나는 이 밑천을 다 장만해놓고 일을 시작해야 할 것인데 성급해서 글 쓰는 일, 말하는 일부터 시작하였지만 지금 당신네 같은 위치에 나간다면 병신 같은 무능인이 될 거예요. 그러면 언제쯤 실천을 하게 되느냐고 물을 거예요.

십 년도 멀고… 가령 백 년 후의 일이라 하면 우리 생명 너머의 시간인 줄 알 인간이 많을 거예요. 백년, 천 년은커녕 우리 입으로 셈할 수 있는 시간을 모두 쳐봐야 우리 삶에 비하면 가장 짧은 한 조각의 시간인데도 불구하고, 아주 강도強度 높은 근시안적인 현세 인간과는 이런 말이 통하지도 않을 거예요. 그러나 나는 사상으로만 치우쳐 있는 불구적인 존재에 지나지 않으며 당신네는 사상적으로 따로 전공해볼 겨를은 없을지라도 사업에 성공을 하였으므로, 당신네는 당신네를 미처 파악하지 못하였더라도 나보다도 높이 평가받을 수 있는 인간이기는 하지만 그래도 구경인 단계를 올려 보면 아직 짐승과 동급인 우리인 것이지요. 왜냐하면 나를 증득한 인간이 못 되었으니까요.”

그들은 내 말이 지루하게 들리는지 세 분이 서로 어찌할지 몰라 눈치 보느라고 반응을 보일 수 없음인지 잠자코만 있다가 조금씩 몸을 들썩거리고 있었다. 그래서 나는,

“자꾸 일어설라구만들 하니 식성에 맞지 않는 음식을 대한 것 같은 거지요? 그렇지만 남의 집 초대에 가서 식성에 맞지 않는다고 그저 돌아가버린다면 실례지요. 그렇다고 맞지 않는 음식을 강권하는 것도 무리는 무리지. 내가 지금 말하는 것은 마치

배고파 죽음 직전에 있는 사람에겐 조밥 한 덩어리가 금덩이 하나보다 더 귀한 것인데, 금덩이만 귀하다고 안겨주는 그 일 같은지도 모르니까…. 그러나 지금 나는 금덩이의 귀함을 설명하는 강사이고 당신들은 청중이에요.

나는 경우에 따라 금덩이도 밥덩이도 될 수 있는 금덩이를 말하는 것이지요.

불경에 일체유심조一切唯心造라는 말씀이 있는데 오직 마음 즉 정신이 모든 것을 다 만든다는 것이에요. 나는 금덩이 즉 일체를 만드는 그 정신 즉 나를 말하는 것이예요. 원효스님이 해골바가지에 있던 물을 마시고 깨달은 것도 정부정淨不淨이 오직 내 정신 작용이라는 것을 알게 된 것뿐이지요.

교리가 시대 호흡에 맞네 안 맞네, 하는 말도 교리의 부동적 가치를 몰라서 하는 말이에요. 다만 기류차제로 가르치지 않으면 알아듣지 못하므로 교리도 단계적으로 설하게 된 것인데…. 루터가 종교를 개혁한 것도 종교의 반역자인 것이에요. 그때의 교인이나 교황의 종교 자체가 아니고, 다만 그 시대가 낳은 종교의 부패자일 뿐인데 신심의 전일화적 교리를 세속화시킨 것이에요.

지금도 기성 종교와 시대 호흡에 맞지 않는 교는 개혁하느니 제삼 종교를 말하는 인간은, 종교의 불변적이요, 불가침의 존엄성을 범하는 가장 무지한 생각인 것이지요. 지금은 종교가 무엇인지도 모르는 종교와 종교인들만 있기 때문에, 종교적 가치가 상실되고 종교가 종교적 능력을 상실한 세상이 된 것이오! 그러므로 세상은 이렇듯이 혼란하고, 종교는 인간과 아무 관련성을 안 가진 줄 알고 있기 때문에, 종교에 의하여만 자기를 살릴 수 있고 자기가 살아야 우주와 온갖 생령은 한 혈맥으로 된 한 정신 한 몸이라는 것을 몰라 남의 생명을 해할 때 나도 따라 죽게 되는 것을 모르고, 서로 할퀴고 헐뜯게 되는 것이에요.

남을 해치게 되면 자연 생존 경쟁이 생기고 하나를 가지고 둘로 쓰지는 못하니 늘 부족을 느끼는 것이지요. 그러나 상대적 이전인 공으로 쓰면 너, 나를 하나로, 하나를 여럿으로 쓰게 되는 거예요. 그 법을 가르치는 종교가 불교(교의 이름이 무엇이든지)인 것이고요.

아무튼 불교는 금덩어리와 조밥덩어리 전인 근본 보배로 어느 때나 누구에게나 다 맞는 부동체의 그 공을 말하는 것인데, 공은 모습이 없고 현실적인 존재가 아니에요. 다만 각자가 내포하고 있는 내적 본질적 보배이므로, 나를 상실하고 기억력이 흐려진 지금의 인간들은 알아볼 생각도 못 하는 거예요. 그 보배가 본래 하나이건만 생각이 일어나 말을 하거나 표현되면 둘이 되어 대립적으로 서로 다툼 거리가 생기니까요.

지금 내가 하는 이 말도 상대적인 것이기 때문에 누구나 여지없이 꺾어버릴 수 있지만, 이미 내가 다 지니고 있는 보배기 때문에 그 보배를 잃어버린 지가 너무 오래되지 않은 사람과는 마음과 마음이 서로 응함이 있는 것이에요. 이 법을 이심전심이라고 하는 것이지요. 그러므로 나는 당신네들 정도라면 으례 응함이 있으려니 하고 눈치도 볼 여유가 없는 감정으로 늘어놓는 거예요.

이것이 단순한 개인적인 말이라면 왜 오랜만에 만나서 혼자서 내 말만 하겠소? 사실은 지금 나는 당신 두 분을 진실로 존경하는 생각이 드는 거예요. 그것은 내가 속인 때에 생명보다 사랑이라는 그 허깨비에 팔려 헤매고 있을 때, 당신들은 벌레까지도 서로 따르게 되는 본능적인 그 사랑도 외로움도 등한시하고 오직 종교적으로 또는 교육 방면으로 그 사업에만 일생을 바쳐 소녀 시절에는 꿈도 못 꾸던 대학 총장 등의 위치에 오르게 되었기 때문이지요. 나는 문학을 좋아하였으니 소위 문인으로 한 위치는 가졌겠지만 알맹이 없는 걸 탈만의 문인이었겠지요. 내 가슴은 언제나 외로움의 안개만 가득히 서려 사랑은 사랑이 아니니까…. 지금도 왠지 모르게 한숨이 저절로 나오고, 눈물이 공연히 흐르던 그 일이 생각나서 혼자 실소하게 돼요. 다행하게도 온갖 번뇌를 다 사르고 텅 빈 가슴으로 담담하고 적적하면서도 어떤 경우에서도 웃음이 가시지 않는 생활을 하게 되었으니, 이 길이 전인미답의 남모르는 길로 생각되어 이 길에 혼자 들어온 듯한 환희를 언제나 느끼게 돼요. 이런 희귀한 이

길을 걷게 된 내가 어찌 가까운 동무들한테 어서 알리고 싶지 않겠소.

나는 내가 인간으로 꽤 모자라는 것을 자증하면서도 이 길을 걷게 된 내게만은 감사를 드리게 돼요. 그러나 나는 이제야 겨우 나 혼자의 생활 문제가 해결되었다고 생각할 뿐, 세상에 도움을 줄 만한 인간이 언제 될지 모르는데, 당신들 같은 분들은 배고픈 모든 인간에게 조밥이라도 줄 실천적 인간인 그 무게 앞에 고개가 숙여지지만, 좀 더 큰 사업을 위해서는 도움 되는 말씀이니 아니 해드릴 수 없어서…. 그리고 나는 모자라는 인간이니만큼 그렇게 맛이 없고 무정하게 사람들을 대하게 돼요. 좋은 말이라면 세상 이야기를 들어도 남에게 전해 들려주고 싶은 충격을 받는 것인데, 하물며 더 좋을 수 없는 가장 좋은 이 말을 동정식으로 잔뼈가 굵어진 친구들에게 어찌 권하고 싶지 않겠소.”

그러나 옆에 앉은 미국 출신인 듯한 처음 온 신사에게는 좀 더 미안하여 말하다 말고 나는 그 분을 바라보며,

“저 분(의사)도 지금 처음 뵙지만 다생루겁에 좋은 인연으로 이 자리에 오신 것을 엷게나마 알게 되고 또 생전 처음 듣는 긴 이 한 말로 느낀다면 그리 지루하지 않게 들으실 겁니다. 더구나 한 가지 말씀 드릴 것은 하느님도 자비의 화신이지만 대자비의 화신으로 의사의 대왕이신 관세음보살님의 직속 제자임을 아시고 환자의 혼의 병까지 낫게 하는 관세음이 되시기 바람

니다.”

하였다. 그분 역시 아무 말 없이 싱긋이 웃으며 마주 바라볼 뿐이었다.

“아무튼 지금 사람들은 불교의 교리인 공에도, 예수교 교리인 믿음에도 잘못 미치는 정신들이지만 그래도 불교는 현실이 허망하여 착심을 가질 것은 없지요. 다만 끝나는 날이 없는 생활은 현실밖에 없는 것을 알리는 현실 긍정법이라, 현실적인 불교는 의희하게나마 점차로 공감이 되므로 여기서 나는 누구에게나 열심히 이야기하지요. 나 때문에 불교에 관한 이야기를 곳곳에서 많이 하게 되고 내게 편지도 거의 날마다 오고 방문객도 감내할 수 없이 많아요.

인간이란 자기가 하고 싶은 일을 마음대로 할 수 있는 것이 인간이요, 내가 남에게 바라는 것을 다 줄 수 있는 것이 인간적 책임을 다하는 것이에요. 그런데 나는 현실적인 인간이 될 날이 언젠지 몰라요. 그러므로 오는 편지 답장을 할 수도 없고 방문객을 면회조차 다 못하게 돼요.

아무리 이념이 철저할지라도 실천을 해야만 인간이 되는 것이에요. 그러므로 당신들의 행을 높이 평하는 거예요. 우선 행위로도 천당에 갈 만한 선행은 할 수 있게 돼야 해요.

천당에 가려면 내 목숨 하나를 내 헌 옷 한 가지 가치밖에 인정하지 않을 만큼 가볍게 남에게 주게 되어야 하는데 나는 긴한 옷 한 가지도 무조건 내놓긴 싫은 심정이니. 그러므로 이 한 생에 믿음으로 또는 아미타불을 입으로 얼마간 불러서 천당을 가느니 극락을 가느니 하는 엉터리의 희망은 아주 단념해야 해요. 기도도 대가를 내야 하고 물 한 모금도 준 일이 있어야만 받아 마실 수 있다는 원리원칙적 상식이라도 가지게 돼야 인간의 정신을 회복할 기회가 생기게 되는 것이지요. 그리고 생으로서의 자기는 불멸이니, 멸하지 못하는 생을 위한 멸하지 않는 생명력을 회복해야겠다는 상식은 가져야 인형이라도 잃어버리지 않게 되는 거요.

아무튼 나니, 생명력이니, 공이니 하는 것은 마치 돈만 가지면 무엇이나 다 장만된다는 그 말과 같다고 생각해서는 안 된다는 말이요. 이런 유치한 이야기에 반감은 가지지 말아야 해요. 학동들을 모아 놓고 수양 강좌를 하는 셈인가, 이 말은 평범한 그런 말과 시발점의 근본이 달라요. 아무튼 이 상식을 얻으려면 혼이 무엇인지부터 알아야 해요. 혼은 생의 작용의 시발인 느낌인데 느낌이 생겨 그 자리에서 사라지면 도로 생의 근본인 혼과 본체의 합일인 공으로 돌아가는데, 중생(개체로 살면 중생, 공체로 살면 인간)은 그 느낌이 부착되어 느낌 위에 느낌이 첨가되어 본 정신이 맺혀요. 즉 느낌을 쌓아놓으면 혼이 되고 혼의 집착으로 개체적 혼의 국토를 건설하고 봉쇄하여, 그 좁은 영토만이 내 세계로 알게 되므로 나의 생명의 원천이며 내 본국토인 내 본고향을 잃어버렸기 때문에 인생은 언제나 향수적 비애에 젖어 살게 된 것이에요.

지금 세상은 다 같이 잃어버린 고향을 찾으려는 인간이 없으니 그 고향을 알려주는 사람은 만나기가 극히 어렵기 때문에 모든 현명한 사람들이 지상의 과제로만 미루어두는 것이에요.

나는 과문寡聞이지만 학자 교인의 말을 들어 봐도, 세계적 명작을 읽어 봐도 말만은 초인간이니 의식 밖이니 해보았자, 신이니 영이니 느낌인 말뿐이에요.

인생은 우주가 자체로 화하게 된 때가 완전하게 되는데 자기가 우주 자체인 줄 모를 때는 우선 소아적인 내 개체를 부정해야 해요. 샘물, 웅덩이물, 호숫물인 자체가 큰 물인 바다에 합쳐져야 바다가 되듯이 이 나를 살라버리고 부활해야 하기 때문이지요. 즉 생각까지 끊어진 자리 즉 몸과 혼 말입니다. 사라져서 일체화의 공에서 크게 느끼는 생명력을 얻어야 하기 때문인 것이에요. 즉 나라는 테두리에서도 벗어나야 해요. 그러므로 공에까지는 이르지 못하더라도 예수교에서 '주의 뜻대로 되실지어다' 하는 나를 바치는 그 믿음만이라도 현금적인 세속 사람의 연구 사색에 비하여는 그 가치 비중을 무겁게 인정하게 돼요.

교리로 아무리 수승하더라도 믿음의 기반으로 종을 삼지 않는 종교는 기초가 부실해서 무너져요. 그러나 믿음의 대상을 구경 목표로 한다면 그 대상은 오히려 나의 본고향으로 들어가는 국경선을 막아버리기 때문에 전에 듣던 길인 개체적인 좁은 영토로 되돌아오게 되는 것이에요. 그러므로 믿어지는 그 대상과 믿는 나는 같은 대우상, 소우상이요, 둘이 합치가 돼야 너, 나가 다스려진 공에 들어가게 되는 것이에요. 그 공이 즉 생령의 창조성이요, 우리의 본 고향입니다. 그 공에 이르려면 미리 믿는 대상 너머로 지향해야 하는 것이지요.

종교의 오의奧義는 선악에 있는 것이 아니라, 생의 본성이 선악의 상대적으로 되었으니 선악의 상쇄 즉 비겨버리는 공에서 현실을 살자는 것뿐이에요.

예수교에서 '하느님은 자연히 계시다'라고 말하는 그 자연이 즉 공이요, 그 자연은 생각하는 자연이 아님을 알면 자연은 이 무소불능한 공인 줄을 알게 될 거예요.

루소가 생각하는 자연은 예수교에서 생각하는 자연보다도 더 막연한 자연이지만, 하느님의 그 자연이 하느님을 창조하고 하느님은 그 자연을 소재로 하여 생령을 창조하였으니, 생령인 우리는 자연의 손자이며 그러므로 생의 씨, 즉 자연인 조상의 맏자손일 뿐이지요. 그러므로 생은 절대 평등권을 가진 거예요.

아무튼 일체 우주와 온갖 생령을 위하는 종교라야 종교의 대의에 맞는 종교라는 것이에요.

만일 인간만 위한다면 짐승이 빠지고, 선인만 건진다면 악인은 버리게 되지 않아요? 현실 생활만 생각한다면 그 바탕인 본

생명은 잃어버리게 돼요. 지금 세상은 바탕을 잃어버린 현실 생활이기 때문에 이렇게 빈곤해요. 그리고 창조주가 있다면 하느님과 사람이 서로 내가 조상이라고 할 수 있어요. 공에서 일어나서는 머리와 꼬리가 이어 두미頭尾가 붙어 돌고 돌게 되니까요. 꽃이 씨더러 너는 내가 만들었다고 하면 씨가 너는 내게서 뿌리가 생겨서 피게 된 것이라고 우기는 것 같아서야 해결의 끝이 나지 않는 것이지요. 그러므로 상대적인 현실에서 해결 지으려는 인간 문제는 구원겁으로 해결지책이 없는 거예요. 다만 꽃과 씨의 조상인 공이 나서면 꽃과 씨는 고개 숙여 절하게 될 것이 아니에요?

아무튼 공이 무엇인지만 알면 그만 간단하게 일체 문제는 다 해결될 것을 자기가 가지고 있는 해결법을 외계에서 찾게 된 인간들이에요. 인간적인 정신이 상실된 줄을 상상조차 못 하기 때문에 우선 직접적인 자기 현실인 이 몸이 언제 나서 언제까지 살아야 할지조차 모르면서도 알아볼 생각도 못 하는 것이 아니겠어요? 지금의 인간들은 가장 똑똑한 체하면서 흐리긴 제일 흐린 정신으로 사는 사람들이지요.

당신들도 교육자라면 자신의 현재 위치를 먼저 파악해야 하고 위치를 파악하면 남을 가르치기는커녕 내가 만들어놓은 글자를 무슨 자인지도 모를 만큼 기억력이 상실되었다는 것을 알 것이고, 따라서 각자적으로 내가 창작한 글자를 새삼스럽게 누굴 배워 주고 배움을 받게 되는 것이 아님을 알게 되고 따라서 한 글자라도 무슨 글잔지 근본적 공으로 알아야 하겠다는 것을 알게 될 것이에요. 근본적 공으로 알아야겠다는 것을 알게 되면 내 근본을 먼저 알아야겠다는 생각은 저절로 생기게 마련인 것이요. 학문의 본 목적인 성불 즉 성인이 되는 것이니까.

공은 생의 근본 즉 나의 본체요, 그러나 몸뚱이가 없이 작용만 하는 무적 존재이니, 그 일은 알 길이 없고 다만 생을 알고 모르고 간에 불멸적인 생의 작용으로 된 불멸의 나는 내 고향인 안전지대를 떠나지 말고 살게 돼야 할 뿐이에요. 마치 물에서 저절로 생긴 벌레가 물을 여의고 헤매는 것 같은 것이지요. 그러니 우리는 우리 생의 본원인 공을 여의지 말아야 할 것이 아니겠소.

생의 작용은 집결과 해소의 이중 작용을 상속하여 끝이 없기 때문에 지地, 수水, 화火, 풍風의 사대 원소가 모여 생하고 사대 원소가 해소되어 죽게 되고, 먹으면 소화되고, 소화되면 또 먹어야 하는 그런 되풀이의 삶이 인간의 생활이라오. 영원에서 영원으로 상속하지 않으면 안 될 이런 생사적 과정에서 몽유병자처럼 헤매지 말고 내가 나를 파악하여 내 마음대로 살게 돼야 인간인 것이지요. 마음대로 산다는 것은 어떤 때는 마음대로 되고 어떤 때는 내 뜻대로 되지 않는 것이 아니요, 어느 때나 무슨 일이나 내 생각대로 되는 일이에요.

그러나 세상일은 상대적으로 되어 있어서 천년만년 즐겁게 사는 장소가 있는가 하면, 그 반면에는 천년만년 울고 사는 악도도 있는데, 어찌 마음대로만 살 수 있다고 할 수 있느냐고 하겠지요. 그러나 내 마음대로 살게 돼야 한다는 것은 주야가 붙어 낮은 밝고 밤은 어두운 것이 원칙임을 체념하여 그 원칙은 변하게 하지 못하더라도 밤과 낮을 좋아하거나 괴로워할 것 없이 마음을 편안하게 가지고 주야를 잘 조사해갈 수 있는, 자유스럽고 균형된 마음의 힘을 얻어 다함이 없는 생을 마음대로 누리자는 것이에요. 마치 말 탄 사람이 말이 뛰든지 달리든지 간에 내 몸의 중심을 잡음으로 기복의 자유를 얻을 수 있는 것과 같은 무지한 일인 거예요.

부귀영화의 호화판이 총 한 발에 깨어지고, 애달프고 슬픈 일도 주야가 바뀌는 사이에 사라져버리는 것이니 착심 말고, 왠지는 모르나 안 살진 못하는 세상, 벌레로라도 살지 않음, 즉 내가 이리로도 저리로도 쓸 수 있는 내 마음이 있으니 역경에 휘둘려서만 살지 말고 유유자재하게 살아갈 뿐이에요.

아무튼 상상은 내가 하는 것이며 상상의 알맹이인 현실은 내게 있는 것이며 내가 실현시킬 수 있다는 사실을 알고만 있다면, 현실적이 아닌 허망한 생각을 한다느니 비현실적인 일을 위해 애쓸 것 없다느니 하는 자기 부정과 무지의 열등적 인간성을 버리게 될 것이에요.

내 마음, 내 정신, 내 생각, 내 꿈 등이 근거 없을 리 없고, 근거가 있다면 다 내게서 우러났으므로 내게서 근거를 찾아내야 한다는 인식만 가지고 살면, 자연 법칙을 희비의 극적 장면과 사리를 만들어 실감적이 아닌 고락의 생활을 할 수 있는 것이에요. 사리는 상대적으로 조직되어 있는데 인간들은 그저 좋은 것, 좋은 것, 하고 바랄 뿐, 어째서 그 반대인 언짢은 것이 있음을 생각하지 않는지요. 모든 일이 상대적으로 되었다는 그 생각을 못 해서 불평에 울부짖는 거예요. 그리고 낙은 영원히 계속되기를 바라고 바라다가 뒤집혀서 괴로움에 부딪히게 되면 절망하게 되는 거예요. 그런 무지에서 탈피하게 할 계몽 운동을 활란 씨와 같이 해볼 경륜을 나는 혼자 많이 생각해보았단 말예요.

우리는 지금 생적 투쟁의 제일선에 선 장병이요, 그러니 나는 참모격이요, 활란 씨는 대원수로 출전하잔 말예요. 더군다나 활란 씨와 나는 과거 생에는 근본적인 동지로 방식이야 다를망정 같이 수도하던 인간인 것을 나는 짐작하기 때문이지요.

사실 일체 생명은 본래 한곳에서 나서 한곳으로 돌아가는 길에 같은 한 끄나풀로 매어진 여행자인데 무지한 인간들이 개체 개체가 따로 떨어진 존재로 알기 때문에 스스로 오늘 같은 이러한 혼란한 세계를 만들어 사는 거예요. 이러한 혼란한 세상을 교화하여 인간적 정신으로 돌아오게 할 책임자인 종교인들이,

도리어 내 종교만이 구원 얻는 길을 가르친다고 천만 갈래의 교파를 만들 뿐 아니라 자체 내에서까지 분규를 일으키게 되니 한심한 일이 아니오.

우리가 스스로 선각자라고 할 수는 없지만 세상이 곧 종교이므로 다만 역사적 조건으로 세상이 쇠망한 때는 종교적 계몽 운동을 일으켜야 할 것이니. 그런 생각이라도 하게 된 우리는 선봉에 나서서 종교 운동을 시작해야 할 것이 아니에요. 종교란 공의 다인 공애까지 이르러야 종교의 대의를 성취하게 되는 것이니까요.

지금 당신네는 실천적으로 공적 정신을 보여주는 것인데 다시 더 말할 것 없지만 공의 다인 공에까지는 아직 미치지 못한 것으로 생각하는 나는 실천적으론 미치지 못하지만 이념으로는 당신네에게 참고 될 수 있는 말을 해줄 수 있고 또 해주어야만 같이 사업할 영육이 함께 된 동지자가 될 거예요. 그리고 다른 기회를 얻을 것 같지도 않고 해서 덮어놓고 이렇게 오랜 설교를 하는 것이니 양해해요. 더구나 불교라는 것은 사실 가칭호니까 불교라든지 다른 이름을 붙인 무슨 교라도 좋소. 아무튼 내가 말하는 이 교리는 지금 불교라는 데서만 가르쳐요. 불교 교리는 일체 교리와 모든 사상과 각 부문의 학문과 여러 분야의 예술과 복잡다단한 세상일 전체의 종합적인 교리예요.

다시 말하면 그 일체를 모두 합쳐 하나로 만들고 하나까지 사라진 공을 알려서 쓰도록 일러준 그것이 불교 교리라는 것이지요. 그러나 그 일을 그리 거창하게 여길 것은 없어요. 무수겁의 시간과 미진수적 우주가 다 나니까요. 나라고 생각할 때는 나의 표현인 현실적인 나요, 나라고 생각하기 전의 내가 일체 요소를 갖춘 만능적인 참나지요. 그 나를 공이라 하는데 우리는 참나를 여의고, 현실적인 나만 나라고 알고 현실적인 나에서도 파편의 나에 착심하여 그 좁은 영역 안에서 죄수의 생활을 하기 때문에 이렇듯 부자유하고 편찮은 거예요. 아무튼 부처님, 하느님, 예수, 신, 인간, 짐승, 생활 등등이 모두 생각하면 반쪽인 존재로 나타나는 거예요.

그러나 중생이 인식의 쪼가리일 뿐 현실을 절대적으로 긍정하지 않을 수 없는 것은 인간인 부처가 색즉시공色卽是空, 공즉시색空卽是色이라 하였지요. 색은 현실이고, 공은 생각하는 현실 전인데, 현실과 현실의 근본인 공이 하나라는 말이요, 현실은 공의 구체화의 몸이기 때문에 현실 외에는 생활도 생도 없는 것이지요. 현실이 연극이요, 꿈이지만 절대로 부정할 수 없는 것은, 연극과 꿈을 부정하면 연극의 주인공이요, 꿈의 주재자인 생명을 부인하는 것이니까요. 현실은 생적 작용으로 불멸적 연출인 인간의 역할일 뿐이지요.

아무튼 공을 여읜 존재는 생명적 가치를 상실한 존재지요. 공을 가지려면 이 마음 즉 혼을 아주 쉬게 하는데 그 증명이요, 효율은 시공의 제재가 끊어진 빈 시간이 계속되고 그 시간을 가지는 척도대로 얻어지는 것을 체험하는 것이지요. 아주 구현적인 행동은 못 하더라도 구상과 안이 의외에 생기니까요. 또한 그 체험으로 공은 내 것이라는 것을 확인하게 되어요.

나는 공의 시간을 많이 가지는 그 법을 화두라는 것으로 해갔는데 화두 안 되는 것은 없어요. 그런데 일을 하면서 공부할 때는 다니게 하는 것이 무엇인가, 또 일할 때는 생각하는 것이 무엇인가를 의심해서 푸는 것이에요. 그것으로 정신통일인 공에 이르러 다시 흩어지지 않게 되면 내가 발견되지요.

당신네도 기도로 소극적인 혼의 쉼을 얻을 거예요. 그러나 기도로 삼매 즉 공에 들어야 하는데 삼매에 들도록 한다면, 우선 욕심으로 구하는 현물도 얻어지고 정신력도 기르게 될 터인데, 금식을 하고 몸의 고락을 알 길 없이 몸부림치며 기도한대야 혼이 쉬기는커녕 도리어 격정을 일으키는 것이에요. 아무튼 예수교에서도 하다못해 불교에서 관세음보살 관세음보살 자꾸만 오래오래 불러 처음에는 입으로만 기계적으로 부르다가 나중엔 심구가 상응하게 되어 일념에서 삼매까지 이르게 되는 그런 법이라도 썼으면 해요. 가령 하느님, 하느님 항상 불러 하느님도 나도 내 혼까지 사라져 한 생각도 없는 삼매에 들게 하든지."

활란 씨는 방긋이 웃으며,

"우리는 하느님 아버지, 하느님 아버지 하지요" 한다.

"아무튼 공에 이르기 직전까지는 상대성 원리의 범주는 벗어날 길이 없기 때문에, 우선 내가 가진 느낌까지 사라져야 아쉬움이 아주 가셔진 다를 얻게 되고, 공은 다의 뭉치니까 공에 내포된 그것이 선악, 미추, 고락, 생사가 상대성으로 되어 양과 질이 같기 때문에 공에서 공의 반영인 현실이 상대성으로 되어진 것이 아니겠어요. 성본설에 선이니 악이니 하나로 말한 것은 이 증명에서 여지없이 부서지는 것이지요.

나는 근대에 출현한 인간 중에 석가모니 부처님의 상속 제자가 되려는 서원력誓願力으로 부처님의 사업인 설교와 장경藏經을 미리 연습하느라고 다 이룰 날은 멀었지만, 글을 쓴다든가 설교를 하는 일에는 서툴러서 너절한 글과 말이지만 내 딴에는 내 혼의 끝 가는 힘의 작용으로의 일이라 과거 우주, 현재 우주, 미래 우주까지 미쳐 다하고 남음이 있을 것을 믿어요.

하물며 물질적 정신이나마 고도에 달하는 당신네요, 더구나 당신네의 상실됐던 정신적인 말이니 물론 잘 양해될 것을 믿어서 염려 없이 오래 지껄이는 거예요. 그런데 오늘의 실태로는 예수교의 공헌이 크지만 구경요의究竟要義에는 불교에 못 미치는 것이 사실이며 나타난 종교의 현실상을 그대로 본다면 예수교와 불교의 입장 즉 발판은 한 쪽씩 뿐이에요.

불교는 생명부터 살리자 하고, 예수교는 살려면 먹고 입고 쓰는 살 채비를 해야겠다는 것이지요. 두 종교에서 편파적 고집으로 내 발판에서만 살아야 한다면 두 종교는 자멸될 거예요. 생명부터 살리는 것은 선행적일 뿐 생명을 살리는 채비가 없으면 죽음밖에 올 것이 없지요. 그렇다고 생명이 없는데 채비만을 무엇에 쓰는 것이오. 그러므로 두 교의 합치적 생활이라야 완전한 생활이 될 것이 아니겠어요.

위에서도 같은 의미의 말을 많이 했지만 사실 불교의 대의는 두 교리가 합쳐진 것이요, 그러므로 불교가 종교의 종교인 종합적 종교라는 말이에요.

아무튼 지금 두 종교 교리가 교류적으로 민중화, 인류화해야 인간적 세상을 이루어 인간적 생활을 하게 되는 것인데, 그 일을 이룩하고 난 후에는 이래도 저래도 탈선되지 않지만 다 성취되기 직전까지 병행하기는 대단히 어려운 것이에요. 당신들은 전생에서 나보다도 정신적 수입을 더 많이 가졌던 증명으로 오늘 그 정신력의 밑천으로 그만한 실천적 사업이 성취된 것이지요. 그 반대로 나는 좀 모자라는 인간이었지만 모든 것을 용감하게 버리고 반생을 두고 내 딴에는 애써 정진한 그 효율로, 이 일을 어엿하게 당신들 앞에 말하게 된 것이에요.

두 교리의 합치라는 것은 복과 지혜를 갖춘 것을 말하는 것이요, 그러므로 불교에서는 항상 '복혜양족존福慧兩足存'이라는 말을 하지요. 이념과 실천을 말하는 거예요. 언행이 일치되는 인간이 사는 세상이 인간 세상이 아니겠어요.

당신네는 언행이 일치하게 살지만 내 말을 듣기 전에는 실천이 따를 것은 몰랐을 거예요. 나도 삼십여 년 듣고 비로소 내게 있는 그것이라 더러 응해져서 당신네들 앞에 내어놓는 것이지요.

그러나 저러나 우리는 한 조각 혼의 의존이기 때문에 파편적 상상이지만 내 것인 그 파편의 상상도 실현 못 하는 어린아이인 것이 사실이에요. 그런데 복과 혜에 대한 이야기를 다시 해보면 복이란 천당에 갈 만한 정도의 진선진미적인 일체 행동을 해야 하는 것이지요. 혜慧라는 것은 즉 공이라, 느낄 때 벌써 지혜의 껍질만 남는 것이니, 느끼기 전에 이미 갖추어진 만능적 생명력이 지혜고, 복은 지혜의 발현으로 세상에서 또 예수교 등 종교에서 생각하고 실행하는 선행이자, 자선 사업이나 공적 사업입니다.

불교에서 말하는 복혜를 다시 말하면 생각할 수 있는 도리를 종宗으로 하는 일체 종교와 세상 법을 외도, 마도魔道라 하고, 모습을 보이지 않는 생적 작용의 본 생명력인 생령의 근본체를 불법의 골수라 해요! 그래서 마불은 하나라 선악, 미추, 생사가 다 종교에 내포된 것인데 서로 자기 교리만이 구원을 얻는다고 주장하는 것은 종교의 대의를 오르는 말이지요. 그리고 세상법인 현실도 종교법인 현실의 본체도 다 같은 동그라미니까요. 그러니 본체의 표현이 현실이며 본체대로 현실체가 나타날 것이 아니겠어요.

예수교에서도 하느님, 예수, 신 등의 삼위가 다 나 하나인데, 우리는 분열적으로 쓰고 그 분들은 전체적으로 쓰기 때문에 그 분들은 대아요, 우리는 소아 즉 중생이에요. 그것을 우리와 딴 존재로 아는 것은 인간을 모르고 나를 부인하는 무지한 때문이에요. 신도 따로 있는 것은 사신邪神이요, 참신은 내 정신의 정신인 나의 본성이에요. 그런데 이 물질적 정신만 내 정신으로 쓰기 때문에 한 쪼가리 한계 안에서 항상 빈곤하게만 살게 된 것이지요.

아무튼 우리는 희망이 다함이 없는 인간이 이미 되어 있는데 스스로 절망에 빠지는 인간이 오늘의 인간이에요. 우리는 인간이라고 하나 한 조각 생명체의 의존이지만 그래도 인간의 몸뚱이라도 가졌으니 이거나 저거나, 남이나 나나, 위나 아래나, 여기나 저기나 일련적인 존재로 혈맥의 통일체라 내가 쓰러질 때 남도 넘어지고, 남을 밀치면 나도 엎어질 것은 알아야 해요. 따라서 남의 일, 남의 행동이 다 나의 반영인 줄을 알게 돼야 해요. 남을 부러워할 것도 남을 흉볼 것도 없어요. 나도 다 같이 가진 것이니까요.

무슨 일이고 종교적으로 해가지 않으면 한 가지 일도 성공이 없는 것이지요. 정신을 떼놓고 하는 일은 없으니까요. 동시에 두 생각이나 두 일을 할 수 없지 않소. 한 정신으로 일을 외곬으로 하는 것이 종교적으로 나가는 일이니까요…. 그러므로 그러는 과정에서는 자연 배타적인 집착심을 가지지 않을 수 없게 되지요. 그러나 사실을 이해하고 구경을 알고 가는 길에는, 다른 일을 겸해서 실행할 수는 없어도 마음이 배타적으로는 되지 않으며, 나 할 일이 따로 있다는 생각을 아니 하게 되지요. 불법은 총화적인 교리이므로 배타적인 정신을 안 가지게 되지만, 예수교에서는 불교는 예수교의 정반대적인 종교인 줄로 아는 이도 많은 것은 유감이에요. 작은 그릇은 큰 그릇을 용납 못 하는 법이긴 하지만…. 예수교는 일정한 한계 내에서 해결하려는 교리이기 때문이지요.

그러나 우주적 조직은 오직 불교와 예수교의 교리로 되어 있어요. 대체로 다른 종교들은 우선 나를 버리는 믿음 즉 철저한 믿음을 종으로 삼는 것보다 정치나 사업이나 생활에 이용되는 교리를 종으로 삼으니까요. 정신과 물질이 합해서야 존재가 있게 되고, 생활을 하게 되고, 복혜福慧가 구족具足해야 잘 살게 되니까요. 우선 나는 혜를 닦는 인간, 당신네는 복을 짓는 분들, 둘이 합해서 종교 운동을 하면 이 세상은 종교를 생활화하게 된다고 생각했어요.

나는 혼자서 종교 운동으로 글을 쓰고 말을 하면서부터 활란 씨와 같은 분과 협조하여 종교 사업을 했으면 하고 생각했어요. 그런데 혜를 안이라 불이라 하고 복을 마라, 밖이라 하지요. 내

외와 마불이 하나이므로 둘로 떨어지면 생을 보전 못 하건만, 내외와 마불은 반대적 방향으로 조직이 되어 있어, 한 몸이 모순성이 마찰을 일으키는 것이에요.

당신네들이 미처 몰랐는지 모르지만 오늘 내게서 두 교의 교리를 들었으니 우리는 근본적으로 동업 중생이요, 동지적 인간끼리라는 것을 알았지요. 그러므로 당신들도 내 말에 동감되리라고 믿어요. 나는 만나는 사람마다 누구에게나 자청해서 이 도리를 이야기해요. 영원한 목숨이 죽어질 텐데 피난할 줄을 모르는 사람에게 안 일러줄 수 없으니까요."

그러나 하루 오래간만에 만난 이들에게 더구나 세상에서는 최고 지도자들에게 덮어놓고 지루하도록 강설하는 것을 어찌 생각하나 싶어서 그들을 바라보았다. 그들은 별로 감격하는 것 같지도 않고 그렇다고 반감을 가진 빛도 안 가진 평범한 표정으로 미소를 머금고 그저 듣고만 있었다. 자기들끼리는 무슨 표정들을 주고받았는지 모르나 나중에 조용한 소리로,

"차 시간이 바쁜데…."

하면서 일어서려고 망설인다. 나는 기어이 내 말을 끝마치려고 모르는 척하고 말을 계속했다.

"역사적 조건으로 종교가 쇠망하여진 지금이라 예수교가 지금 풍미하는 듯하지만 잘 믿는 사람이 몇이나 되겠소. 종교의 쇠망이 세상의 쇠망이므로 세상이 이렇게 쇠망하여, 세계와 국가

가 타존이 아존인 줄 모르고 아존만 위하여 투쟁과 분열로 어지럽기 짝이 없지만, 잔존한 종교나 종교인들만은 서로 정신적으로 하나화하여 사업을 협조하게 되어야 할 텐데, 도리어 종교 자체 내의 분규가 세속 사람들 못지않게 되었으니…. 활란 씨는 예수교 대표로 이미 공중하게 되었고 나는 자칭 불교 대표가 되어 세상을 위하여 종교 운동을 일으키면 어때요?

우리가 그 일을 실천하게 된다면 불교에서도 따라 나서는 이가 있고 예수교에서도 자원하는 이가 없지 않을 것이므로 쌍쌍이 행렬을 이룰 때 우주적인 행렬이 자동적으로 되어질 것이 아니요. 그리하여 세계에 세계교를 어느 세계 어느 대표 국으로 각각 정하여 세워놓고 종교의 대의가 원리원칙적으로 같음을 세계 종교인에게 모두 인식시켜 자연적인 조류로 일반 인류에게 확언시켜 인간이면 먼저 종교 교육을 받아야 하는 것을 알리는 그 일대 사업을 시작해봄이 어때요. 우리는 입으로는 셈해볼 엄두도 안 나는 시간을 가졌고, 또 상상할 수 있는 일은 모두 이룰 수 있는 소질을 다 같이 가진 것이니까요. 그러나 지적 수준이 다르기 때문에 종교적 가르침이나 이름이야 하나로 할 수는 없을 거예요. 그러나 구경 목적은 하나로 지향하게 되도록 말이에요.

일반 인류의 지도자들인 종교인이 생의 절대 평등권의 의의조차도 모르고 있는 형편이니 아무리 좋은 사업을 호화판으로

행복과 불행의 갈피에서

건설하였더라도 뿌리가 성찮은 나무 같아서야 장래가 보증되지 못할 것이 아니에요.

인간은 의타적인 존재가 아니요, 자율적으로 사는 존재라는 것을 알려서 인형만 가진 인간이라도 안 살지 못하는 영원한 삶을 내가 내 정신력으로 살아야 한다는 것을 개념적으로라도 가져야 할 것을…. 다시 자세히 말하면 자율적이란 나 개인뿐만 아니라 나의 남인 다른 존재까지 나와 병존해야 나의 생은 부지런할 줄 알아 서로 협조적 책임감을 가지고 공존적, 절대적인 생명력으로 일하게 되는 그 일을 알려주어야 해요. 첫째에 그런 생활을 하려면 먼저 종교 교육을 아니 받을 수 없다는 사실을 하루 속히 알려야 할 것이 아니에요."

그래도 저래도 그들은 내내 말없이 웃음을 띤 표정뿐이었다. 위에서 늘어놓은 말들은 누구에게나 다 내포된 자기 일을 설명하는 말이므로 말로 표현하기는 어려운 일이다. 내 정신과 거리가 너무 떨어지지만 않았다면 상징적인 내 말을 내 마음으로 응하여 알아질 것이지만 그들의 표정으로는 알아들었는지 어떤지 명확히 알아낼 수가 없었다. 국제적 사교가들이라 거의 반세기만에 만났고 바쁜 자리에 가벼운 마찰이라도 일어날까 하여 내내 입을 다물었는지도 모른다. 아무튼 퇴장하는 뜻으로 자꾸만 어서 일어서려고만 하는 것이겠지만 그래도 땀 뺐다는 그런 기색은 없고 도리어 유쾌한 낯빛들이었다.

둥그런 몸을 움직여 일어섰던 활란 씨는 동행과 더불어 차 소리와 함께 그만 아주 사라져버렸다.

내 말의 핵심을 짐작조차 하는 이가 드물건만 그래도 방문객은 너무나 많다. 사실은 목조木造로는 세계적인 대웅전이 있는 명산인 때문이기도 하지만 냉수 한 그릇 대접 못하더라도 면회 거절이나 당하지 않으면 다행으로 아는 사람이 많다.

활란 씨의 일행은 정말 오래간만에 만나는 귀빈이라 특별히 씁쓸하게 달인 작설차를 대접했는데, 찻종이 김치보시기이므로 호화판으로 살던 그들은 의외의 광경이었을 것이다.

활란 씨가 돌아간 지 며칠 안 되어서 좋은 나무로 얌전하게 짠 궤짝에 넣은 도독하고 아담한 감푸른 빛 찻종 일습이 우송편으로 부쳐왔다. 그 후의에 감격하였다. 위치와 그때 분위기 때문에 동조적인 말없이 내 말을 듣기만 하던 그였지만 내 제의에 그도 공감을 느꼈으리라 믿어져 그것이 이루어질 날이 있음을 기필하는 바다.

법열法悅과의 대좌對座
－만공滿空 법훈法訓 외

나를 찾아야 할 필요와 나

• 사람이 만물 사운데 가장 귀하다는 뜻은 나를 찾아 얻는 데 있다. 이 나는 내 나도 아니요, 네 나도 아닌 나 즉 의식하기 전인 일체화의 나다.

• 나를 아는 것이 곧 인생 문제 우주 문제를 해결하는 것이다. 풀 한 포기에도 이 나는 내포되어 있다. 이 나는 석가모니불이 산석에서 "천상천하에 유아독존"이라 하신 그 나다.

• 나라는 의의가 절대 자유로써 모든 것을 내 마음대로 자재할 수 있어야 할 것임에도 불구하고, 우리 중생은 어느 곳에도 자유가 없고 무엇 하나 임의로 되지 않는 것은 망아妄我가 주인이 되고 진아眞我가 종이 되어 살아나가는 까닭이다.

- 망아는 진아의 소생인데 현재 우리가 쓰고 있는 사심邪心이요, 진아는 정심正心으로 시종이 없고 존망도 없고 형태도 없지만 오히려 조금도 부족함이 없는 나이다. 한 생각도 남지 않는 곳에 빠짐이 없다. 한 생각도 물건도 내 것은 내가 쓰는 데 직접적인 내가 나를 내 마음대로 못 쓰게 되니 내가 아닌 증명이다.

- 사람이 나를 잊어버린 바에야 육축六畜으로 동류同類되는 인간이라 아니 할 수 없나니 짐승이 본능적으로 식색에만 팔려서 허둥거리는 것이나 사람이 제 진면목이 무엇인지도 모르고 현실에만 끌려서 헤매는 것이나 무엇이 다를 것인가. 세상에서 아무리 위대하다는 인물이라고 하더라도 진인이 아니라면 윤회지물輪廻之物의 일부분에 지나지 아니함을 알아야 한다. 동업 중생들이 사는 이 사바세계 속에는 너, 나 다 같은 생활을 하기 때문에 사람 사는 것이 그저 그렇거니 하고 자기들 앞에 가로놓인 내세 일을 모르고 그럭저럭 살다가 죽음이 닥치면 전로가 막막하게 되는 것이다.

- 나라고 하는 것은 "아무개야" 하고 부르면 "네" 하고 대답하는 바로 그것인데, 그것은 생사도 없고 불에 타거나 물에 빠지거나 칼에 상하는 것이 없는 것인데 그것을 체달하여야 비로소 일체 얽매임을 떠난, 가장 귀한 독립적 인간이라, 인생은 말꼬리에 매달려 울며 뒹굴러 가는 죄인처럼 업의 쇠사슬에 끌

려 생로병사의 고품의 생활을 순력하고 있는데 그 쇠사슬은 나의 힘이 아니고는 벗어나지 못하는 것이다. 아무리 좋은 조건을 다 갖추어 가진 사람이라도 자아밖에 찾을 일이 없다는 결정적 정신을 못 가졌다면 사람의 정신을 빠뜨린 사람이다. 각자 부처가 될 소질은 지녔건만 내가 나를 모르기 때문에 부처를 이루지 못하는 사람이다. 나도 완전한 인간이 될 수 있다는 정신만 가지면 누구나 다 완인 즉 부처가 될 수 있다.

• 누구든지 육신, 업신, 법신[本體, 自性]의 세 몸이 갖추어져 있는데 법신 즉 자성을 증득하는 때라야 비로소 완인이 되는 것이다. 일체 행동을 하는 것은 육신도 아니요, 업신도 아니요, 다만 법신이 하는 것이나 육신과 업신을 떠난 법신은 아니다. 세상에는 나를 찾아보느니 자아가 무엇인지 알아야 하느니 하는 말과 문구는 있어도 육식六識으로 아는 나를 생각할 뿐이요, 생각하고 느끼기 전의 나는 어떤 것인가 상상조차 못 하는 것이다. 부처를 대상으로 하여 구경에 이르면 부처와 나와 둘이 아님을 발견할 것이다. 종교에 귀의하는 뜻은 나를 발견하여 이 나와 본 나를 합치하는 데 있다. 즉 나를 알아 얻은 인간이 환경에 휘둘리지 않는 자율적 인간이다. 나는 무한극수적 수명을 가진 것으로 죽을래야 죽을 수 없는 불멸적 생령이라 육체의 생사는 나의 옷을 바꿔 입는 것일 뿐 사람은 나를 찾아 내 옷이 내 마음대로 갈아입게 되어야 한다. 나는 나라는 생각

만 해도 나는 아니기에 나는 공空에서만 찾을 수 있다.

유가 곧 무의 세계인데 일체 유가 무에 있음을 아는 것이 나를

찾는 것이다.

나를 찾는 법

- 세상에는 나를 찾는 법을 가르쳐 주는 선생도 없고 장소도 없고 다만 불교 안에 있는 선방에서만 나를 찾는 유일한 정로를 가르쳐준다. 참선법이 곧 도를 닦는 것인데 누구나 도를 닦는 사람이 되어야 할 것이 도는 곧 나의 전체적 정신이라 전체적 정신을 수습하여야 완전한 인간이 되는 것이기 때문이다. 도를 닦는다는 것은 정신을 수습해가는 공부를 한다는 뜻이다.
- 사람으로서 정말 지식은 인생을 무엇인지 아는 것이라, 그래서 인생이 무엇인지 가르치는 선방이 곧 일체 학부에 최고 학부가 되는데 이 고高라 하는 것은 하下의 대상이 아니요, 고하가 둘이 아닌 절대적인 고로 학學이란 것은 일체 총섭한 학

이니라. 생령은 생명이라는 물체의 의존인데 그 물체는 해소와 결합의 원리적 작용을 하기 때문에 생사와 건괴가 언제나 상속하여 가는데 생사와 건괴의 정체를 알아 쓰게 되어야 인간인 것이다. 인간 만드는 참선학은 그때 그 몸으로 일시 이용되는 세상 학문에서 뛰어나 세세생생에 어디서 어느 몸으로도 쓰게 되는 불멸적 학문이다.

• 선방만 선방이 아니라 참선하는 사람은 각각 자기의 육체가 곧 자기의 선방이다. 중생은 한 조각 정신의 의존인데 참선학은 정신의 파편을 일편화하는 공부라 참선학을 한 그 자체를 깨닫는 것이 나를 발견하는 것이다.

• 참선은 절대로 혼자 하지 못하는 것이라 반드시 선지식을 여의지 말아야 하나니 선지식은 인생 문제를 비롯하여 일체 문제에 걸림이 없게 가르치는 것이다.

• 선지식을 만나 법문 한마디 얻어 듣기가 천만겁에 어려운 일이니 법문 한마디를 옳게 알아듣는다면 참선할 것도 없이 곧 나를 증득할 수 있다. 그 나는 일체 요소를 다 갖추고 있기 때문에 나를 발견하는 즉시 만능적 행동을 하느니라.

• 선지식의 하는 짓은 일체가 다 법문이다. 법문을 들을 때는 얇은 얼음을 밟듯 할 것이다. 정신을 결집시켜 듣지 않으면 그 심오한 뜻을 모르기 때문이다. 무엇을 신앙하거나 무슨 학문을 연구하거나 목적을 변치 않고 한결같이 나아가서 시간과

공간의 제재까지 벗어나게 되면 선지식이 될 수 있는 법이나 가르침이 없이 바로 끝까지 갈 수 없기 때문에 선지식이 되려면 선지식을 찾아야 한다.

- 세세생생에 참선밖에 할 것이 없음을 알아야 한다. 참선 곧 정진은 나를 발견하는 공부라 하든지, 믿음을 길러가는 도라 하든지 인간 만드는 학문이라 하든지, 한 말로 표현할 수 있지만 구경은 나를 발견하는 믿음이니 정신이니 하는 생각까지 떨어져 한 생각도 없게 되어야 한다.

- 선지식의 법문을 듣고 흘려버리고, 흘려버리고 하여 신행信行함이 없으면 법문을 다시 듣지 못할 과보가 있다.

- 선지식을 믿는 그 신심의 척도대로 공부가 된다.

- 장맛이 짠 줄을 알고 매 맞으면 아픈 줄 아는 사람은 다 참선 공부할 수 있다. 공부가 잘 안 되는 것은 전세에 공부하지 않았던 빚 때문이니 빚을 어서 갚아야 수입이 곧 있을 것이다.

- 남음이 없는 철저한 신심만 있다면 도를 알기 전에 벌써 도인이다. 공부하는 사람은 신심, 분심, 의심 세 마음을 합하여 공부를 지어가야 한다. 신심이 철저하면 믿음의 대상인 정기正氣까지 흡수하게 되어 자율적 성취를 본다. 진실한 신자 앞에는 우상이 없다. 사실 우상이라면 부처님으로 나신 부처님까지 계신 하느님까지 다 우상이다.

- 하루에 단 한 시간이라도 맹렬하게 공부를 지어가야 성과

가 있다. 이 공부하는 사람이 제일 주의할 일은 먼저 나를 지도해줄 만한 선생을 선택해야 하고 나도 내 공부가 완성된 후에 남의 선생이 되어야 하는 일이다.

• 명안조사明眼祖師의 인가 없이 자칭 선지식으로 신자를 그릇 가르치는 죄가 가장 크다.

• 이 법은 생에게는 다 지니고 있기는 있지만 말로도, 글로도, 행동으로도 표현할 수 없는 법이라, 다만 마음과 마음으로 응하여 전해가는 것이라 반드시 선지식을 찾아 직접 가르침을 받지 않으면 그릇되기 쉽다.

• 이 공부는 발심본위發心本位라 장소나 직업이나 연령의 제한도 성별도 없지만 학령으로는 이십 세부터 삼십 세까지 제일 적당하고 속성하려면 선방 즉 수도장을 찾아야 한다.

• 참선하는 것을 그저 평범한 말로 연구를 하느니 사색을 하느니 공부를 하느니 또는 전문이니 전적이니 하는 정도로는 상상조차 못 할 만큼 온전한 정진이라 어떤 형식을 떠난 경지에 이르려야 된다. 백 년의 연구와 천 년의 사색이 일 분간의 무념처 정진에서 얻은 효과만 못하다.

• 인생이 세상에 출생하는 것은, 남자는 어머니를 이성으로 삼아 태胎에 들고 여자는 아버지를 이성으로 알아 태에 안기게 되어 만삭이 되면 출태하게 되는데, 무릇 일체 생물이나 유정, 무정물이 모두 세세생생에 생을 이어감이 오직 이 음양이

근본이 되었느니라. 그런 까닭에 공부인에게도 정신을 많이 마춰시키는 것이 색경계色境界라, 공부인은 애욕이 틈 탈 새 없도록 굳세고 정밀하게 공부를 해나가지 아니 하면 공부는 성취하지 못한다. 정진에는 이성에 대하여 정신적으로 어른거리는 것까지 허락되지 않는다.

• 만공스님 말씀이, "나는 이십삼 세 때 처음으로 의심나는 말[話頭]을 듣고는 반듯이 누운 채로 몸도 눈도 한 번 꼼짝하지 않고 밤을 꼬박 새우는데, 의심의 쏘는 두 시선이 천정을 뚫어 구멍이 둘이 생겼고 칠 년간을 전수하는 동안에 애쓴 상황을 다 말할 수 없다. 어떤 때는 오래 밤잠을 안 자서 눈알이 숫고 눈을 감을 수도 없이 빳빳하게 굳어진 때도 있었고, 누워도 베개를 베지 않고 어깨로 몸을 받들어 고개를 땅에 대지 않고 정진하다가 고개가 땅에 떨어지면 깜짝 놀라서 다시 정진해갔다. 어떤 눈이 많이 오는 겨울에는 깊은 산중에 눈이 길길이 쌓여서 사람의 출입이 끊어지게 되어 단칸방에서 젊은 여자와 단둘이 사십 일간을 지내면서도 오직 정진삼매로 시간을 계속해 갈 뿐 마음을 한 번도 움직임이 없으므로 그 여자가 나를 병신인 줄 알기까지 하였나니 삼세三世에 모든 부처님이 애쓰지 않고 성불한 이가 없다."

• 일체의 생각을 쉬지 않고 일념에 들되 일념이라는 생각조차 잊어버린 무념처에서 한 걸음 더 나가야 내가 발견된다.

• 도를 배우는 사람은 도인, 도장, 도반을 여의지 말며 도절을 지켜야 한다.

• 짚신 한 켤레 삼는 데도 선생이 있고 이름 있는 버섯 한 송이도 나는 땅이 따로 있는데, 총섭의 도를 알려는 사람이 도인의 가르침이 없이 어찌 도인이 될 수 있으며, 천하정기天下精氣인 도인이 나는 땅이 어찌 특별히 있지 않을 것인가. 동무의 감화력은 선생의 가르침보다도 더 힘이 강하다.

• 참선을 하여 인생 문제를 해결하게 되면 갖은 악, 갖은 죄가 다 사라져버리고 다시 사생육도四生六途에 헤매는 고를 받지 않게 된다,

• 수도 중에는 사람 노릇할 것은 아주 단념하고 눈멀고 귀먹고 병신같이 다른 일에는 간섭할 생각이 나지 않아야 된다. 소아적 나를 털끝만큼도 남기지 말고 전멸시키면 대아大我는 저절로 이루어진다.

• 참선법은 예전에도 있었지만 중간에 화두 드는 법을 가지고 참선을 하여 수없이 많은 도인이 나섰는데 화두는 일천칠백 공안이 있고 그중에 "만법이 귀일이라 하니 일귀하처一歸何處요" 하는 화두가 있는데, 일귀하처는 그만두고 만법 귀일인 일도 모르니 "만법이 하나로 돌아갔다 하니 하나라는 것이 무엇인고?" 하고 간절히 의심하면 의심한다는 생각까지 끊어진 우주화한 무념에 들어 하나가 무엇인지 알게 되는데, 곧 나를

행복과 불행의 갈피에서

아는 것이다.

• 하나라는 것은 있는 것도 아니요, 없는 것도 아니요, 마음도 아니요, 물질도 아니요, 희로애락을 느끼는 이 정신도 아니니, 하나라는 것은 과연 무엇인가?

• 의심을 지어가는 법은 고양이가 쥐를 노릴 때에 일념에 드는 듯이, 물이 주야로 흐를 때에 조금도 그침이 없는 듯이 행주좌와行住坐臥 어묵동정語默動靜에 조금도 간단이 없이 의심으로 우주 한 덩어리를 만든다면 곧 하나가 무엇인지를 알아 출세간 대장부가 된다.

• 참선한다고 하면서 조금이라도 다른 데 미련이 남아 있거나 사람으로서의 자랑거리 중에 무엇 하나라도 남겨 가지고 있다면 참선하기는 틀린 사람이다. 세상 학문이나 지식이 있는 사람도 참선을 하려면 아주 무식한 사람이 되어 백지로 출발해야 한다. 아주 빈 그릇이 되지 못하면 도무지 얻어지지 않는다. 몽땅 버려서 얻어지는 도리이기 때문이다.

• 예전에는 일언지하에 생사를 잊어버린 분도 있고 늦어야 하루 혹은 칠 일 만에 견성한 분도 많았다는데, 지금 사람들은 참선을 부업으로 해가기 때문에 십 년, 삼십 년 공부한 사람 중에 불법의 대의도 모르는 이가 많으니 한심스러운 일이다.

• 밥을 제가 먹어야 배가 부른 것같이 참선도 제가 하지 않으면 부처님도 선지식도 제도할 수 없다. 내가 나를 구원하지 못

하면 속죄해줄 이가 없다.

• 참선하려면 먼저 육국전란六國戰亂, 육식六識을 평정시켜 마음이 안정되어야 비로소 공부할 준비가 된 것이다.

• 한 생각이 일어날 때 일체의 생이 생기고 한 생각이 멸할 때 일체 생이 멸한다. 우주의 만상은 생각의 파편이요 생의 분신이니 나의 생각은 생의 움직임이다. 생의 움직임은 생활이요 예술이다. 예술은 생의 작품이다. 누구는 예술은 길고 생명은 짧다고 했지만 그 말은 생이 무엇인지도 모르는 무지인의 말이다. 생은 불멸이요, 예술은 생의 피조물일 뿐이다.

• 말이 입에서 나오기 전에 생 즉 진리는 벌써 물질화한다.

• 누구의 말이건 간에 말은 일면뿐이니 공부인의 정신이 선생의 말만 따라가서도 안 된다. 공부가 잘 된다고 느낄 때 벌써 공부는 어긋났다. 느낌은 부동체인 생의 이변이다. 그러나 금덩이가 보배라 해도 깎아 장식품을 만드는 데 가치와 존재가 알려짐같이 생적 작용인 현실 생활로 생의 보람이 생긴다.

• 꿈에 공부해가는 것으로 선생을 삼을 것이니 낮 생각만으로만 공부하고 밤의 생각인 꿈에는 아니 한다면 온전한 공부는 아니다.

• 꿈 없이 잠이 푹 들었을 때에 안신입명처를 어디에 두는지를 알아야 하느니라. 잠이 들어 육체의 활동이 끊어지면 업신[魂]이 제 몸을 다투어 갖은 행동을 짓는다. 업신은 둔감인 육

체를 벗어난 몸이라 제사 지낼 때 불려 와서 음식을 얻어먹고 설법을 듣고 넓게 깨닫기도 한다. 주사야몽 사혼이 하나인 물체이다. 몽각이 일여하게 공부를 지어갈 수 있어야 비로소 어느 몸으로 어느 때에 어디서 어떤 생활을 하는지 안신입명을 하게 되나니라. 혼의 혼인 법신의 주재로 사는 인간은 모태에 출입을 스스로 알아 하고 천당 지옥을 인연대로 내왕하나니라. 살아서 내 몸이 불에 탈 때에도 정상적 정신을 가질 수 있겠나는지를 헤아려서 미치지 못한다면 사선에서 전로를 찾지 못할 것을 알아야 하느니라. 본정신은 물체의 의존이 아니라 물체가 당하는 일에 관여되지 않아야 자율적 인간이라 할 수 있다.

- 공부인이 공부를 아니 하게 되어야 하는데, 공부 아니 하기가 하기보다 어렵다. 공부 아니 하는 때가 혼이 대휴식처를 얻은 경지다.

- 공부를 잘하고 못하는 문제보다도 사람으로서 할 일은 유일의 활로인 이 일 밖에 다시는 더 없다는 결정심부터 먼저 굳게 세워야 한다.

- 오전이나 오후나 한 번은 반드시 죽을 고비를 넘겨야 하느니라.

- 참선은 모든 업장業藏과 습기習氣를 녹이는 대장간 도가니니라. 정진이란 한 생각도 어른거리지 않는 자리 즉 느낌까지

끊어진 긴장미로 계속적으로 진행하는 걸음이다.

• 사람을 대하여는 자비심을 가져야 하지만 공부를 위하여는 극악 극독심을 가지지 않으면 팔만 사천 번뇌마를 쳐부수지 못하는 것이다.

• 사형 집행 직전에도 오히려 여념이 있을지 모르지만 정진 하는 사람에게는 털끝만 한 다른 생각이 섞여서는 안 된다.

• 공부하는 데는 망상보다도 수마睡魔가 더 두려우니 수마를 정복해야 한다. 부처님께서도 "광겁장도曠劫障道에 수마막대睡魔莫大"라 하였다.

• 사람의 몸을 얻기가 극히 어려운 일이니 인신 얻은 이때 에 때를 놓치지 말고 공부를 마치겠다는 굳은 결심을 가져야 한다.

• 공부에 득력이 있기 전에 안광낙지眼光落地하게 되면 업력 만 남아서 남자는 뱀이나 개구리가 미녀로 보여 그 배에 들기 도 하고 여자는 소나 개가 정남으로 보여 그 배 속에 들어 그 러한 몸을 가지게 된다.

• 참선하는 사람의 지간枝幹은 지극히 귀한 것이라 촌음을 허 비하더라도 그에서 더 큰 손해는 없는 것이다.

• 재깍재깍하는 시계 소리는 인생을 죽음으로 끌고 가려는 무상살귀의 발자국 소리이다.

• 변소에 앉아 있는 시간처럼 자유롭고 한가한 시간이 없나

니 그때만이라도 일념에 든다면 견성할 수 있다.

• 공부가 늦어지는 까닭은 시간 여유가 있거니 하고 항상 믿는 마음이 있는 까닭이다. 자고 나면 오늘은 안 죽고 살았으니 살아 있는 오늘에 공부를 마치려고 힘쓰라. 내일을 어찌 믿나 하고 매일매일 스스로 뉘우쳐 정진해야 된다.

• 밤이 되면 종일 한 공부를 점검하여 졸음과 망상을 의심보다 많이 하였거든 다시 더 용기를 내어 정진하되 이처럼 하기를 매일매일 한결같이 계속할 것이다.

• 공부하다가 졸리거나 망상이 떠오를 때 재깍재깍하는 시계추가 우리의 사형 집행 시간을 재촉하고 있음을 생각하면 생사가 무섭지 않은가? 이대로 죽으면 전로가 망망하여 지옥에 떨어질지 짐승의 몸을 입게 될지…? 다시 한 번 생각하여 보라! 눈에서 불이 나고 주먹이 절로 쥐어질 것이 아닌가! 사선을 넘을 때 사심이 털끝만 한 무게가 더해도 참선하던 기억조차 사라지게 된다.

• 윤회의 고를 면하려고 출사한 중이 참선법을 여의고 하는 일은 모두가 윤회법을 익히는 것이니 재출가하지 않으면 안 된다.

• 부처님께서 말씀해놓으신 팔만대장경은 우주 문제, 인생 문제, 일체 문제를 남김없이 해설하신 그런 거룩한 경이지만 공부인은 그 경을 보는 것까지 생사법을 익히는 것뿐이다. 그

러므로 부처님 자신의 창작품이지만 직접적인 공부하는 수도인에게는 휴지 조각에 지나지 않는다 하셨다.

• 도라는 것을 특별한 법으로 알고 구하는 마음을 가지고 공부하지 말아야 한다.

• 도인이 갖은 신통력으로 변화를 부리며 또는 열반시에 불가사의한 광경을 보이는 것은 한 상법이라 가히 취할 바는 못 된다.

• 선학자도 닦는 사람는 선학자의 행리를 엄숙히 가져서 입을 열지 말고 남을 가르치게 되어야 한다.

• 공부의 과정에는 지무생사知無生死, 계무생사契無生死, 체무생사體無生死, 용무생사用無生死 네 계단이 있는데 용무생사에 이르러야 비로소 이무애理無碍, 사무애事務碍하게 되어 그때를 성불(독립적 인간이 됨)하였다 한다.

• 지무생사라 하는 것은 나고 죽는 일이 없는 줄을 아는 것이요, 계무생사라 하는 것은 생사경에서나 입태, 출태 시에나 어떤 극악의 경계에서라도 제정신을 잃지 않는 것이요, 체무생사라는 것은 육신을 가지고 버리는 일이나 입태, 출태 시에나 그 밖에 어떤 경계에라도 체달되어 임의로 하는 것이요, 용무생사라 하는 것은 염기염멸念起念滅에 자유자재하게 되는 것이다.

• 지무생사경에서 정진력이 부족하면 오히려 생사에 떨어지기 쉽다.

• 공부할 때에 알려는 생각을 말고 정력을 크게 얻을 생각을 해야 한다.

• 공부가 완성되기 전에 미리 안다는 생각으로 정진을 게을리 하다가 전공前功이 가석하게 되는 일이 많으니 주의해야 한다.

• 정신은 물체의 의존이 아니기 때문에 한 모양도 없는 경지에서 일체 행동을 현실화할 수 있다.

• 정신은 물질의 창조자이지만 물질이 아니면 존재를 알 수 없다.

• 아무리 문명한 나라라 하더라도 도인이 없으면 빈 나라요, 아무리 빈약한 나라라 하더라도 도인 한 사람이라도 있으면 실속 있는 나라라 할 수 있다.

• 도인이라 함은 대명사에 지나지 않는 것으로 도인이라는 명상名相이 생기기 전 때를 증득해야 하기 때문에 도인이 되면 도인이라는 우상도 여의고 교단이라는 권도 계니 수행이니 하는 구속도 다 떠나서 독립적 인간으로 인연 따라 유유하게 육도를 걸을 뿐이다.

현세 인생에 대하여

• 인생의 일생은 짧은 한 막의 연극에 지나지 않는 것인데 이
연극의 한 장면이 종막이 되면 회로를 연출하던 의식은 그만
자취 없이 사라져 없어지고 신체조차 썩어버리니 이 얼마나
허망한 일인가. 그 허망하기 짝이 없는 시간인들 일 분의 자유
가 있었던가. 밥을 먹다가라도 불의의 죽을 일이 닥치면 씹은
밥도 못 삼키고 죽어야 하고, 집을 아무리 많은 돈을 들여 찬
란하게 짓다가도 느닷없이 화재라도 만난다면 방안에 한 번
앉아보지도 못하고 그만 속공해버리게 되지 않는가. 직접 내
개인의 일에도 이렇듯 자유를 잃어버린 부자유한 인생의 집
단적인 사회와 국가적 일인들 얼마나 서글픈 일이겠는가. 다

만 제일 급한 일은 사람이 어서 되어야 하지 않겠는가! 사람이 된 후에야 생활이 생기고 생활이 생긴 후에야 생활 제도와 조직을 세우게 될 것이 아닌가! 그래서 석가모니불이 치국의 책임까지도 그만 내던지고 성을 넘어 설산으로 사람이 되려고 가신 것이다. 사전 일 즉 인간이 되어가지고 사후 일인 생활이 개막되어야 한다.

• 인생은 자기 업신의 반영인 이 몽유계를 실상으로 알고, 울고 웃고 하는 것은 마치 은행나무가 물에 미치는 제 그림자를 이성으로 감응하여 열매를 맺는 것과 같은 일이다.

• 인생이 산다는 것은 생의 연속이 아니라 생멸의 연속인데, 인생이 죽는 순간도, 죽기 전후 생활도 다 잊어버린 기억력 상실자로 입태, 출태의 고도 기억하지 못하고 다만 현실적인 육식으로 판단할 수 있는 이 생활만 느끼고 사는데, 천당에 갔다가 지옥에 살다가 사람이 되었다, 짐승 몸으로 떨어졌다 하는 그러한 생이 잠시 지나가고 또한 생이 금시 닥쳐오는 것이 마치 영화의 필름이 교환 이동되어 금방금방 다른 장면으로 바뀌는 것과 같다.

• 인생은 과거에 사는 것도 미래에 사는 것도 아니다. 다만 현재에만 살고 있는데 현재란 잠시도 머무름이 없이 과거에서 미래로 교류되는 극히 짧은 순간이니 그 순간에 느낀 불안정한 삶을 어찌 실답다 할 수 있으랴. 과거와 미래와 현재가 합

치된 현실에 진생이 있나니 현실은 과거의 후신이요, 미래의 연장이기 때문이다.

• 이 세상을 중앙으로 하여 위로도 상상할 수 없는 최상의 문화 세계가 층층으로 수없이 많고 아래로도 비문화 즉 저 악화된 세계가 계단적으로 한없이 많이 있는데, 그 세계가 다 이 세계와 함께 몽유세계인 것이 사실이니 과연 어떤 것이 실세계일까? 그것의 정체를 알아야 현실을 포착한 것이다. 현실은 우주가 무너지고 일체 존재가 다 소멸되어도 그대로 남는다. 현실밖에 긍정할 아무것도 없는 것이다.

• 인생이란 반드시 자기에게 좋은 것이 와야 희망을 가지고 생을 이어 가지만, 좋은 것이 곧 언짢은 것인 줄 모르나니 무엇을 취하려는 그 생각이 온갖 화의 근본인 줄 알아야 한다. 다만 나의 현전 생활이 일체 세계요, 고금의 시간이라 현전 생활에 자족해야 할 뿐이다. "정체상상현목전正體常常現目前"이다. 정체 즉 현실은 항상 떳떳하여 현실로 눈앞에 있을 뿐이다.

• 인생 생활의 주체가 되는 생로병사와 희로애락까지도 다 생으로 익혀온 망녕된 습관의 집적이며 그 연장임을 확실히 깨닫게 되어야 생사 중에서도 생사고를 벗어나게 된다.

• 천성이다 본능이다 천재다 하는 것이나, 선인이다 악인이다 하는 것은 다 습기가 고정화되어 이루어진 것인데 소위 업혼이라 하는 것이다.

행복과 불행의 갈피에서

• 이 우주에는 그야말로 무량수, 무한 극수의 이류중생이 꽉 차서 각각 자기 습성에 맞는 동업 중생들끼리 생활권을 건립하고 있지만, 중생적 육식만의 습기를 다생으로 익혀 점점 고정화된 우리 사바세계 인간으로는 그 정신의 한도를 넘어서는 도저히 볼 수도 없고 들을 수도 없고 느낄 수도 없기 때문에 천인이니, 지옥인이니, 신이니, 귀신이니 하는 것도 결국 우리 육식으로는 판단할 수 없는 것으로 이류 중생으로서의 익혀진 그래도 각각 다르게 느껴 사는 것뿐이다. 그러나 육식 이상으로 발달된 천상 사람들까지 다 시방 세계인으로 서로 연결되어 살고 있는 것이다.

• 일체 우주는 영겁을 두고 건괴와 생멸이 그치지 않는데 성, 주, 괴, 공, 네 경계에 시간 수가 똑같다. 우주의 건립 최초에는 인명수가 팔만 사천 세였는데 백 년이 감일년하여 십 세 정명수가 되면 일소겁이라 하며, 다시 오르고 내려서 이십 번 증감이 되면 일대겁이라 하는데, 그때가 우주 멸하는 때이다. 이 우주 창건 시에는 인류가 질적으로 극히 훌륭하게 되어 우주의 주인공으로 존재하는 까닭에 자연(일체 생활 용품, 천지, 공기, 바람, 빛까지)이 스스로 인류의 뜻을 따라 순응하였다. 그 후 인간의 수명이 이만 세가 될 때까지 자연이 인간에게 아름답고 즐거운 생활을 지어 주게 되다가 이만 세가 지난 후 차차 악화하여 말세가 된 이때는 인질이 극한적으로 저열, 악화하는 데 따

라 인간적 자격이 아주 상실되자 짐승과 자연까지도 인류에게 반항하여 해독을 주게 되었다.

• 중생이라 하는 것은 한 개체에 국한된 소아의 생활을 하는 사람, 짐승, 벌레 등으로 일체 자유를 잃어버리게 된 것이다. 불이라 하는 것은 우주를 자체화하여 일체 중생이 다 내 한 몸이요, 삼천대천세계가 다 나의 한 집이라 어느 몸이나 어느 집이나 취하고 버리는 것을 내 임의로 한다. 만유를 자체화하였기에 만유의 형상을 임의로 지으며 만유의 생리를 자유로 쓰게 된다. 그러므로 구더기와 자부로까지 자처한다.

• 세상 사람은 똥과 피 주머니로 된 몸을 가지고 춥고 목마르고 배고픈 온갖 병이나 일으키는 이 육신을 아주 귀물로 알고 있어, 이 몸에서 더 소중한 것이 없는 줄로 알기 때문에 길이 윤회의 고를 면치 못한다.

• 우리가 느끼는 안·이·비·설·신·의眼·耳·鼻·舌·身·意 육신혼은 장소에 따라 변하고 때에 따라 흐르나니 이렇게 시시각각으로 천류하는 육식으로 어찌 인생의 근본 정신을 파악할 수 있겠는가.

• 세상에서 아무리 진보된 이론이나 심원한 학설이라 하더라도 인생 문제는 도저히 해결할 수 없는 것이다. 일체 문제 곧 인생 문제를 해결하려면 내가 나를 반조하여 나를 발견하는 데 있다. 이론과 학설은 인간 정신의 표현 즉 껍질이다. 그 알

행복과 불행의 갈피에서

맹이를 찾으라. 알맹이는 공(공이나 꽉 차서 만滿)이다. 보이는 모습은 없으나 누구에게나 다 내포된 것이다.

• 이론으로는 해결할 수 없는 도리임을 명확히 깨우쳐주는 이론이라면 그 이론은 곧 도의 입문으로 인도하는 인로왕이 될 수 있다.

• 세상에서 유심을 말하는 자 스스로 물질 안에서만 헤매는 줄 모른다. 세상에는 바른 말을 하는 이도 없고 동시에 그른 말을 하는 이도 생기지 않았다. 그르고 옳은 말의 합치는 입에서 나오지 못한다.

중의 처세법

- 중은 반드시 대중에 처하여야 하며 대중 수순할 줄 알아야 한다.
- 중은 당파를 짓지 않아야 한다.
- 우리라면 벌써 잃은 소리다. 중은 물질을 근거로 생활하는 동물적 인간계를 이미 떠났으니 너와 내가 하나인 이신동체 정신을 지어 생활하게 되어야 한다.
- 대중 시봉이 곧 부처님 시봉이다.
- 속연을 끊고 출가하여 동수정업하는 중의 동무같이 존중한 것이 다시없음을 알고 어린이를 사랑하며 어른을 순종하여야 한다.

행복과 불행의 갈피에서

- 자기가 대중을 사랑하는 것만큼 대중도 자기를 생각하게 된다.
- 대중이 미워하는 사람은 선신도 따라 미워한다.
- 이미 사좌師佐의 의를 맺었거든 스승은 상좌를 동정하고 상좌는 스승을 존중히 섬겨야 한다.
- 중은 먼저 스스로 시비심을 끊고 지나되 남이 나를 시비할 때 나의 잘못이 있으면 자기 잘못이니 참회하고 나의 잘못이 없을 때는 나의 일이 아니니 상관할 것 없다.
- 중은 국왕과 부모의 은혜를 잊지 말며 선배와 선생을 존경할 줄 알아야 한다. 일이나 물건을 대할 때 나의 이해를 생각하기 전에 일의 성취와 물건의 보존을 헤아려야 한다.
- 동무의 허물을 볼 때 내가 잘못한 것같이 느끼면 그 허물은 다른 사람에게 알릴 수 없는 것이다. 어려운 일은 내가 하고 좋은 음식과 의복은 남을 주어야 한다. 마음은 무한대라 마음의 사자인 몸의 힘도 제한된 것이 아니다.
- 중은 공익심과 평등심을 가지고 또한 포용력이 많아야 한다. 중은 벌레를 대하여도 대의적 용심을 가져야 한다.
- 중은 먼저 인욕선인忍辱善因을 지어야 하나니 대중의 일을 내가 혼자 말을 마음을 가지며 대중을 위하여는 신명을 아낄 생각이 없어야 한다. 공적 일에 지극히 괴로운 경지를 당하여 그 괴로움을 면할 때가 오기를 바란다면 더 어려운 일을 당할

예산이 없으니 그것은 벌써 나의 타락의 시작임을 알아 곧 솟구쳐서 다음 어려운 일을 해야 한다. 대중이나 개인이 나의 역량에 넘치는 노력을 요구하더라도 원망을 하거나 진심을 내지 말 것이며 나의 정신이 부족하기 때문에 힘이 못 미치는 것임을 알아야 한다.

경구警句

• 숨을 들이쉬고 내쉬지 못하면 목숨은 다하는 날이니 이 몸은 믿을 것이 아님을 언제든지 잊어서는 안 된다.

• 죄의 원천은 놀고먹는 일인 것이다.

• 견성도 하기 전에 색계에 눈뜨는 자는 다시 제도 못 할 위인이다. 불법을 위하여 질그릇 같은 하잘것없는 이 몸을 다 바친다며 칠보의 그릇인 법신을 얻게 된다. 이 육체는 내 정신의 의복인데 내 정신의 변모에 따라 바뀌어지는 것을 생사라 하나니 내 옷은 내가 갈아입게 되어야 인간이라 하는 것이다. 이 몸은 생명의 의복이요, 혼은 생명의 사도인데 중생은 이 몸, 이 혼이 생명인 줄 오인하는 것이다.

법열法悅과의 대좌對座

- 조그마한 나라를 회복하려 해도 많은 희생을 요하는 것인데 전 우주인 나를 찾으려 할 때 그 대가가 될 만한 예산을 세워야 할 것이다. 누구나 다 하찮은 물건을 잃어버린 것은 알면서 무가보인 내 정신을 잃어버린 것은 모르니 애달픈 일이다.

- 모든 욕망을 버리는 때에 비로소 온 천지가 내 것이 되고 바라는 것이 없어질 때 일체 것은 내 것이 된다. 고를 버려라. 낙도 버려라. 고와 낙을 여읜 곳에 균등한 생활이 열리는 것이다.

- 남이 곧 나인 줄을 알아야 한다. 자타가 하나이기 때문에 대자유와 대구속은 동행한다. 사람을 사귈 때에 물질과 정으로 사귀지 말라. 물질은 오해를 사고, 정은 원망의 근원이 되는 것이다.

- 남이 나를 미워하는 것은 내가 그를 싫어하는 반응이다. 미물을 업신여기는 것이 후일에 내가 미물이 되는 원인이 된다.

- 남에게 불행을 주면 그 이자를 합한 큰 불행이 내게 돌아옴을 알라. 남은 그른 일을 몰래 하더라도 나는 바른 일을 은근하게 해가야 한다. 몰래란 의미 있지 않은 것이다.

- 누구든지 약자에게 마음 쓰는 것을 보아 그의 마음씨를 알 수 있다.

- 확실히 부인할 아무 근거도 없이 덮어놓고 남의 말을 부인하는 사람은 지혜의 길을 반대로 걷는 사람이다. 누구나 자기 현실만 명확하게 가지면 남의 일까지 밝혀지는 것이다.

행복과 불행의 갈피에서

- 남에게 이익을 주는 것이 정말 내게 이익이 되고, 남에게 베푸는 것이 정말 나를 돕는 일이다. 내 잘못을 남에게 미루는 것은 가장 비겁한 일이다.

- 천 번 생각하는 것이 한 번 실행함만 못하다. 방일한 마음이 제일 무서운 것이니 방일에는 온갖 죄악이 붙어 다니는 것이다.

- 원심 없는 곳에는 원수가 생기지 않는다.

- 말하기 전에 실행부터 해야 한다.

- 공공한 일을 할 때에는 땅을 내려다보지 말고 해나가야 한다.

- 총과 칼이 사람의 업으로 있을 뿐이요, 총과 칼이 사람을 쏘고 찌르는 것이 아니니라.

- 참이 없는 곳에서 참 일을 이루지 못하고 착함을 짓지 않는 곳에 착한 성취가 없다.

- 허공이 가장 무서운 줄을 알아야 한다.

- 내가 내 생각을 빼버릴 수 있느냐?

- 허공에 뼈가 있는 소식을 아느냐?

- 네가 내 말소리를 보느냐?

- 여여如如라고 할 때 벌써 어긋났느니라.

- 귀신 방귀 털난 소식을 아느냐?

- 등신불等身佛의 법문 소리를 듣느냐?

- 새와 벌레의 겁외가를 아느냐?

- 생각이 곧 존재요, 존재가 곧 삼라만상이니라. 생각이 일어나면 현실이요, 쉬면 현실의 원소인 무로 돌아가는 것이다.

- 토목와석土木瓦石이 곧 도다.

- 백초가 곧 불모佛母이다.

- 부처를 초전草田 속에 구할지니라.

- 무심은 비로자나불의 선생이다.

- 허수아비가 사람에 지나는 영물임을 알아야 한다. 적어도 생적 대가를 지불할 만한 노력과 정진을 하고 있는 자신인가 타산해 가야 한다.

- 얻는 것이 없으면 잃는 것도 없다. 유용한 인물은 한가한 시간을 가질 수가 없다.

- 지금 이 지구상에는 삼십육억 인구가 살고 있다. 하지만 지금으로부터 칠십 년의 세월이 못다 가서 지금 있던 인간은 하나도 없어질 것이다. 아무튼 예고 없이 집행되는 사형수가 우리가 아닌가! 언제나 죽음에 대한 대비적 정신을 차리고 있어야 한다. 사선에 임하여 극치의 고통보다도 좀 더 힘 있는 정신을 가졌느냐? 살아서 아무리 공부를 잘한다는 자신이 있었다 해도 생사적 고통을 이길 수 없다면 생전에 해온 공부는 헛고생에 지나지 않는다.

결언

내가 이 산중에 와서 납자納子를 가르치고 있은 지 사십여 년인데 그간에 선지식을 찾아왔다 하고 나를 찾는 이가 적지 않았지만, 찾아와서는 다만 내가 사는 집인 이 육체의 모양만 보고 갈 뿐이요, 정말 나의 진면목을 보고 가는 사람이 없었다. 그들이 나의 면목을 못 보았다는 것이 문제가 아니라 나를 못 보는 것이 곧 자기 부모형제 일체 사람을 다 보지 못하고 헛되게 돌아서는 것이라 문제인 것이다.

도는 둘이 아니지만 도를 가르치는 방법은 각각 다르니 내 법문들은, 나의 문인들은 도절을 지켜 내가 가르치면 모든 방식까지 잊지 말고 지켜갈지니 도절을 지켜가는 것이 법은을 갚는 것도 되고 정신적으로 시간적으로 공부의 지장이 없게 된다. 도장, 도사, 도반의 공부인의 삼 대 조건이 갖추어 있는 이 덕숭산을 떠나지 말 것이다. 불기 삼천 년에 이 덕숭산에서 삼성칠현三聖七賢이 나고 그 뒤에 무수 도인이 난다고 원효 스님이 예언하였고 만공인 나도 증명한다. 스승인 나는 이 육체적 존재를 떠나고 있어도 영존의 인간이다. 내 법문 못 드는 때도 내 면목을 보게 될 것이다.

일엽—葉 선사禪師의 전집을 출간하며

　근대 한국불교의 선지식 일엽 선사는 동시대 비구니로서는 유일하게 저술이 남아 있는 분이다. 대중에게 널리 알려져 계속 출간된《청춘을 불사르고》(1962) 외에도 두 권이 더 있다.《어느 수도인의 회상》(1960)과《행복과 불행의 갈피에서》(1964)는 초판이 발간된 지 근 60여 년이 지나 절판되었고, 옛 문투로 인해 그 가르침을 온전히 해석하기에는 어려움이 있었다.

　지금은 눈 밝은 스승들의 울림을 주는 책이 많이 발간되었다. 그러나 여전히 사람들은 분노와 어리석음에 미혹하고 고뇌하며 평안의 길을 찾고 있다. 일엽 선사가 평생 추구하였던 깨달음을 향한 발심과 토로가 더욱 절실한 때이다. 이에 일엽 선사의 가르침을 전하고 생명의 평안을 얻기를 바라며 이 전집을 내놓게 되었다.

지금과 같은 전집을 출간하게 된 것은 여러 인연이 모인 결과이다. 2006년 전국비구니회에서 '한국 비구니 수행 전통에 대한 포럼'을 처음 개최할 때였다. 당시 문중의 어른 스님께서 "네가 학자이니 일엽 노스님 관련 발표를 맡아라" 하고 말씀하셨다. 달리 추천할 다른 사람도 없었고, 어른 스님의 말씀을 거부할 수도 없었다. 구차한 변명일 수 있겠으나 중국 불교문학 전공자이면서 일엽 노스님에 관한 발표를 하자니 관련 자료를 찾는 것도 쉽지 않았다. 마땅히 보존되었어아 할 원전은 없어졌고 시중에서는 이미 절판되어 구할 수조차 없었다. 검색을 통해 모 도서관에서 소장본 자료로 보관하고 있는 걸 알게 되었고, 그곳에서 관세음보살과 같은 은인을 만나게 되었다. 그 덕분에 도서관에서 소장하고 있던 《어느 수도인의 회상》(1960년 초판 당시에는 《어느 실성인失性人의 회상》)의 복사본을 수월하게 얻을 수 있었다. 생각해보면 이것이 전집 출판의 마중물이었나 싶다.

일엽 선사에 관한 연구와 기념사업을 보다 체계적으로 이어가기 위해, 2010년 김일엽문화재단이 발족하였다. 본 전집의 출간은 스님의 사상을 새롭게 재조명하는 사업의 일환이라고 할 수 있다.

전집을 계획할 초기에는 일엽 선사 저술의 종합적 집성을 목표로 하여 크게 다섯 가지로 분류하였다. 첫째로 일엽 선사 생존 시에 발표한 저작을 개정하고, 둘째로 유고집《미래세가 다하고 남도록》을 보완하여 개정하며, 셋째로 미발표 원고를 모으고, 넷째로 관련된 연구서와 논문을 모두 모아 합치며, 마지막으로 사진집을 발간하는 것이었다.

곧바로 일에 착수하여 절판된 작품집의 초판을 찾아 정리를 시작하였고, 한편으로는 대표적인 연구 성과물로 아메리칸대학교 종교·철학과 박진영 교수의 일엽 평전을 선정하였다. 박 교수의 평전은 현재 연구 업적 중 가장 종합적인 연구서라고 할 수 있다. 다만 영어로 집필된 책이라 시급히 번역할 필요가 있었다. 절판된 두 권의 책을 옛 문장 그대로 입력하는 일은 김일엽문화재단에서 담당하였다. 김영사의 고故 김강유 회장님이 전집을 출판해주기로 하셨다.

그러던 와중 코로나19 팬데믹이 시작되었다. 과연 출판이 가능할지 가능할 수 없던 시간이 지나며 기획안은 재정비를 거쳐야 했다. 전집은 우선, 일엽 선사가 남긴 3부작《어느 수도인의 회상》,《청춘을 불사르고》,《행복과 불행의 갈피에서》와 박진영 교수의 일엽 평전인《Women and Buddhist Philosophy: Engaging Zen Master Kim Iryŏp》을 포함한 것으로 축소되었다. 이번에 유보된 유고 문집과 연구 자료, 사진집 등은 추후를 기약하게 되었다.

2023년 마침내 《어느 수도인의 회상》이 개정 출판되었다. 원고 개정의 기준은 지금의 독자가 쉽게 읽을 수 있되, 원전을 해치지 않는 것을 원칙으로 하였다. 이보다 앞서 《김일엽, 한 여성의 실존적 삶과 불교철학》이란 제목으로 박진영 교수의 책이 먼저 출간되었다. 11년이란 긴 시간 동안 자료를 모으고 조사하여 평전을 집필한 박진영 교수님께 감사를 드린다. 평전의 번역과 출판은 저자인 박진영 교수, 김영사 그리고 저도 미력을 보태어 정식으로 나올 수 있었다.

그리고 이제 《행복과 불행의 갈피에서》의 출간을 최종본으로 전집은 완간된다. 시절 인연이 도래한 것일지, 마침 2024년은 《행복과 불행의 갈피에서》가 출간된 지 꼭 60년이 되는 해이다. 아울러 근대 한국불교의 비구니 선지식 일엽 선사가 득도得道한 지 90년이 되는 해이기도 하다.

무엇보다 어려운 출간을 허락하고 도움을 주신 두 분 어른 스님, 은사이신 정진스님과 김일엽문화재단의 전 이사장이신 월송스님의 은혜에 삼배를 올린다. 또 절판된 두 저술의 입력을 맡아준 상좌 나모스님과 출판사 김영사에도 감사를 드린다. 거슬러 올라가보면 7년여 전쯤 생면부지였던 저에게 아무 조건 없이 출판을 권유해주신 김영사의 고故 김강유 회장님의 지원이 있었다. 2023년 10월 세상과 인연을 달리하셔서 이제는 뵐 수 없게 된 고인께 깊은 감사의 말씀을 올린다.

시대를 앞선 선각자의 뜻을 널리 알리고 싶은 불제자로서의 바람이 헛된 일을 만든 것은 아닐지 기대와 함께 두려움이 앞선다. 이제 우리 손을 떠난 이 소중한 글이, 다시 읽을 때마다 깊게 다가오는 일엽 선사의 성성하면서도 따사로운 가르침이 독자들에게 널리 잘 전해지기를 기원한다. 아울러 연구자들에게는 소중한 자료로 활용될 수 있기를, 또 멀리 있는 유연무연 중생에게는 비록 에둘러 돌아가더라도 마침내 닿을 수 있기를 소망한다. 그리하여 모두가 이 마음을 내가 잘 다루어 쉬고 쉬어 하나로 쉬는, 참휴식을 얻기를 발원한다.

"얻고 싶고, 하고 싶고, 먹고 싶고, 만나고 싶고, 보고 싶고, 가고 싶거든 나의 고향인 공空으로 돌아가라. 공은 나다. 나에게는 없는 것, 못 하는 것도 없다."

— 《행복과 불행의 갈피에서》, 242쪽

불기 2568년(서기 2024년) 2월
일엽 문중一葉門中 4대손代孫
경완景完 근서謹書

행복과 불행의 갈피에서